KB176727

고통스럽고 아름다운 순간들은 오직 당신이 살아 있기에,

당신에게 주어진 시간이 아직 남아 있기에

볼 수 있고 느낄 수 있는 순간들입니다.

인생은 순간의 연속입니다.

당신에게 주어진 순간순간들을 소중히 이어가세요.

_____에게

365매일매일
내 삶의 모든 순간을 소중히

초판 1쇄 인쇄 2021년 4월 8일
초판 1쇄 발행 2021년 4월 15일

지은이 서동식
펴낸 곳 함께북스
펴낸이 조완욱

주소 412 230 경기도고양시덕양구행주내동 735-9
전화 031-979-6566~7
팩스 031-979-6568
이메일 harmkke@hanmail.net

ISBN 978-89-7504-751-0 04320

365매일매일
내 삶의 모든 순간을
소중히

Life is beautiful

서동식 지음

함께
BOOKS

인생은 바람과 같아서 아무리 붙잡아 두려 해도 잡을 수가 없습니다. 그저 내 곁을 스쳐 지나갈 뿐이죠. 따라서 우리는 인생의 모든 순간들을 단 한 번만 만날 수 있습니다.

한 평생을 살면서 같은 순간을 다시 만나는 일은 불가능합니다. 당신이 보고 겪는 세상의 모든 모습과 상황은 오직 한 번뿐입니다.

인생의 모든 순간들을 귀하게 여기세요. 당신이 고통스러운 시간 속에 있다 해도, 또한 인생에서 가장 아름다운 순간을 맞이하고 있다 해도 그 순간 역시 한 번뿐입니다.

고통스럽고 아름다운 순간들은 오직 당신이 살아 있기에, 당신에게 주어진 시간이 아직 남아 있기에 볼 수 있고 느낄 수 있는 순간들입니다.

인생은 순간의 연속입니다. 365 매일매일 당신에게 주어진 순간들을 소중히 이어가세요.

나를 발전시키는 생각

오늘은 무한한 가능성이 있는 내 인생의 새로운 날이다.
이렇게 새로운 날에 내 꿈을 향한 힘찬 첫 발을 내딛는다.

날마다 새로운 시작이다

오늘이라는 시간은 자신에게 주어진 새로운 기회이며 새로운 인생이 시작되는 첫 날입니다.

오늘이라는 기회를 어떻게 살릴지, 어떤 식으로 바꾸어 나갈지는 오롯이 자신의 선택에 달려 있습니다. 오늘이라는 기회를 나의 꿈이 완성되는 날이라는 굳은 마음을 마음에 새기고 세상 속으로 뛰어드세요. 오늘은 당신의 남은 인생의 첫 날입니다.

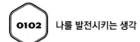
중요한 것은 같은 실수를 반복하지 않는 것이다.
나는 같은 잘못을 반복하지 않도록 노력할 것이다.

과거를 대하는 태도

누구나 끊임없이 과거를 쌓아갑니다. 매일매일 보고 듣고 경험하는 일들이 자신의 인생 이력에 하나둘씩 쌓입니다. 그러므로 인생이란 자신이 지나온 과거의 전체 집합입니다. 우리가 쌓아가는 과거 속에는 기쁜 일도 있지만 잊고 싶은 기억들도 있습니다. 내가 저지른 많은 실수와 잘못된 판단, 누군가에게 가슴 아픈 상처를 입은 기억이나 누군가의 가슴에 상처를 준 기억들은 마치 없었던 일처럼 나의 기억에서 지워버리고 싶을 때가 있습니다. 하지만 어느 누가 이미 자신의 마음에 담긴 그 아픈 기억으로부터 도망갈 수 있을까요?

과거는 지울 수도, 없애 버릴 수도 없습니다. 이미 일어나 버린 일은 어찌할 수가 없습니다. 그렇다면 바꿀 수 있는 것은 과거를 대하는 자신의 태도입니다. 도망갈 수 없고 지울 수도 없다면 아픈 과거를 긍정적으로 바라보고 그것으로부터 깨달음을 얻기 위해 노력해 보세요. 아픈 과거의 실수, 실패의 경험은 자신을 더욱 성장시키는 계기가 될 것입니다.

내 생각은 언제든 틀릴 수 있다.
하지만 나는 지속적인 배움을 통해 바른 해답을 찾는다.

내가 아는 것이 언제나 정답은 아니다

인간들은 1500년 전에는 지구가 우주의 중심이라 생각했고, 500년 전에는 지구가 평평하다고 생각했습니다. 이렇듯 진실은 항상 변화하고 바뀔 수 있는 것입니다. 지금의 나의 생각은 현재 내가 가진 정보만을 바탕으로 한 것이기에 새로운 정보가 나타나면 수정해야할 필요가 있으며 바뀔 수 있습니다.

지혜로운 사람들의 특징은 자신의 생각이 옳지 않을 수도 있다는 사실을 쉽게 인정한다는 것입니다. 그들은 자신의 의견이 사람들의 호응을 얻어내지 못해도 대수롭지 않게 생각합니다. 다만 그들은 자연스럽게 새로운 정보에 따라 자기 생각을 바꿉니다.

그러나 어리석은 사람들은 새로운 정보가 발견되었음에도 자기 생각을 좀처럼 바꾸려 하지 않습니다. 자신의 생각이 틀림없다는 확신을 하고 있기 때문입니다. 세상에 확신할 수 있는 사실은 없습니다. 그러니 이제 그만 고집 부리고 자신의 생각이 틀릴 수 있다는 사실을 받아들이세요. 그리고 지속적인 교정을 통해 바른 해답을 찾아나가세요.

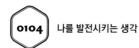

나는 나를 성장시키는
교육과 경험에 집중한다.

미성숙함에서 성숙함으로

어린아이들은 인격적으로 미성숙하기 때문에 가치관이 정립되지 않았고 판단력 또한 일관되지 않을 경우가 많습니다.

그러나 우리가 착각하는 것 중 하나는 어린아이가 나이를 먹으면 자연스럽게 인격적으로 성숙해질 것이라고 생각하는 것입니다. 시간이 흘러 모든 사람들이 더해가는 나이는 아이를 육체적으로는 성장시키지만 정신은 그렇지 않습니다. 나이만 먹는다고 해서 누구나 인격적으로 성숙한 어른이 되는 것은 아닙니다. 교육과 경험, 깊은 고민 속에서의 성찰이 수반되어야 진정한 어른이 될 수 있죠.

미성숙함에서 성숙함으로 나아가세요. 자신을 성장시킬 수 있는 교육과 경험에 집중하고 인생에 대해, 세상에 대해 깊이 고민하고 성찰하세요. 나이만 먹은 어른이 아니라 진짜 어른이 되세요.

완벽한 세상은 오지 않을 것이다.
나는 지금 살고 있는 이 세상에서 꿈을 이룬다.

완벽한 세상은 오지 않는다

모든 사람들이 좋아하는 사람도 없지만 모든 사람들이 만족할 만한 완벽한 세상 또한 존재하지 않습니다. 많은 사람들이 세상의 불합리한 구조 때문에 꿈을 이룰 수 없다고 말하지만 꿈꾸기에 좋았던 세상은 인류 역사상 단 한 번도 없었습니다. 꿈을 이루기에 좋은 세상이 올 때까지 기다린다면, 평생 기다리기만 하다가 인생이 끝날 것입니다.

내가 이렇게 확신할 수 있는 것은, 세상은 자기가 원하는 대로 변해주지 않을 것이라는 것을 나 또한 절실하게 깨달았기 때문입니다. 결국 자신의 꿈을 가로막는 장애물들을 극복해야 하는 것은 나 자신입니다. 세상이 나를 대신해서 장애물들을 없애 주는 그런 세상을 기다리지 마세요. 지금, 당신이 살고 있는 이 세상에서 당신의 꿈을 이루세요.

내 슬픔과 외로움을 모두 이해받으려 하지 말자.
나만의 슬픔과 외로움이 있을 뿐이다.

자신만의 슬픔, 자신만의 외로움

당신에게도 다른 사람들이 알지 못하는, 다른 사람들이 이해해 하지 못하는 슬픔과 외로움이 있을 것입니다. 누구나 아무에게도 털어놓고 말할 수 없는, 자신만이 알 수 있고 감당해야 하는 슬픔과 외로움을 느끼게 하는 가시 하나쯤은 가슴 속에 지니고 살고 있지 않나요?

당신을 이해하지 못하는 주변 사람들 때문에 상처받지 마세요. 누가 얼마나 고독한지는 옆에서 보기만 해선 모르는 것이니까요. 그들은 당신에게 관심이 없는 것이 아니라 그저 당신의 고독을 볼 수 있을 만큼 당신의 영혼에 가까이 있지 못할 뿐입니다.

인생에 정해진 정답은 없다.
나는 내 인생에 내가 원하는 답을 적을 것이다.

인생은 시험이 아니다

정답을 시험지에 적어 넣으면 합격, 적어 넣지 못하면 불합격. 시험문제에는 정답이 늘 존재합니다. 빼도 박도 못하는 우열을 가르는 세상의 시험 방식이죠.

그러나 인생은 다릅니다. 인생은 정답만을 요구하지 않습니다. 인생에는 정답이 무수히 많기 때문입니다.

대학을 가는 것도 정답, 안 가는 것도 정답, 스포츠에 열중하는 것도, 음악에 열중하는 것도, 그리고 직진으로 가는 것도, 일부러 돌아가는 것도 정답이 될 수 있습니다. 그러므로 인생은 반드시 해야 할 숙제가 정해진 것도, 누군가가 정답을 미리 정해 놓고 맞추길 기다리는 문제지가 아닌 것입니다.

대개 세상이 생각하는 정답이란, 일부사람들에 의해 일방적으로 정해 놓은 답안들일 뿐입니다. 당신이 생각하는 정답은 그것이 아닌데도 말입니다.

당신의 인생은 당신이 옳다고 믿는 대로, 당신의 생각대로 밀고 나가면 그뿐입니다. 이 세상 그 누구도 당신에게 이래라 저래라 할 권리를 가진 사람은 없습니다. 당신이 적고 싶은 답

을 적으세요. 당신이 쓰고 싶은 그 답대로 실천하는 것이 바로
정답입니다.

나는 불필요하게 에너지를 소모하지 않는다.
나는 나의 모든 힘을 내 인생을 위해 쓴다.

나를 위해서 소비하라

누군가를 미워하는 것은 정말 많은 에너지를 소모하는 일입니다. 누군가를 미워한다고 해서 내가 행복해지지 않을 것인데 우리는 너무나 많은 에너지를 누군가를 미워하고 원망하는 불필요한 일에 낭비합니다.

이젠 더 이상 자신의 소중한 에너지를 쓸데없는 일에 소비하지 마세요. 오로지 자신의 꿈을 위해서, 행복을 위해서 쓰기에도 아까운 인생입니다. 당신의 에너지를 당신의 소중한 인생을 위해서, 오직 당신의 행복을 위해 사용하세요.

나를 구속하고 있던 온갖 악몽에서 벗어날 것이다.
나는 진정으로 나를 자유롭게 할 것이다.

마음의 장애에서 벗어나라

낮은 자존감, 열등감, 피해의식과 같은 마음의 장애들은 당신의 잠재력과 능력을 제한해 버립니다. 그러나 그러한 장애들은 스스로의 노력 여하에 따라 얼마든지 해결될 수 있습니다. 간혹 문제가 해결되지 않더라도 그것을 시도해 보겠다는 굳은 결심만으로도 두려움을 극복할 수는 있지요. 인간은 현실을 극복해낼 능력을 보유하고 있는 존재이기 때문입니다.

마음의 장애에서 벗어나세요. 마음에 채워진 무거운 사슬들을 끊어내세요. 그리고 다가올 미래에 대한 확신을 가지세요. 자신이 스스로 채운 사슬에서 벗어난다면, 스스로 한계가 없는 큰 힘을 지닌 존재임을 깨닫게 될 것입니다.

내 인생의 문제는 나만이 풀 수 있다.
나는 스스로 내 인생의 문제를 풀어낸다.

당신만이 인생을 풀 수 있다

아무도 못 풀 것 같은 문제를 만드는 것과 그 문제를 푸는 것 중 어느 것이 더 어려울까요?

인생이란, 신이 우리에게 던져 준 문제입니다. 그런데 신이 우리 인생 앞에 제시된 문제들은 지나치게 어려워서 왠지 아무도 못 푸는 문제를 던져준 것만 같습니다.

신이 우리를 너무 과대평가한 것일까요?

아닙니다! 신은 우리의 능력을 깊이 헤아렸을 것입니다. 그리고 우리에게서 문제들을 풀어낼 잠재력을 보았을 것입니다. 당신이라면 풀 수 있을 거라는 믿음이 있었기에 문제를 맡긴 것일 것입니다.

자신의 인생이라는 문제를 풀 수 있는 사람은 오직 자기 자신뿐입니다. 당신에게 맡겨진 인생이라는 문제를 스스로 풀어내세요. 그 문제를 다 풀어내고 나면 신이 얼마나 당신의 능력을 인정하고 있었는지를 알 수 있을 것입니다.

나는 나의 진로를 두려움을 가지고 판단하지 않는다.
나는 신중하게 올바른 결정을 할 것이다.

두려움이 낳는 것

자신이 간절히 하고 싶었던 일을 두려움 때문에 포기한다면 시간이 지난 후 포기한 자신의 판단을 후회할 것입니다.

'내가 왜 그랬을까?', '내가 왜 그때 포기했지.' 하는 생각이 마음 한 구석에 아쉬움으로 남아 떠나질 않을 것이기 때문입니다. 결국 이러한 후회는 자기 자신에 대한 분노로 이어집니다. 하지만 이러한 분노한 마음의 실상은, 자신 스스로 도전하기를 포기했으면서도 주변 환경과 상황에 그 책임을 떠넘기는 변명에 불과할 뿐입니다. 그래야만 스스로의 책임감에서 벗어날 수 있을 테니까요.

두려움이 낳는 것은 대부분 부정적인 것뿐입니다. 당신이 지금 두려움 속에 갇혀 있다면 무언가를 판단하기보다 두려움에서 벗어나는 일에 더 집중하세요. 두려움에서 온전히 벗어난 후에라야 올바른 판단을 내릴 수 있을 것입니다.

나는 현재의 정보를 토대로 행동한다.
다음 계획에 대한 정보는 행동한 후에 얻는다.

알고 있는 정보만으로도 충분하다

현재의 상황에서 주어지는 정보에는 한계가 있습니다. 하지만 우리는 언제나 안정적인 선택을 하고 싶어 하는 욕심에 더 많은 정보가 모일 때까지 행동을 억제하며 기다리죠. 그러다가 결국엔 기회를 놓쳐 버리고 맙니다.

정보는 순차적으로 다가옵니다. 지금 자리에서 얻을 수 있는 정보가 있고, 한 걸음 움직인 다음에 얻을 수 있는 정보가 있죠. 그러므로 우리는 지금의 정보를 바탕으로 최선을 다하는 수밖에 없습니다. 현재의 정보만으론 미래의 모든 것을 알 수는 없겠지만 적어도 한 걸음 정도는 나아갈 수 있습니다.

한 걸음만 나아갈 수 있을 정도의 정보면 충분합니다. 너무 많은 것을 당장 알려고 조바심을 내지마세요. 당신은 오직 현재의 정보를 믿고 계획을 세우고 행동하세요. 다음 단계에서 새로운 정보를 만나면 그때는 그 상황에 맞는 계획을 세우면 되니까요.

나는 내게 친절한 사람들을 소중히 대한다.
나는 내가 받은 친절과 은혜를 반드시 갚는다.

친절한 사람을 소중히 대하라

사람들의 습관화된 행동 중 하나는 자신에게 배려하는 마음을 지닌 사람을 소중히 여기지 않고 당연하다고 생각하는 것입니다. 오는 말이 고운데 가는 말이 거칠다면 이 상황은 분명 잘못된 일입니다.

자신에게서 가까운 곳에 있는 사람들을 소중히 생각하세요. 자신을 배려해주고 베푸는 사람을 결코 가벼이 여겨서는 안 됩니다. 또한 그들에게 빚진 마음을 가지고 은혜를 갚고자 노력해야 합니다. 하지만 은혜 갚은 동물들의 전래 동화를 들으며 성장한 우리가 어째서 자신이 받은 친절과 은혜를 감사하게 생각하지 않게 된 것일까요?

나는 최선의 적기를 찾기 위해
불필요한 것들은 과감하게 버린다.

버려야 할 것이라면 제때 버려라

우유부단한 사람들의 가장 큰 문제점 중 하나는, 아무것도 버리지 못한다는 것입니다. 문제와 고민거리들을 쌓아두기만 하죠. 그래서 그들은 자신 앞에 다가온 문제 앞에서 어찌할 줄을 모르고 아무것도 선택하지 못한 채 망설입니다. 때문에 그들은 결국 더 이상은 버틸 수 없는 상황이 되어서야 부랴부랴 서둘러서 신중하지 않은 선택을 하게 됩니다. 그러나 어쩔 수 없는 상황에서 어쩔 수 없는 선택을 하는 순간, 어쩔 수 없는 인생이 된다는 것을 기억하세요.

대개 일에는 그 일에 맞는 적기가 있습니다. 무엇을 선택하는 것 또한 알맞은 시기가 있습니다. 알맞은 때에 올바른 선택을 하기 위해서는 평소 버려야 할 것은 제때 버려야 합니다. 이중 선택이란 없습니다. 선택은 하나를 고르는 것이 아니라, 하나를 버리는 것임을 명심하세요.

나는 내 인생의 주인이다.
나는 스스로 나의 길을 선택할 것이다.

선택지는 우리 앞에 있다

인생은 선택의 연속입니다. 우리에게는 끊임없이 선택지가 주어집니다. 그리고 반드시 무언가를 선택해야만 하죠. 이러한 선택에 대한 어려움 때문에 우리는 '결정마비' 상태에 빠지기도 합니다. 그럼에도 우리 앞에 놓인 선택지는 사라지지 않습니다. 선택지 앞에서 우리는 도망갈 수도, 피해갈 수도 없습니다. 분명한 사실은 우리는 무엇인가를 반드시 선택해야만 한다는 것입니다.

도망갈 수 없다면, 피할 수 없다면 당당히 맞설 수밖에 없지요. 선택의 부담감과 두려움을 이겨내세요. 그리고 선택하세요. 당신이 어떤 선택을 하는지가 중요한 것이 아닙니다. 중요한 것은 당신이 스스로 선택을 해야 하고 묵묵히 실천해야 한다는 것입니다. 자기 인생의 주인답게 말이죠.

0116 | 나를 발전시키는 생각

삶이 힘들고 괴로울지라도
나는 내 감정에 진솔할 것이다.

인생의 짐

누구에게나 책임을 져야할 인생의 짐이 있습니다. 다만 그 짐의 형태나 모양이 사람마다 다르다는 것뿐이죠.

누구라도 자신의 짐에 버거움을 느낍니다. 그렇지만 인생이라는 짐은 누구에게나 무거운 것입니다. 누군가의 짐이 겉으로 보기에 가벼워 보인다할지라도 정작 당사자에게는 힘겨운 것입니다.

힘들면 힘들다고 솔직하게 말하세요. 참는다고 해서 무거운 짐이 가벼워지는 것은 아니니까요. 짐의 무게가 너무 무거워서 힘들어 울고 싶다면 울어도 됩니다. 남들이 이해해주지 않는다고 참기만 해서는 안 됩니다. 무거운 것은 무거운 것이고, 힘든 것은 힘든 것이니까요.

당신의 감정에, 당신의 힘겨움에 솔직해지세요. 솔직해진다고 해서 나약해지는 것은 아니니까요.

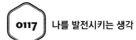

나는 세상으로부터 도망가지 않을 것이다.
나는 내가 세상을 변화시킬 힘이 있다고 믿는다.

세상의 중심에 서라

세상을 바라보는 사람의 마음에는 세상은 불합리하고 불공평한 면이 있다고 생각할 수 있습니다. 어떤 사람들은 이렇게 불합리하고 어두운 세상에선 아무것도 할 수 없다고 불평하기도 합니다. 그렇지만 힘없는 자의 용기만큼 공허한 것은 없습니다.

사실 세상에 대해서 온갖 불평을 늘어놓는 사람들은 그 무엇도 이룰 수 없습니다. 정작 세상의 어두운 면을 밝은 빛으로 바꾸는 사람들은 세상을 원망하지 않는, 세상의 부정적인 면을 긍정적인 시야로 바라보는 사람들입니다. 그들이라고 세상의 모든 것을 좋게만 바라보는 것은 아닐 것입니다. 다만 그들은 세상의 어두운 면은 반드시 변화될 것이며 자신 또한 세상을 변화시키는 데 힘이 될 수 있다는 믿음이 있는 것이죠.

불합리하고 불공평한 세상을 변화시키기 위해서는 스스로 중심을 잡고 올바르게 성장해야 하고 힘을 키워야 합니다. 그래야 당신이 옳다고 믿는 것들을 비로소 세상에 실현할 수 있습니다.

나는 배움이 즐겁다.
나는 배움을 통해서 나 자신을 발전시킨다.

끊임없이 배워라

"배우라. 배우면 너의 소원을 들어주는 것이 돌탑이 아니라, 너 자신이라는 것을 깨닫게 될 것이다."

많은 사람들이 어느 정도의 수준에 이르면 이상하게도 더 이상 실력이 향상되지 않고 지체되거나 멈춘 것 같은 시기를 맞이합니다. 그것은 정체기 때문일 수도 있지만 대개는 스스로 배움을 멈추기 때문입니다. 배움을 멈추는 이유는 간단합니다. 어렵고 귀찮기 때문이죠. 자신의 실력이 이미 적당히 만족할 만한 수준에 이르렀다는 생각에 더 이상 새로운 것을 배우는 것이 귀찮기만 한 것입니다. 하지만 배움을 멈추는 것에 대한 대가는 생각보다 잔인합니다. 즉 배움을 멈추겠다는 것은 점차 세상의 흐름에 함께하지 못하고 도태되겠다는 말과 같은 의미입니다.

배움을 멈추지 마세요. 끊임없이 배우세요. 배움에 돈과 시간을 투자하세요. 배움보다 이익이 확실한 투자는 없습니다.

나는 대담하게 도전한다.
그래서 목표한 바를 기어코 해낸다.

행동하면 생각보다 별거 아니다

우리는 자신이 경험한 지식을 바탕으로 해서 상황과 사물을 판단합니다. 그래서 이전에 경험해 보지 못한 일에 도전하거나 혹은 처음으로 접하는 상황에 부딪혔을 때 두려움을 느끼고 움츠러듭니다. 그러한 두려움이 드는 이유는 내 행동에 따라 어떤 결과가 나올지 알 수 없기 때문입니다. 그것이 우리의 한계인 셈이죠. 경험해보지 못한 일, 익숙하지 않은 일을 너무 두려워하지 마세요. 실제로 행동으로 옮기면 생각보다 별거 아니라는 것을 깨닫게 될 것입니다. 세상의 이치는 원래 기이하여 어렵다고 생각한 일이 의외로 쉬운 법입니다.

새로운 도전 앞에서 스스로에게 이렇게 말해 보세요.

"까짓것 또 넘어서면 되지 뭐."

나는 내 모습 그대로 나를 드러내며 세상을 힘차게 살아갈 것이다.

숨을 곳은 없다

"부끄러워도, 내가 좀 모자라 보여도 무대 위에 오른 너는 숨을 곳이 없어. 그러니까, 숨지마."

당신이 원하던 원하지 않던 당신은 당신의 인생을 살아내야 합니다. 당신은 이미 인생이라는 연극무대 위에 오른 배우입니다. 인생이라는 무대 위엔 도망칠 곳도, 숨을 곳도 없습니다. 사람들은 당신의 연기력에 때론 박수를 그리고 때론 비판을 하기도 할 것입니다. 그리고 언젠가는 당신의 인생을 평가할 날이 올 것입니다.

이제 더 이상 인생이라는 무대를 피하지 마세요. 스스로 자신이 부족해 보이고 모자라 보여도 상관없습니다. 있는 그대로의 당신을 세상에 드러내세요. 당신은 지금 이 순간도 스스로 선택을 하며 인생을 살아가야하니까요.

좋은 기회는 반드시 올 것이다.
나는 기회가 올 때까지 노력한다.

우연이 만들어 주는 기회

인생에서 일어나는 대부분의 문제들은 스스로의 노력으로 어느 정도 해결이 가능합니다. 하지만 노력만으로 얻을 수 없는 기회가 있습니다. 이러한 기회는 우연의 힘을 필요로 합니다. 그렇지만 우연한 기회 또한 최선을 다한 사람 앞에 나타나죠.

많은 사람들이 자신에게는 좋은 기회가 좀처럼 찾아오지 않을 것이라 생각합니다. 때문에 노력을 쓸데없는 시간낭비라고 생각하죠. 그러나 쓸데없이 시간만 낭비하는 노력은 없습니다. 노력은 어떤 식으로든 반드시 보답을 하죠. 당신의 노력이 한계에 부딪히면, 노력만으로 얻을 수 없는 좋은 기회가 우연이라는 이름으로 찾아올 것입니다. 우연이란, 노력하는 사람에게 운명이 놓아주는 징검다리라는 것을 기억하세요.

나를 발전시키는 생각

나는 스스로 행복을 찾는 사람이다.
나를 행복하게 해 줄 수 있는 사람은 오직 나뿐이다.

스스로 행복한 사람

누군가 내 옆에 있어야만 행복한 사람은 행복한 사람이 아닙니다. 때때로 사람들은 외롭고 불행한 자신을 구원해줄 사람을 찾지만 세상에 그런 사람은 존재하지 않습니다. 행복은 스스로 찾는 것이고 인생의 덫에서 자신을 구원할 사람 또한 자기 자신뿐이기 때문입니다.

스스로 행복한 사람이 되세요. 누군가 나를 행복하게 해주길 기다리지 마세요. 당신을 행복하게 해줄 사람은 오직 자기 자신뿐입니다.

나는 내 삶을 진득하게 걸어갈 것이다.
내가 해야 할 일, 내가 할 수 있는 일에 온 마음을 기울여 집중한다.

매일 한 걸음씩

당신이 가야 할 길이 멀다 하여 너무 멀리 바라보지만 마세요. 갈 길이 멀수록 시야는 더 가까이, 자기의 발끝을 바라보아야 합니다. 매일 자신이 해야 할 일, 매일 할 수 있는 일에 집중하세요.

성공으로 가는 길이 너무 멀다고 느껴진다면, 매일 한 걸음씩만 나아간다고 생각하세요. 우리의 인생은 지속적으로 한 걸음씩, 그렇게 끝까지 가야하는 게임인 것입니다. 시간이 흐르고 당신의 걸음들이 쌓이면 자신을 성장시킨 그 한 걸음의 힘을 깨달을 수 있을 것입니다.

나는 결단을 내리기 전에 냉정하게 현실을 직시한다.
지금, 나의 준비사항은, 환경적 요인은,
또 내가 해야 할 일은 무엇인가?

결단을 내리기 전에

인생에서 중요한 결정을 내리기 전에 우선해야 할 일은 냉철해지는 것입니다. 확고한 결단을 내리기 위해서는 과정이 철저해야 합니다. 또한 어떤 결정을 내렸을 때는 닥칠 수 있는 위험들을 냉정하게 곱씹어 보는 시간이 필요합니다.

결단이란 '그래서'의 핑계의 시간이 아니라 '그럼에도 불구하고'라는 실천의 의지를 다지는 시간이 되어야 합니다. '아무런 위험도 없을 거야'라는 막연한 생각이 아니라 '이런저런 위험이 있겠지만 이런저런 방법으로 극복할 수 있어.'라는 생각으로 결단해야 합니다.

총을 얼마나 빨리 뽑느냐가 중요한 게 아닙니다. 얼마나 냉정하고 판단력 있게 목표를 향해 방아쇠를 당기느냐가 중요한 것입니다. 결단을 내리기 전에 현실을 냉철하게 직시할 시간을 갖도록 하세요.

내게는 이미 모든 필요한 시간이 주어져 있다.
그러므로 나는 상상하는 어떤 꿈이든 이룰 수 있다.

그저 시간이 조금 필요할 뿐

어떤 문제가 앞을 가로막고 곤란하게 할지라도 당신은 그 문제를 해결할 수 있습니다. 당신이 이루고자하는 어떤 꿈이든 당신은 자신에게 닥친 문제를 스스로 해결할 수 있고, 결국은 이룰 수 있습니다. 왜냐하면 이미 당신에게는 그 필요한 시간이 주어져 있기 때문입니다. 다만, 그것을 움켜질 동안의 시간이 조금 필요할 뿐입니다.

나는 소중한 것을 소중히 여긴다.
또한 소중한 사람들에게 정성을 다한다.

소중한 것을 소중히

"할머니가 언제까지나 네 곁에 있을 것으로 생각하면 큰 착각이란다."

"무슨 소리예요? 할머니는 항상 내 곁에 있을 거잖아요?"

우리는 소중한 것을 너무 가볍게 여기는 경향이 있습니다. 그래서 소중한 것을 소중히 여기지 않고 지내다가 그것이 사라지고 나서야 비로소 그 소중함을 느끼며 후회하고 그리워합니다.

소중한 것을 소중히 여기세요. 나중에 잘 해줘야지 할 때에는 이미 그 소중한 존재가 곁에 없을 수도 있습니다. 소중한 것일수록 더 빨리 사라지게 되니까요.

나는 내 마음의 소리를 따른다.
나는 내 열정이 향하는 곳으로 간다.

내 안의 하느님

우리의 인생길에는 안타깝게도 신호등이나 내비게이션이 없습니다. 다만 한 가지 기준으로 삼을 수 있는 것은 그때그때 상황에 따른 마음이 들려주는 소리입니다. 마음이 나에게 하는 소리는 선택의 중요한 기준이 됩니다. 특히 인생행로를 선택할 때, 마음의 소리에 귀를 기울이는 것은 중요한 일입니다. 당신의 마음 속 깊은 곳, 바로 그 곳이 당신의 열정이 꿈틀거리는 곳이기 때문입니다.

고대 그리스 인들은 열정(enthusiasm)이라는 단어를 '내 안에 있는 하느님'이라는 뜻으로 사용했습니다. '열정'을 마치 신이 인생의 길을 인도해주는 일종의 나침반처럼 생각한 것이죠.

당신의 열정이 소리치는 곳으로 가세요. 바로 그곳이 당신 인생의 파란불이 켜져 있는 곳입니다.

나는 익숙함의 중독에 빠지지 않는다.
나는 언제나 더 나은 변화와 개혁을 추구한다.

익숙함에서 탈출하라

세상 전부를 가진 것 같은 기쁨도 시간이 지나면 평범한 일상이 되어 버립니다. 그래서 우리는 소중한 것에 대한 감사함을 종종 잊어버리기도 하죠. 고통 또한 시간이 지날수록 자신의 삶을 지배하는 일상이 되어 버립니다. 그래서 더 나은 삶을 추구하려던 꿈을 망각하게 되죠.

지금 당신이 처한 환경이 마음에 들지 않더라도 그곳의 환경에 이미 익숙해져 있다면, 당신이 그곳을 빠져나오기는 굉장히 어려울 것입니다. 익숙함이란 굉장한 중독성이 있기 때문입니다.

그 익숙함에서 벗어나세요. 한 걸음만 물러나서 자신의 삶을 관찰하세요. 그리고 생각하세요. 지금 내가 살고 있는 삶이, 과연 내가 꿈꾸었던 그 삶이 맞는지 말입니다. 만일 아니라면, 지금의 그 익숙함에서 탈출할 때입니다.

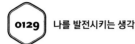
나는 여유를 가지고
한 걸음씩 내 꿈을 향해 걸어간다.

거북이처럼 느리게 달팽이처럼 천천히

당신이라는 원석이 빛나는 보석이 되기까지는 갈고닦기 위한 시간이 필요합니다. 하지만 패기만만한 당신은 그 사실을 잘 받아들이지 못할 수도 있습니다. 더구나 혈기왕성한 청춘의 시기에는 누군가에게서 여유를 가지라는 말을 들으면 벌컥 화를 내기도 합니다. 그것은 자신의 꿈을, 자신의 열정을, 알아주지 않고 믿지 못하는 사람들이 원망스럽기 때문입니다. 그러나 세상은 당신의 마음이 급하다고 해서 당신의 속도에 맞추어 주지 않습니다. 결국 당신이 세상의 속도에 맞추어야 하지요.

여유를 가지세요. 거북이처럼 느리게, 달팽이처럼 천천히 그저 당신이 목표한 방향으로 꾸준히 나아가세요. 시간이 지나면 어느 순간 당신의 시야에 조금씩 밝은 빛이 보이기 시작할 것입니다.

0130 나를 발전시키는 생각

나는 항상 긍정적인 말을 한다.
나는 바른 언행으로 사람들에게 신뢰감을 준다.

혀라는 칼

부정적인 말, 자신감을 꺾는 말들은 사람들의 꿈을 포기하게 만들고 자존감을 떨어뜨릴 수 있으며 사람들의 영혼에 큰 상해를 입힐 수 있습니다. 혀는 칼과 같은 흉기가 될 수 있기 때문입니다. 또한 우리는 누군가에게 그 칼과 같은 혀를 생각 없이 휘두를 때도 있지만, 돌이켜보면 자기 자신에게 그것을 휘두를 때가 더 많습니다.

'나는 재능이 없어.', '내가 하는 게 늘 그렇지 뭐.', '내가 제대로 하는 게 뭐가 있겠어.' 등등.

이러한 말들은 스스로 자신에게 휘두르는 칼입니다. 이제 그만, 더 이상 자신에게 칼을 휘두르지 마세요. 긍정적인 말만 해줘도 아까운 내가 아닌가요?

0131 나를 발전시키는 생각

나는 누구에게나 내 꿈을 말할 수 있다.
나는 내가 말한 꿈을 현실로 만든다.

꿈 앞에서 당당해져라

당신이 먼저 자신의 꿈에 당당해져야 합니다.

당신의 소망, 당신의 욕망을 숨기지 마세요.

당신이 원하는 것이 무엇인지 당당히 말하세요.

당신이 얼마나 부족한지 따위는 생각하지 마세요.

자신의 꿈 앞에서조차 당당하지 못한 사람이 어떻게 그 꿈을 이룰 수 있을까요?

이기고 싶다고 말하세요. 가지고 싶다고 말하세요. 이룰 수 있다고 말하세요. 나는 할 수 있다고 말하세요. 그리고 당신이 말한 것들을 현실로 만들어 버리세요.

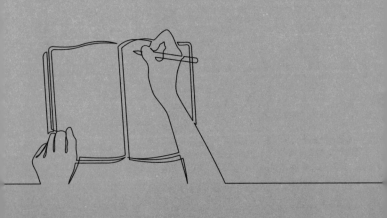

결과를 알 수 없기에 인생은 흥미로운 것이다.
나는 막연함을 두려워하지 않는다.

막연함에 대한 두려움

사람들은 자신이 이해하지 못하는 것, 명확하지 않고 막연한 것에 두려움을 느낍니다. 그래서 알 수 없고, 이해할 수 없고, 명확하지 않은 미래에 대해 두려움을 가집니다. 하지만 안전이 보장된 확실한 길로만 가고자 한다면, 우리는 다람쥐 쳇바퀴 돌 듯 제자리에만 맴돌 수밖에 없을 것입니다. 왜냐하면 우리를 한 단계 성장시키는 길은 언제나 안전지대 밖의 막연한 세상으로 나 있기 때문입니다.

이해할 수 없는, 명확하지 않은 막연함의 두려움에서 벗어나세요.

인생이란 결과를 알 수 없기에 흥미로운 것입니다.

이미 결과를 알고 시청하는 재방송 야구 경기가 재미있던가요?

나를 존중해주는 사람이 나를 사랑하는 사람이다.
나 또한 나를 사랑해주는 사람을 존중한다.

사랑한다면 존중하라

인격이 뒷받침되지 않은 사람은 제대로 된 사랑을 할 수 없습니다. 타인을 존중하지 않는 사람이 인격이 높은 사람일순 없기 때문입니다. 진정한 사랑을 하기 위해서는 높은 수준의 인격이 반드시 필요합니다.

서로 존중함이 없는 사랑은 사랑이 아닙니다. 누군가 당신을 사랑한다 말하면서 당신의 인격을 존중하지 않는다면 그것은 사랑이 아닙니다.

누군가를 사랑한다면 그 사람을 존중해 주세요. 누군가 당신을 사랑하고 있다면 그의 인격을 존중해 주세요. 존중이야말로 사랑하는 관계의 기본입니다.

0203 나를 발전시키는 생각

모든 순간이 내 인생을 만드는 순간이다.
나는 매 순간 최선을 다한다.

매 순간을 소중히 생각하라

　과거와 현재, 그리고 미래는 연결되어 있습니다. 나의 현재는 나의 과거가 쌓여온 것이며, 나의 미래는 현재의 내가 쌓아가는 것들로 만들어질 것입니다. 현재 없인 미래 또한 없습니다. 때문에 중요하지 않은 순간이 없으며 또한 소중하지 않은 순간은 없습니다.

　매 순간을 소중히 생각하세요. 모든 순간이 바로 당신의 인생을 만드는 과정입니다.

희망은 항상 존재한다.
나는 내게 주어진 희망을 찾을 수 있다.

희망은 사라지지 않는다

희망은 사라지지 않습니다.

희망은 언제나 존재합니다.

당신이 지금 어렵고 힘든 상황에 처해 있다하더라도 희망은 언제나 당신을 기다리고 있습니다. 희망을 바라보세요. 포기하지 말고 희망을 찾으세요. 희망은 당신이 찾아주길 기다리고 있습니다.

나는 내게 다가올 행운과 기회를 기대한다.
나는 행복한 인생을 원한다.

행복한 인생을 기대하라

아무것도 기대하지 않는다면 아무 일도 일어나지 않을 것입니다. 인생은 초콜릿 상자와 같아서 그 안에 어떤 모양의 초콜릿이 들어있는지 모르기에 어떤 모양의 초콜릿이 자신의 손에 잡힐지 모릅니다. 당신이 별모양초콜릿을 원한다면 별모양초콜릿을 생각하며 상자 안으로 손을 넣어보세요.

당신의 인생에 좋은 일이 일어나길 바란다면 행복한 인생을 기대하세요. 오늘은 어떤 행운이 나를 찾아올까, 어떤 기회가 나를 기다리고 있을까, 어떤 좋은 일들이 나를 찾아올까 하고 기대하세요.

오늘은 나에게 어떤 행운이 찾아올까요?

나는 열등감과 질투의 지옥에 살지 않는다.
나는 내가 가야 할 길과 내 인생만 바라본다.

열등감의 지옥

내 눈에는 세상이 공평하게 보이지 않습니다. 많은 사람들이 나보다 매력적인 외모에 훌륭한 재능까지 갖추고서도 좋은 환경에서 편하게 꿈을 이뤄가는 사람들이 너무 많은 것처럼 보입니다. 나는 그런 사람들을 볼 때마다 '세상은 왜 이렇게 불공평한가?', '내 인생은 왜 이렇게 고달픈가?', '나에게는 너무 어려운 일이 저 사람들에게는 너무 쉬운 일이구나!' 하는 자괴감에 빠지기도 합니다. 결국 나는 불공평하고 더러운 세상에서는 어쩔 수 없는 일이라며 그들을 외면합니다.

혹시 그것은 당신의 열등감에서 오는 것은 아닐까요?

열등감과 질투의 지옥에 빠져서는 안 됩니다. 열등감과 질투는 당신의 에너지를 고갈시키고 지치게 합니다. 심지어 당신의 꿈마저도 잊게 만들어 버리죠.

당신이 질투하는 그 사람이 불행해지면 당신이 행복해질 것 같나요? 그 사람의 행복과 불행은 당신과는 전혀 상관없는 일입니다. 당신은 그저 당신이 걸어가야 할 길에만 집중하세요. 당신에겐 당신의 인생이 있을 뿐입니다.

나는 꿈을 정면으로 바라본다.
나는 꿈으로부터 도망가지 않는다.

도망가지 마라

그 누구도 자기 자신으로부터 벗어날 수 없듯이, 자신이 바라는 꿈으로부터 도망갈 수 없습니다. 아무리 도망가려 발버둥을 쳐도 꿈은 언제나 당신 옆에 붙어서 당신을 바라보고 있을 것이기 때문입니다.

꿈으로부터 도망갈 수 없다면 싸워야죠. 피할 수 없다면 정면으로 맞서야 합니다. 벅찬 희망에 부풀어 있는 당신의 꿈은, 당신이 성공하든 실패하든 그 결과를 보지 않고서는 결코 당신의 마음속에서 떠나질 않을 것입니다. 이제 그만 당신의 꿈으로부터 도망가려고 하지 마세요. 지금은 소망하는 당신의 꿈을 바라보며 다가갈 때입니다.

나는 성장하기 위해 노력한다.
나는 나 자신을 매일 성장시킬 것이다.

성장을 포기하는 순간 늙기 시작한다

우리는 살아가는 동안 끊임없이 성장과 발전을 추구해야 합니다. 성장을 포기하고 자기 계발을 멈추는 순간부터 정신과 영혼은 늙어갑니다. 나이 먹었다고 어른 행세를 하려하고, 대우받으려고 주저앉아버리면 늙은이가 되는 것입니다. 하지만 밀려오는 두려움을 극복하고 난 아직도 할 수 있다는 자신감이 있다면 당신의 영혼은 아직 청춘인 것입니다.

인간은 평생 배우고 성장해야 하는 존재입니다. 배움과 성장을 인생의 즐거움으로 삼으세요.

어제의 나보다 더 성장하고 발전하는, 나 자신을 관찰하는 일은 생각보다 큰 즐거움입니다.

인격의 성숙을 위해서는 인내가 필요하다.
나는 삶의 고통을 인격의 성숙을 위한 발판으로 받아들인다.

고통이 필요하다

인격의 성숙을 위해서는 반드시 고통이 필요합니다. 꽃이 역경을 이겨내고 그 자태를 뽐내며 아름답게 피어나듯이 무절제하고 악한 본성들이 깎이고 잘려나가야만 비로소 인격적으로 존중받고 세상을 밝게 만드는 아름다운 존재가 될 수 있습니다. 고통 없이 자라난 인간의 마음속에는 교만과 욕심만이 자라날 뿐입니다.

지금 당신의 삶이 고통스럽다면 인격의 성숙을 위한 발판으로 삼으세요. 고통 속에서 당신은 인내와 절제, 겸손을 배우고 더 나은 인간으로 성숙해 갈 것입니다.

나를 믿고 지지해주는 사람들을 생각하자.
나를 사랑하는 나의 팬들을 생각하자

나의 팬들을 위해

당신이 지쳤을 때, 당신을 믿는 사람들을 생각하세요!

당신이 포기하고 싶을 때, 당신을 지지하는 사람들을 생각하세요!

당신이 죽고만 싶을 때, 당신을 사랑하는 사람들을 생각하세요!

당신을 믿고, 지지하고, 사랑하는 사람들, 당신의 팬들을 생각하세요.

그들에게서 아직 남아 있는 당신의 희망을 찾을 수 있을 것입니다.

나는 매일 조금씩 나 자신을 성장시키고 발전시킨다.
매일 조금만 더 나아지려고 노력하자.

조금만 더, 조금만 더

긍정적인 변화를 위해 가장 필요한 것은 '조금만 더' 정신입니다.

지금보다 조금만 더 용기를 내세요.

지금보다 조금만 더 긍정적인 생각을 하세요.

지금보다 조금만 더 행동하세요.

지금보다 조금만 더 성장하면 됩니다.

매일 조금만 더 어제보다 나아지면 됩니다. 그렇게 매일 조금씩만 앞으로 나아간다면 당신도 모르는 사이에 목표 지점에 도달해 있는 자신을 발견할 수 있을 것입니다.

포기하고 싶을 때마다 자신에게 말해주세요.

"조금만 더 해보자. 조금만 더."

나는 내 인생의 왕이다.
나는 내 인생의 책임에서 도망가지 않는다.

인생이라는 세상의 왕

당신은 당신이 살아가는 세상의 왕입니다. 그러기에 당신은 자신의 인생에서 일어나는 일에 대한 모든 책임을 져야 합니다. 설령 당신이 잘못한 일이 아니더라도 당신이 관계된 일에 문제가 생겼다면 당신이 그 해결책을 찾아야 합니다. 모든 선택과 결과에 있어서 당신은 어떤 변명도 할 수 없습니다. 당신 스스로 그 모든 것을 감당해야 하죠.

세상을 살아가며 발생하는 모든 것을 홀로 책임지고 감당하는 것, 그것이 인생입니다. 당신은 이러한 인생의 무게에서 벗어날 수도 도망갈 수 없습니다. 그것은 당신이 당신인생의 왕이기 때문입니다.

인생의 왕답게 견뎌내세요. 왕답게 감당하세요. 당신이 스스로 감당하고자 할 때, 당신이 스스로 이겨내고자 할 때 인생은 당신에게 고개를 숙일 것입니다.

나는 실수와 실패를 두려워하지 않는다.
두려움을 극복하고 도전하자!

걱정하지 말고 실수하자

사람들은 자신의 실수나 실패에 대한 세상의 평가를 두려워합니다. 자신의 부족하고 모자란 점이 세상에 드러나는 것이 두려운 것이죠. 그래서 아무것도 해보려 하지 않고 자기 능력의 결과물을 자신 있게 밝히길 꺼려합니다.

대작은 수많은 습작을 거친 후에야 탄생하는 것입니다. 이처럼 성공적인 결과 역시 수많은 실수와 실패가 수반되어야 하죠. 실수와 실패의 과정을 거치지 않고 단번에 성공의 길을 찾은 사람은 없습니다. 성공의 길을 찾기 위해서는 일단 행동해야 합니다. 그러면 어떤 식으로든 변화는 시작됩니다. 그 과정 중에 의미 있는 결과를 만들어 내죠. 심지어 실수나 실패조차도 말입니다. 그러니 걱정하지 말고 실수하고 실패를 감당하세요.

0214 나를 발전시키는 생각

나는 내 감정을 컨트롤 할 수 있다.
나는 일시적인 감정으로 흔들리지 않는다.

부정적인 감정에 흔들리지 말자

"성공에 가장 방해가 되는 게 뭔지 아니? 그것은 바로 인간의 감정이야. 쓸데없는 고집, 질투, 콤플렉스 등 그런 부정적 감정들이 자신이 계획하고 있는 바대로 움직이지 못하도록 방해를 하지. 그것을 어떻게 극복하느냐가 성공을 결정하는 거야."

일시적인 감정에 흔들리지 마세요. 감정의 흔들림에 판단력을 잃어서는 안 됩니다. 가슴 속에서 온갖 감정이 요동치더라도 냉정함을 지키세요.

당신이 옳았음은 결국 결과가 말해줄 것입니다.

 나를 발전시키는 생각

내가 원하는 미래는
언젠가 나의 현실이 된다.

원하는 미래를 믿어라

미래는 열려 있는 세계입니다. 당신의 삶의 모습에 따라 무한한 가능성의 세상인 미래는 그 모습을 달리하죠. 미래에는 직시할 현실이 없습니다. 당신이 상상하는 미래에 있어서만큼은 당신이 믿고 싶은 그림을 믿으세요. 정말 단순하게 미래에 이루어졌으면 하는 당신의 상상들을 믿으세요. 단순하게 생각하고 믿음을 가지고 노력하세요. 그런 과정 후에 당신이 원하는 미래는 언젠가 당신의 현재가 될 것입니다.

나는 행운이 찾아왔을 때
망설이지 않고 기회를 꽉 움켜쥔다.

냅다 덥석 잡아라

자신에게 다가온 행운의 기회는 조심스럽게 잡는 것이 아닙니다. 행운은 자전거 레이스와 같아서 정신을 차리고 준비하지 않으면 섬광처럼 자신의 곁을 스쳐 지나갑니다.

'내가 정말 할 수 있을까?', '내게 너무 과분한 일 아닌가?', '내가 이런 행운을 가질 자격이 있을까?'

행운 앞에서 이런 한심한 고민을 하느라 시간을 낭비하지 마세요. 붙잡을 수 있을 때 꽉 잡지 않으면 후회하게 됩니다. 기회다 싶으면 그냥 '냅다 덥석' 하고 잡으세요. 고민은 나중에 하세요. 당신이 먼저 할 일은 행운을 움켜쥐는 것입니다. 기억하세요. '냅다 덥석'입니다.

혼신을 다한 노력은 배신하지 않는다.
나는 모든 일에 혼신의 힘을 다해 노력한다.

기본 중의 기본

성실과 노력은 무언가를 성취하는 데 결정적인 요소는 아닙니다. 그것은 필수적인 요소입니다. 무조건 노력을 한다고 해서 원하는 것을 얻을 수 있는 것은 아닙니다. 다만 노력하지 않고 원하는 것을 얻거나 혹은 꿈을 이룬 사람이 없을 뿐입니다.

노력하세요. 적당히 노력하는 것이 아니라 혼신의 힘을 다해야 합니다. 그것이 기본입니다. 가장 기본적인 것이 가장 중요한 것입니다. 기본을 온전히 지키세요.

나는 한 번의 실패에 움츠러들지 않는다.
지금의 실패는 내 인생의 분기점일 뿐이다.

실패가 아니라 분기점

꿈을 이루기 위한 과정 중 실패를 하게 되면 크게 낙담하게 됩니다. 혼신의 노력을 하였지만 자신이 원하는 결과를 얻지 못한 사람의 마음이란 말할 수 없이 참담할 것입니다. 좌절감에 몸서리치다 결국 꿈을 포기하게 되기도 하죠. 하지만 실패는 하나의 분기점이 될 수도 있음을 알아야 합니다. 잠시 문이 잠겨 기다려야 하거나 혹은 다른 새로운 문이 열려 있을 수 있습니다.

실패가 닥쳐왔을 때, 열려야 하는 문이 열리지 않을 때 모든 가능성을 염두에 두고 당신의 주변을 점검하세요. 내가 무심코 지나친 희망 상자를 발견할 수 있을 것입니다. 신은 한쪽 문을 닫을 때 다른 쪽의 문을 열어 놓는다는 것을 기억하세요.

0219 나를 발전시키는 생각

하나의 인연을 위해 수많은 우연들이 존재한다.
나는 모든 인연들을 소중히 생각한다.

인연을 소중히

이 세상 아무 곳에다 작은 바늘 하나를 세워놓고, 하늘에서 아주 작은 밀의 씨앗 하나를 뿌렸을 때 그 밀 씨가 바늘에 꽂힐 확률, 그 계산도 안 되는 확률로 만나는 것이 인연이라는 말이 있습니다. 그만큼 모든 인연이 중요하다는 말이겠죠.

좋은 인간관계는 인연 그 자체를 소중히 여기는 것부터 시작합니다. 당신에게 다가온 모든 인연들을 소중히 생각하세요. 그 인연들을 만나기까지 어쩌면 수만 번의 우연과 기적들이 일어났었는지도 모릅니다. 지금 당신의 앞에 있는 사람이 가장 중요한 사람입니다.

나는 인생을 허비하지 않는다.
나는 가치 있는 인생을 산다.

단 하루를 살아도

얼마나 오래 사느냐보다 어떻게 사느냐가 더 중요한 의미를 갖습니다. 100년을 산다한들 스스로 자신의 삶을 무의미하게 보냈다고 생각된다면 그 인생에 무슨 가치가 있을까요?

단 하루를 살아도 가치 있는 삶을 살아야 합니다. 이런저런 잔머리를 굴리고 자신의 이득에 따라 계산기만 두드리느라고 인생을 허비하지 마세요. 스스로의 인생을 가장 가치 있게 만들 수 있는 선택으로 의미 있는 인생을 보내세요.

0221 나를 발전시키는 생각

나는 더 이상 타인과 환경에 지배되지 않는다.
나는 스스로 내가 선택한 인생을 산다.

재배된 인간이 되지 마라

누군가에 의해 자신의 의지가 통제되고 있지는 않나요? 또
는 환경에 굴종하고 있지는 않나요?

만일 그렇다면 당신은 재배된 인간입니다.

영화 〈매트릭스〉에서 인간들이 기계들의 건전지가 되는 것
처럼 말입니다.

스스로의 신념과 자유의지에 따라 스스로 자기 인생을 선택
하지 못하는 사람은 평생 누군가 만들어 놓은 통제된 매트릭스
를 벗어나지 못합니다. 매트릭스 안에서 재배되어 타인의 인생
을 위한 재료가 되는 것이죠.

당신의 인생을 타인을 위한 재료로 바치고 싶은가요?

인생이 그렇게 소비되고 싶지 않다면 타인으로부터, 환경으
로부터 통제된 삶에서 벗어나 자신의 신념과 자유의지에 따라
스스로의 인생을 선택하세요.

나는 그저 잠시 길을 잃은 것뿐이다.
나는 올바른 내 길을 찾을 수 있다.

방황의 시간

목표를 지니고 성실하게 살아온 사람이라고 할지라도 불확실성으로 가득 찬 인생의 한가운데서는 길을 잃고 방황할 수 있습니다. 당신이 혹시 방황의 시간 가운데 있다면, 이렇게 방황만 하다가 인생이 끝나 버릴까 걱정하지 마세요. 당신은 잠시 길을 잃은 것일 뿐 영원히 길을 잃은 것은 아니니까요. 그 시간을 올바른 길을 찾기 위해서 꼭 필요한 과정으로 생각하세요. 잠시 당신의 시야를 가리고 있던 짙은 안개가 사라지고 나면 당신이 가야 할 그 길이 선명히 보일 것입니다. 그러니 자신을 너무 탓하지 마세요.

나는 나의 선택들을 되돌아보고 성찰한다.
나는 같은 실수를 결코 반복하지 않는다.

성찰의 시간을 가져라

같은 실수와 잘못을 반복하면서 사람들의 인정을 받는 큰 성장을 기대할 수는 없습니다. 타인의 인정을 받으며 성장하기 위해서는 반드시 자신의 선택과 결과를 되돌아보고 성찰하는 시간을 갖는 노력이 꼭 필요합니다.

자신의 선택, 자신이 이룬 결과를 되돌아보세요. 그리고 같은 실수와 잘못이 반복되지 않도록 주의하세요. 수시로 상황을 냉정하게 분석하고 자신의 나아갈 방향을 정하는 성찰의 시간을 가지세요. 그저 같은 실수와 잘못을 반복하지 않는 것만으로도 이전보다 사람들의 인정을 받는 더 나은 삶이 될 수 있을 것입니다.

나는 성급하게 앞서 말하지 않는다.
나는 조용히, 묵묵하게 내 꿈을 실현해 나간다.

조용히, 묵묵하게

자신의 꿈을 누구에게나 당당히 이야기할 자신감은 필요하지만 그렇다고 자신의 목표와 계획들을 여기저기 떠벌리고 다닐 필요는 없습니다. 더구나 당신의 꿈이 남들이 보기에 현실적으로 이루기 어려운 일일수록 더욱 그렇습니다. 당신의 꿈이 무모하다고 생각하는 그들이 당신에게 해 줄 말이란,

'현실적이지 않아', '그게 되겠어?', '너에겐 그런 재능이 없잖아.' 등등

당신의 의지를 무참히 짓밟는 부정적인 말들뿐입니다.

당신은 그저 조용히, 묵묵하게, 발소리를 죽이고 당신이 노리고 있는 사냥감을 향해 다가가세요. 당신이 목표로 한 그 사냥감을 사냥하는 순간, 모든 사람들이 당신의 성취를 알게 될 것입니다. 굳이 지금 인정받으려 하지 마세요.

나는 나답게 산다.
나는 내가 가치 있다고 생각되는 일을 한다.

나답게 산다는 것

내가 나답게 살기 위해서는 남들이 보기에 가치 있는 일이 아닌, 내가 보기에 가치 있다고 생각되는 일을 해야 합니다. 내가 보기에 예쁘고, 내가 보기에 좋아 보이고, 내가 보기에 멋있어 보여야 합니다. 다른 사람들 눈에 좋아 보이는 일은 다른 사람들에게나 좋은 것이지 나에게 좋은 것이 아닙니다.

내가 보기에 예뻐 보이는 일을 하세요. 내가 보기에 좋아 보이는 일, 내가 보기에 멋있고 가치 있어 보이는 일을 하세요. 그것이 내가 나답게 사는 방법입니다.

아직 늦지 않았다.
바로 지금 이 순간이 내가 원하는 것을 이룰 최적의 시간이다.

시간제한을 벗어나라

영화에서는 종종 관객에게 극적인 긴장감을 조성하기 위하여 폭발장치에 입력된 시간이 되면 폭발하는 시한폭탄을 소품으로 이용합니다. 제한된 시간 안에 폭탄을 해체해야 하는 미션을 수행하는 주인공은 모든 추리력을 동원하여 시한장치를 해체하기 위한 방법을 찾아내려고 하죠. 그리고는 대개 관객들이 가슴이 긴장감으로 타버릴 듯한, 정말 아슬아슬한 타이밍에 주인공은 시한장치를 해체합니다.

우리의 인생에도 간혹 이러한 시한장치가 장착되어 있다는 생각에 침착함을 잃고 서두를 때가 있습니다. 하지만 우리가 무언가에 도전하고 어떤 꿈을 이루기에 늦은 시간이나 이른 시간은 없습니다. 자신이 무엇을 시작하기 위해 결심한 지금이, 가장 좋은 타이밍이며 꿈에 도달하는 가장 최적의 시간입니다.

나는 모험의 세계로 떠난다.
나는 진정한 나를 발견할 것이다.

떠나라, 모험과 위험의 세계로

영화 〈트루먼 쇼〉에서 주인공 트루먼은 완벽하게 통제되고 안정이 보장된 세계에 살고 있습니다. 하지만 트루먼은 그 안정이 보장된 세계를 탈출하려 합니다.

그 장면을 지켜보던 관객들은 트루먼의 탈출을 숨을 죽이고 간절하게 응원합니다. 그가 모험과 위험의 세계로 떠나길 바라는 거죠. 관객들은 트루먼을 사랑하는 데도 말입니다.

통제되고 안정된 삶이라고 해서 그것이 모두 거짓된 삶이라는 것은 아닙니다. 하지만 안정감에 중독되어 사는 인생은 거짓된 삶일 가능성이 높습니다.

당신은 지금, 정말로 당신이 하고 싶은 일을 하고 계신가요?

당신은 그 일을, 평생 하다가 죽어도 후회를 남기지 않을 수 있나요?

만일 아니라면, 당신은 지금부터 떠날 준비를 해야 합니다.

당신의 삶이 거짓되게 느껴진다면 떠나세요.

현재의 안정감에서 벗어나 모험과 위험이 가득한 세계로 떠나세요. 그곳에서 진정한 자신을 발견할 수 있을 것입니다.

0228 나를 발전시키는 생각

나는 마음이 하는 말에 귀 기울인다.
나는 후회하지 않을 선택을 한다.

마음이 외치는 선택

마음이 외치는 소리를 외면한 선택은 기필코 후회하게 될 것
입니다. 눈앞의 이익이나 생존에 대한 두려움에 지지 마세요.
당신의 마음이 하라는 대로 하세요.

먼 미래에 지금 이 시간을 돌이켜 보았을 때, 절대 후회하지
않을 그런 선택을 하세요.

나는 게으른 긍정주의에 빠지지 않겠다.
나는 위기와 문제들을 실천적 행동으로 극복할 것이다.

게으른 긍정주의

위기임에도 그 상황을 외면하는 것은 자신의 상황을 '위기'라고 인지하고 싶지 않은 스스로의 마음 때문입니다. 변화에 대한 두려움이 그것을 극복할 마음을 가로막고 있는 것이죠. 다시 말해서 지금의 상황에서 변하고 싶지 않은 마음 때문에 모든 것이 다 잘 될 거라고 막연히 긍정하는 것입니다.

나는 이것을 '게으른 긍정주의'라고 명명합니다. 하지만 이러한 잘못된 긍정주의는 위험합니다. 그 이유는 위험이 목전까지 닥쳐도 행동하지 않기 때문입니다.

긍정의 마음은 노력한 만큼 좋은 결과를 얻을 수 있다고 굳게 믿는 것입니다. 노력 없이 좋은 결과는 절대 오지 않습니다. 어서 빨리 게으른 긍정주의에서 벗어나세요.

나는 역경을 과대평가하지 않는다.
내게는 어떤 고통도 이겨낼 힘이 있다.

고통에 약해지지 마라

삶의 역경이 찾아왔을 때 우리는 고통을 실제보다 과대평가하는 경향이 있습니다. 역경에 무릎 꿇지 않으려면 고통을 하찮게 여기고 과소평가하는 마음이 필요합니다.

고통을 가볍게 여기고 비웃어 주세요. 그래야만 역경을 이겨낼 자신감이 생깁니다.

당신 앞에 있는 장애물은 도대체 얼마나 높은 장애물입니까?

당신의 시야를 가릴 정도의 높이입니까? 아니면, 허들 정도의 높이인가요?

아니네요, 문지방 정도의 높이네요.

그럼 이제 한 발을 들어 문지방 높이의 장애물을 가볍게 넘어 지나가기만 하면 됩니다.

장애물 넘기 정말 쉽죠!

지금 불행하다면 두려워할 일은 없다.
이제 내게 남은 것은 행복뿐이다.

지금 불행하다면 두려워할 것이 없다

내가 가장 안타깝게 생각하는 사람은 불행한 삶을 살면서도 아무 행동도 하지 않는 사람입니다. 우리가 실패를 두려워하는 것은 인생이 불행해질 것을 염려해서입니다. 하지만 이미 불행하다면 두려운 것이 무엇인가요?

이미 불행한 사람은 이미 두려워할 것이 없는 사람입니다.

만일 당신이 지금 불행하다고 생각한다면, 당신의 마음속에 현실에 대한 불만으로 가득 차 있다면 지금 당장 변화를 위한 행동을 시작하세요. 이제 당신에게는 아무것도 두려워할 것이 없습니다. 당신에게는 이미 실패가 존재하지 않으니까요. 당신에게는 오직 더 나은 변화만이 있을 뿐입니다.

과열된 나를 몰아세우지 말자.
나는 적절한 휴식을 통해 컨디션을 안정시킨다.

나를 식혀야 할 때

자동차 경주에서 자주 일어나는 차량 고장 중 하나가 엔진 오버히트입니다. 레이싱 도중 어쩔 수 없이 일어날 수밖에 없는 수많은 급가속 때문에 엔진이 과열되어 뜨거운 열을 버텨내질 못하는 것이죠. 사람의 삶에도 자동차 엔진처럼 오버히트되는 날이 있습니다. 너무나 열심히 달려서 온몸이 과열된 엔진의 피스톤처럼 녹아내리기 시작하는 거죠.

사람은 기계가 아닙니다. 자신의 일에 최선을 다해야 하겠지만 다시 힘을 내기 위해서는 몸과 마음의 컨디션이 안정감 있게 유지하는 것이 필수적입니다. 너무 열심히 삶에 열중하느라고 몸과 마음이 과열되어 있다면 뜨거운 엔진을 식히고 냉각수를 보충해 주듯이, 달리던 삶을 잠시 내려놓고 과열된 몸과 마음을 식혀주세요.

 **나를 발전시키는 생각**

나는 최고다. 나는 최고다.
나는 진짜 최고다.

자신을 최고라고 생각하라

내 인생이라는 공연을 펼쳐야하는 무대의 주인공은 당신입니다. 자기 자신을 최고라고 생각하세요. 당신은 자기스스로를 인생이라는 무대의 주인공으로 생각해야 합니다. 가수 엄정화 씨는 자신의 공연무대 위에서 만큼은 세상에서 자신이 가장 아름답고 섹시한 여자라고 생각한다고 합니다.

중요한 것은 남의 평가가 아니라 자기가 자신에게 내리는 평가입니다. 자신에 대한 평가가 스스로의 자존감을 결정짓기 때문입니다. 당신도 이와 같은 태도를 가져야 합니다. 당신은 자신의 인생이라는 무대 위에서 가장 멋지고, 근사하며, 아름다운 사람입니다. 스스로 자신에 대해 내린 최상의 평가가 당신의 자존감을 높여줄 것입니다.

나에게 인생이란 기회는 최고의 축복이다.
나는 이 오묘한 인생의 맛을 마음껏 즐긴다.

오묘한 인생

인생이란 참으로 오묘합니다. 인생은 내 계획과 전혀 상관없이 흘러가다가 엉뚱한 장소에 나를 내려놓기도 합니다. 때로는 모든 것이 순조롭게 흘러가다가 결승점 앞에서 나를 전혀 예상치 못한 곳으로 몰고 가기도 하죠. 그래서 실망하고 있으면 또 예상치 못한 기회가 찾아옵니다. 덕분에 웃어야 할 때와 울어야 할 때를 구분하기가 참 어렵습니다. 하지만 그래서 산다는 것이 신비롭고 재미있는 것 같습니다.

이 오묘한 인생의 맛을 느낄 기회가 있다는 것은 정말 얼마나 큰 축복인가요?

한 번뿐인 소중한 인생이다.
나는 어정쩡한 삶은 살지 않겠다.

무언가에 미쳐 산다는 것

내 열정과 에너지를 모두 바칠 만한 가치가 있는 일을 한다
는 것은 그 자체로 행복이라 할 수 있습니다. 무언가에 미쳐서
살 수 있다는 것은 축복입니다.

당신이 미치도록 하고 싶은 일을 찾으세요. 그것이 꿈이든
사랑이든 무엇이든 상관없습니다. 당신의 전부를 내주어도 아
깝지 않은 그 무언가를 찾으세요. 당신의 온 마음을 전부 주어
도 아깝지 않은 그런 일을 하세요.

인생에서 한 번쯤은 미친 듯이 살아보아야 합니다. 인생이
란 한 번 미쳐서 살아보지 않으면 제대로 '살았다.'라고 말할 수
없으니까요.

나는 기적을 믿는다.
그래서 나는 포기하지 않는다.

기적을 포기하지 마라

세상에는 두 종류의 사람이 있습니다.

기적을 믿는 사람과 믿지 않는 사람.

당신이 기적을 믿는 사람이라면 그 믿음을 어떤 상황에서도 버리지 마세요.

기적을 믿는 사람만이 절망적인 상황에서 희망을 발견할 수 있습니다.

기적을 믿는 사람만이 가장 어두운 곳에서 빛을 발견할 수 있습니다.

기적을 믿는 사람만이 반전의 드라마를 만들 수 있습니다.

기적에 대한 믿음을 잃지 마세요. 마지막 순간까지 기적을 믿으세요. 기적을 포기하지 마세요.

하고 싶은 일과 재능은 멀리 떨어져 있지 않다.
나는 내가 하고 싶은 일을 먼저 시작한다.

재능에 대한 집착에서 벗어나라

성공하기 위해서는 먼저 자기 자신을 이해해야 한다는 말이 있습니다. 이 말은 분명 맞는 말이지만 우리들은 대개 이 말을 자신의 재능을 먼저 알아야 한다고 해석합니다.

우리는 재능에 집착하는 경향이 있습니다. 하지만 문을 두드려서 열어 보지 않고는 문 안에 무엇이 있는지 알 수 없듯이 처음부터 자신의 재능이 무엇인지 명확하게 알 수 있는 사람은 없습니다. 대개 재능은 한 가지 일을 오랜 시간 갈고 닦고 난 다음에야 깨달을 수 있는 것이기 때문입니다.

재능에 대한 집착을 버리세요. 당신의 재능이 무엇이든 그것은 당신이 좋아하는 일과 결코 멀리 떨어져 있지 않을 것입니다. 자신이 하고 싶은 일과 재능이 정반대가 되는 경우는 거의 없습니다. 스스로 자신의 재능을 알고 싶다면 자신의 마음을 이끄는 일을 먼저 시작하세요. 하고 싶은 마음이야말로 재능의 가장 명확한 단서입니다.

나는 항상 훌륭한 인격의 사람들과 함께 한다.
나는 인간관계에서만큼은 절대 모험하지 않는다.

인간관계는 모험하지 마라

인간관계는 인간의 삶 중 가장 흥미롭고 또한 위험한 모험입니다. 왜냐하면 자신이 하고 싶은 일에 도전하여 실패했다고 해서 인생이 완전히 망가지지는 않지만 인간관계에서 인격적으로 사람들의 외면을 받는 사람의 삶은 대개 회복이 불가능합니다. 또한 올바르지 못한 사람과 함께 추진한 일은 사람들의 호응을 받을 수 없기 때문에 사람의 인생 자체를 완전히 망가뜨릴 수도 있습니다.

잘못된 인간관계야말로 가장 위험한 일입니다. 인간관계만큼은 가볍게 생각하지 마세요. 또한 절대로 모험하지 마세요.

나는 내가 되고 싶은, 내가 옳다고 믿는
그런 사람이 될 것이다.

가면을 벗고 진짜가 되라

우리는 때로 자신의 본 모습을 감추고 가면을 쓸 때가 있습니다. 때로는 자신이 원하는 모습이라서 쓰기도 하고, 때로는 자신의 참모습을 견딜 수 없어 쓰기도 하고, 때로는 다른 사람들이 원하는 모습이라서 쓰기도 하고, 때로는 세상에 자신의 모습을 숨기고 싶어서 쓰기도 합니다. 그러나 가면을 쓴 모습은 그것이 언제 벗겨져서 자신의 본 모습이 드러날지 모르는 불안함에 시달린다는 것이 문제입니다.

세상을 영원히 속일 수 있는 거짓말은 없습니다. 가식적으로 꾸민 이미지는 언제든 자신의 이득에 따라 변할 수 있는 이미지일 뿐입니다. 남들 앞에서 더 좋은 사람인 척 가면을 썼다면, 이제 가면을 벗어버리세요. 사람들이 자신의 모습을 감추고 가면을 쓰는 것은 적어도 자기 스스로는 가면을 쓴, 위장된 그 모습이 더 올바른 모습이라는 것을 스스로 잘 알고 있기 때문입니다. 당신은 무엇이 옳은지, 또한 무엇이 그른지 잘 알고 있잖아요.

나는 어떤 상황에서도 나를 잃지 않는다.
나는 결코 '나'다움을 잃지 않는다.

자기 자신을 지켜라

예상치 못한 절망적인 상황이 닥치면 우리는 혼란스러움에 빠지게 되고 결국은 자기 자신의 존재를 망각하게 됩니다. 가슴에 품고 있었던 목표는 까맣게 잊어버리고 극심한 공포와 심리적 공황상태인 패닉(panic)상태에 빠져 허우적거리게 되는 것이죠.

상황이 어려울수록 자기 자신을, '나다움'을 지켜야 합니다. 실패가 인생을 망치는 것이 아닙니다. 실패나 좌절로 인해, 자기 자신을 지키지 못하고 잃어버리면 '망친인생'이 되는 것입니다.

자신을 지키세요, '나다움'을 지키세요. 자기 자신을 잃지 않는 사람만이 다시 시작할 기회를 잡을 수 있습니다.

나는 부정적인 상상으로 나 자신을 괴롭히지 않는다.
나는 언제나 긍정적인 상상을 한다.

긍정적인 그림을 믿어라

인생에서 정말 중요한 일을 앞두고 있을 때 사람의 머릿속에는 온갖 상상이 다 일어나죠. 복잡한 머릿속을 깨끗이 비우려 해도 설렘과 두려움이 교차합니다. '설렘'이라는 감정은 긍정적인 그림을, 두려움이라는 감정은 부정적인 그림들을 만들어 내죠. 하지만 사람들은 아직 아무 일도 일어나지 않았는데도 대개 부정적인 그림에 마음을 빼앗기고 그것의 공포에 스스로를 괴롭힙니다.

당신은 스스로를 부정적인 상상에서 해방시켜서 반드시 긍정적인 그림을 상상해야 합니다. 오직 당신이 이루어졌으면 하는 긍정적인 상상을 믿으세요.

0313 나를 발전시키는 생각

나는 해보지 못한 일이라고 피하지 않는다.
나는 실행하면서 배운다.

Learning by doing

'Learning by doing.' 이 영어문장을 해석하면 '실행하면서 배운다.'입니다. 주로 체육 교육 프로그램에 사용되는 학습 용어입니다. 말 그대로 실행해야 깨달음을 얻을 수 있다는 것이죠.

우리 인생에도 'Learning by doing' 해야 할 때가 있습니다. 이전에 전혀 경험해보지 못한 일이거나 계획을 세우기 곤란한 기회에 맞닥뜨렸을 때 우리는 'Learning by doing'를 실행해야 합니다.

한 번도 경험하지 못한 일 앞에서 지레 겁먹고 도망가지 마세요. 용기를 가지고 'Learning by doing' 하면 됩니다. 실행을 통해 배우면서 한 걸음씩 성장해 나가면 문제를 해결해 나갈 수 있습니다. 결국 문제를 해결해 나가는 것은 경험이 없는 현재의 당신이 아니라 성장하고 발전한 미래의 당신입니다.

인간은 원래 혼자였다.
탄생도 죽음도 모두 혼자 맞이한다.

우리는 원래 혼자였다

유독 우리나라 사람들은 공동체를 중요시하는 문화의 영향 때문인지는 몰라도 지나칠 만큼 혼자 있는 것을 두려워하는 듯합니다. 성인들조차도 혼자 밥 먹는 것을 좋지 않은 모습으로 바라보고 스스로도 그러한 모습을 창피하게 생각합니다. 하지만 인간은 다른 사람들과의 관계 그리고 관심과 애정이 필요하지만, 밥을 먹을 때조차 관심과 애정이 필요한 것은 아닙니다. 혼자 있는 것은 이상한 일이 아닙니다. 혼자 있는 것을 불편해하는 것이 이상한 것입니다. 인간은 홀로 태어났고, 죽을 때에도 홀로 떠납니다. 인생의 시작과 끝이 모두 혼자인 셈이죠. 혼자 있는 것을 두려워하지 마세요. 우리는 원래 혼자였다는 것을 기억하세요.

새로운 생각을 시작하자.
새로운 생각은 새로운 변화를 일으킬 것이다.

혁명의 시작

모든 혁명의 시작은 누군가의 생각에서 시작됩니다. 생각의 힘은 겨자씨와 같아서 비록 시작은 미약하지만 시간이 흐르고 그 생각에 호응하는 사람이 늘어나고 성장하게 되면 엄청난 결과를 만들어냅니다.

당신에게는 지금까지 살아온 사고방식이나 행동들이 있을 것입니다. 그것들이 좋은 결과를 만들어 냈다면 그 상태를 유지해도 되겠지만 그렇지 않다면 생각의 틀을 과감하게 바꾸어야 합니다. 물론 이미 몸에 배어버린 자신만의 방식들을 바꾼다는 것은 어렵고 고통스러운 일입니다. 하지만 일단 생각을 시작하는 것은 어렵지 않게 시작할 수 있는 일이죠.

필자는 당신의 생각을 바꾸라는 것이 아니라 새로운 생각을 시작하라는 것입니다. 정말 단지 그것뿐입니다. 결코 힘든 도전이 아닙니다. 새로운 생각을 시작하세요. 새로운 생각을 시작하는 것만으로도 변화의 방아쇠는 이미 당겨진 것입니다.

0316 나를 발전시키는 생각

나는 성급하게 포기하지 않는다.
나는 내가 정말 최선을 다했는지 점검한다.

포기하기 전에 신중하라

사람들은 대개 어떤 일에 도전하기 전에는 일어날 수 있는 모든 경우의 수를 따져가며 신중하게 접근하지만 포기할 때는 너무나 쉽게 포기해 버립니다. 그러나 포기할 때에도 도전할 때만큼이나 신중해야 합니다. 정말로 내가 최선을 다했는지, 아직 시도해 볼 수 있는 방법이 남아 있지는 않은지 신중하게 고민해 보아야 합니다. 그래서 정말 포기할 만한 상황이라는 확신이 들 때 포기하세요. 성급한 도전만큼이나 성급한 포기 또한 후회를 가져온다는 것을 잊지 마세요.

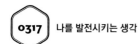

어제의 실패는 지나갔다.
오늘은 새로운 시작이다.

인생을 단정 짓지 마라

한 번의 실패가 인생 전체를 결정짓는 것은 아닙니다. 실패는 그 순간의 실패일 뿐, 다음 순간이 다가오면 우리에게는 다시 새로운 선택지가 주어지죠. 이렇듯 인생이라는 것은 끊임없이 새로운 선택지가 주어지고 그것을 극복하고 해결하는 과정의 연속입니다. 하지만 우리는 한 번의 실패에 너무나 쉽게 자신의 인생을 단정 지을 때가 있습니다. 그렇게 인생을 단정 지어버리면 새로운 기회와 희망을 찾을 수 없게 됩니다.

인생에 정해진 결말 같은 것은 없습니다. 인간의 삶은 매 순간이 새로운 인생의 시작입니다.

1%의 강점이 나를 특별하게 만든다.
나는 대체할 수 없는 1%의 특별함을 가졌다.

대체할 수 없는 1%의 차이를 만들어라

"아무리 매력적인 사람일지라도 그의 작은 단점이 내가 보기에 불편하고 눈에 거슬리면 정이 떨어지는 거고, 단점이 많은 사람이라 생각했는데 1%의 장점이 눈에 띄면 그것에 사람들은 반하는 거야. 알겠어. 그러니 너만의 특별함이 무엇인지 한 번 생각해 봐."

남들과 다른 나만의 특별한 1%가 있으면 매력적인 사람이 될 수 있습니다. 모든 면에서 완벽한 사람이 되라는 것이 아닙니다. 다른 사람으로 대체할 수 없는 1%의 특별함을 지닌 사람이 되라는 것입니다. 단 1%의 다른 사람과 구별되는 당신의 강점이, 99%의 평범함 혹은 부족함까지 특별하게 만드는 것입니다.

다른 사람들과 차별화되는 1%의 강점을 만들어 보세요. 남들과는 다른 나만의 1%, 바로 그 1%가 당신을 무엇과도 바꿀 수 없는 특별한 사람으로 만들 것입니다.

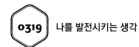
나는 세상의 변화에 관심을 기울인다.
나는 사회적 트렌드의 변화에 민감하다.

세상의 변화에 관심을 가지자

우연히 시청하게 된 뉴스에서 국회의원들이 어린아이들처럼 서로 싸우는 보도를 보며 도대체 저 사람들이 왜 싸우는지 이해가 되질 않을 때가 있죠.

당신이 그들의 싸움을 이해를 하지 못하는 것은 세상의 흐름에 관심이 없기 때문입니다. 이렇듯 바쁜 일상에 치여 살다 보면 세상이 어떻게 돌아가는지 무관심할 수가 있습니다. 그러나 당신이 사회의 변화에 뒤처지지 않는 사람이 되기 위해서는 개인의 노력도 중요하지만, 사회적 흐름에 대한 관심 역시 매우 중요합니다. 더구나 당신의 미래에 대해 올바른 판단을 하기 위해서는 사회적 변화에 민감해야 하죠.

세상의 변화에 관심을 가지세요. 더 좋은 세상을 만드는 일에 당신의 힘을 더하세요.

인생은 원래 어려운 것이다.
그렇지만 나는 좌절하지 않는다.

실망할 이유가 없다

우리는 이미 알고 있습니다. 삶이 언제나 내 뜻대로만 되지 않는다는 것을 말이죠. 또 그것이 인생의 이치임을 알고 있으면서도 우리는 그러한 사실을 매번 잊어버립니다. 그래서 삶의 고통에 실망하거나 좌절하죠. 그러나 내 뜻대로 되지 않는 현실에 실망할 이유가 전혀 없습니다. 원래 인생이란 그랬던 것이니까요. 모든 것이 내 뜻대로 된다면 그건 이미 인생이 아닐 겁니다. 누구에게나 인생은 어렵고 혼란스러운 것입니다. 그러니 인생의 어려움을 당연한 일로 받아들이세요. 그것을 극복해서 내 뜻을 이루는 것이 인생의 이치입니다.

두려움 앞에서 20초만 용기를 내자.
20초의 용기가 어쩌면 내 인생을 바꿀지도 모른다.

20초의 용기

두려움을 느끼는 데에는 분명 그만한 이유가 있을 것입니다. 아무런 이유 없이 두려움을 느끼는 사람은 없습니다. 그래서 두려움을 이겨내기가 어려운 것이죠.

분명히 두려울 수밖에 없는 상황 속에서 어느 누가 쉽게 용기를 낼 수 있을까요?

두려움이 느껴져 몸과 마음이 굳어 갈 때, 20초만 용기를 내어 보세요. 누구라도 큰 용기는 아닐지라도 순간의 용기는 낼 수 있습니다. 비록 짧은 순간일지라도 용기를 내기 시작하면 용기의 크기도 더욱 커집니다. 두려움이 엄습할 때 20초만, 용기를 내어 두려움이 원하는 모습이 아닌, 두려움에 맞서는 행동을 해보세요. 두려움을 느낄수록 더욱 두려움이 깊어지듯이 용기 또한 관성의 법칙이 적용됩니다. 20초 후에는 당신의 커진 용기와 관성이 두려움을 피할 수 있도록 당신을 이끌어 줄 것입니다.

나는 나의 자존심을 지킨다.
하지만 쓸데없는 고집은 버린다.

자존심은 지키는 게 아니라 버리는 것

자존심은 버릴 때 아름답습니다. 진정으로 자존감이 높은 사람은 일순간 낮아짐에 상처를 받지 않습니다. 물론 자존심은 스스로 굽힘없이 자신의 품위를 지키는 마음이기에 자존심을 지키는 것은 매우 중요합니다. 하지만 정의로운 일에 자기의 자존심을 버리는 사람이야말로 자존감이 높은 사람이라 할 수 있습니다. 자존심은 지킬 때가 아니라 버릴 때 가장 큰 가치를 발휘하는 것임을 기억하세요.

내 꿈은 언젠가 내 발판이 된다.
나는 내 꿈을 발판삼아 더 큰 꿈을 이룬다.

꿈이 일상이 될 때

내가 정말 간절하게 이루고 싶은 그 꿈이 이루어져서 내 삶 속의 일부가 되면 예전에 그렇게 특별하게 생각되던 꿈꾸던 삶이 이제는 더 이상 가슴이 설레지도 않는 평범한 일상이 됩니다.

때때로 우리들은 무료한 일상을 두려워합니다. 그러나 그런 걱정은 할 필요가 없습니다. 꿈이 일상이 되면 그때부터 당신이 해야 할 일은 새로운 꿈을 찾는 것입니다. 또 그 꿈이 현실이 되면, 그 꿈은 새로운 꿈을 위한 발판이 됩니다. 그 발판 위에 올라서면 우리의 시야는 더 넓어지게 되고 이전보다 더 크고 새로운 꿈을 꿀 수 있게 되죠. 그 새로운 꿈도 언젠간 평범한 일상이 되겠지만요. 그것이 우리의 인생입니다.

나는 인생을 즐긴다.
나는 나에게 주어진 삶의 시간들을 즐긴다.

삶이라는 여행을 즐기자

나는 봄이 오면 봄을 사랑하고 여름이 오면 여름을 사랑합니다. 물론 가을과 겨울 또한 사랑하죠. 하지만 저는 원래 여름을 무척 싫어했습니다. 그러다 어느 무더운 여름날 문득 그런 생각이 들더군요. '내 생애에서 이 여름을 몇 번이나 더 볼 수 있을까?' 그 순간부터 여름이 사랑스러워지기 시작했습니다. 여름이 지나갈 때에는 내 인생에 또 한 번의 여름이 사라졌구나 하는 생각에 아쉬운 마음마저 들더군요.

당신의 인생에서 여름을 몇 번이나 더 볼 수 있을까요? 또한 가을, 겨울, 봄. 인생에서 경험하는 모든 것들은 다 유한한 것이라고 생각이 든 적은 없었나요? 더구나 어떤 경험들은 일생에 단 한 번밖에 볼 수 없다는 생각에 마음이 아렸던 적은 없었나요?

우리는 삶 속에서 매일매일 여행을 떠납니다. 우리에게 주어진 여행일정은 너무나 빡빡합니다. 그러기에 지금, 우리가 할 수 있는 일은 이 훌륭한 여행을 최선을 다해 즐기는 것입니다.

나는 (　　　)을 나의 약점이라고 생각한다.
나는 약점 또한 정성으로 가꿀 것이다.

약점마저 사랑하라

누구에게나 자신의 어떤 부분에 대해서 스스로 만족하지 않는 부분이 있을 수 있습니다.

'나는 나의 이런 부분이 정말 마음에 안 들어.'

'내게 이것만 없었으면 삶이 훨씬 행복할 텐데.'

우리는 마음에 들지 않는 자신의 어떤 모습을 스스로의 노력으로 바꿀 수 있습니다. 또한 마음에 들지 않는 외형의 모습은 물리적으로라도 바꿀 수도 있죠. 하지만 자신의 지금의 모습을 긍정적으로 발전시키려는 노력을 해보세요.

현재 자신의 모습, 곤궁한 삶을 변명하지 마세요. 자신의 어떤 약점 때문에 기죽지 마세요. 스스로 자신의 약점을 어루만져주고 사랑해 주세요. 자신의 약점마저 사랑할 수 있을 때, 진정으로 스스로를 사랑할 수 있을 것이며, 그 약점이 결코 자신의 인생을 망치게 하지 않는다는 것을 깨닫게 될 것입니다.

 **나를 발전시키는 생각**

나는 지금 내가 가진 것들을 더욱 갈고 닦는다.
그래서 기필코 나의 꿈을 이룰 것이다.

지금 내 손에 있는 무기

소중한 기회를 놓쳤나요?

괜찮습니다. 또다시 당신을 위한 기회가 찾아올 것입니다.

꿈을 이룰 강한 무기를 잃어버렸나요?

괜찮습니다. 여전히 그대에게는 꿈을 이룰 강력한 무기들이 남아 있습니다. 하지만 아쉬운 마음에 계속 뒤를 돌아본다면 새로운 기회도, 꿈을 이룰 무기도 찾지 못할 것입니다.

이제 그만 잃어버린 것은 잊어버리세요. 그리고 지금 자신이 쥐고 있는 것을 바라보세요.

나는 충분히 준비하여
나의 전성기를 스스로 만든다.

준비가 먼저 끝나야 한다

기회는 언젠가 틀림없이 올 것입니다. 그렇지만 문제는 그 기회는 언제나 순식간에 지나가 버린다는 것이죠. 그래서 빠르게 지나가는 기회를 잡을 준비가 되어 있어야 합니다. 누군가 문을 열었을 때, 그 문이 닫히기 전에 통과할 준비가 되어 있어야 한다는 거죠.

그러나 사람들은 문이 열릴 때까지 기다리지 못합니다. 준비하는 시간만큼 계속 손해를 보고 있는 것 같은 착각이 들기 때문이죠. 하지만 충분한 준비가 되어 있지 않은 상태에서의 기회는 독이 될 수 있습니다.

10년의 무명의 시기를 거쳐야 10년의 전성기를 누릴 수 있다고 합니다. 준비하는 시간과 전성기를 누리는 시간은 비례한다는 말입니다. 때문에 전성기를 준비하는 시간은 결코 손해가 아닙니다. 오히려 확실한 이익이 되는 투자의 시간입니다. 길고 지루하겠지만 모자라지 않게 넉넉히 준비하세요, 준비한 시간만큼의 좋은 기회들을 잡을 수 있을 것입니다.

나는 어떤 상황에서도 진득하게
성장하고 행동한다.

포기하지 않는 재능

"당신은 다른 사람들에게 무능하다고 손가락질을 받으면서도 포기하지 않고 끝까지 버텨내질 않았습니까! 사람에게 그보다 더 큰 재능이 필요합니까?"

'진득하다'는 말의 의미는 성질이나 행동이 끈기가 있다는 말입니다. 단순히 참고 견디는 것이 아니라 행동의 지속성이라는 의미가 내포되어 있습니다. 그저 참고 견디는 것을 넘어 우리는 계속해서 지속적으로 행동해야 합니다. 성장을 위한 행동, 꿈을 성취하기 위한 행동을 멈추지 마십시오. 폭풍우 한가운데 있을지라도 결코 행동을 멈추지 마세요. 거센 바람을 맞으면서도 진득하게 행동하며 전진하세요. 멈춤 없는 전진만이 당신이 꿈꾸던 세계로 데려다 줄 것입니다.

잘 될 거야. 분명히 다 잘 될 거야.
그러니 걱정하지 마.

걱정하지 말아요

당신에게 지금 어떤 고민이 있나요?

걱정 마세요. 분명히 다 잘 될 겁니다.

당신은 간절하게 이루고 싶은 꿈이 있나요?

두려워하지 마세요. 당신은 분명히 꿈을 이룰 수 있습니다.

당신에게 어떤 문제가 있든 그 문제는 분명히 잘 해결될 것입니다.

지금 눈을 감고 가슴에 손을 얹고 자기스스로에게 말해주세요.

"다 잘 될 거야. 분명히 다 잘 될 거야. 그러니 걱정하지 마."

나는 내가 원하는 꿈과
이상을 좇는다.

인생에 한 번쯤은

인생에 한 번쯤은,
현실적인 타협 없이 살아봐야 하지 않을까요?
인생에 한 번쯤은,
성공과 실패에 상관없이 자기 꿈을 좇아봐야 하지 않을까요?
인생에 한 번쯤은,
타고난 운명을 벗어나기 위해 삶 전부를 던져봐야 하지 않을까요?
인생에 한 번쯤은 그렇게 살아 봐야 하지 않겠어요.

배려 없는 솔직함은 적을 만들 뿐이다.
나의 솔직함 속에는 배려와 친절이 있다.

친절한 솔직함이 필요하다

세상에 거짓말하는 사람들이 많아서일까요?

우리는 입에 발린 사탕발림을 늘어놓는 사람보다는 솔직한 사람에게 신뢰감과 매력을 느낍니다. 그러나 종종 배려 없고 무례한 행동이, 가식이 없는 솔직함 또는 담대함이라는 매력으로 포장될 때가 있습니다.

진솔하고 솔직하다는 것은 배려 없음과 무례함과는 전혀 다른 의미입니다. 솔직함이라는 방패로 다른 사람들에게 상처를 주는 것은 결코 올바른 행동이 아닙니다.

솔직하게 하고 싶은 말을 하기 이전에 타인에 대한 배려와 친절을 갖추어야 합니다. 솔직함이라는 변명으로 다른 사람의 가슴에 상처 주지 마세요. 친절함이 없는 솔직함은 매력이 아닙니다. 언젠가는 무례한 솔직함이 부메랑이 되어 자신에게 돌아올 수도 있음을 명심하세요.

나는 과한 욕심을 부리지 않고
현재의 행복을 오롯이 즐기겠다.

현재의 행복을 유지하는 법

현재의 행복을 유지하는 법은 간단합니다. 그것은 현재의 행복에 온전히 만족하고 즐기는 것입니다. 우리가 행복을 오래 누리지 못하고 쉽게 놓치게 되는 것은 행복한 순간에서조차 과한 욕심을 부리기 때문입니다.

당신이 지금 행복하다면 그냥 그 행복을 누리세요. 좋으면 순수한 마음으로 만족감을 느껴보세요. 여기서 무얼 더 보태려 하지 말고, 더 욕심을 채우려 하지 말고 편안하게 지금의 행복을 즐기세요. 당신이 온전히 행복을 만끽하려 할 때 현재의 행복을 더 오래 유지할 수 있을 것입니다.

나는 내 몸이 주는 신호에
주의를 기울인다.

몸은 마음을 안다

말과 행동이 마음과 다르게 정직하지 못할 때, 몸은 그에 대한 답을 합니다. 몸은 이미 마음이 진정으로 무엇을 바라고 있는지 알고 있었던 것입니다. 우리가 마음과 달리 움직이려고 하면 몸은 우리에게 신호를 줍니다. '그래선 안 된다고', '지금 잘못된 방향으로 가고 있다고', '다시 방향을 돌리라'고 말이죠.

몸이 신호를 주면 마음은 안정감을 찾을 수 없습니다. 가슴이 답답해지고 심해지면 가슴에 통증이 나타납니다. 아무것도 하지 않았는데도 온몸이 몸살 난 것처럼 욱신거립니다. 심한 두통에 시달리게 되거나 뒷목이 뻣뻣하게 굳어지기도 합니다.

어떻게 아느냐고요? 나 또한 그랬으니까요. 나는 나 스스로에게 매일 거짓말을 하며 살았습니다. 그랬더니 남은 건 가슴의 통증과 후회뿐이었어요. 당신은 나와 같은 잘못을 범하지 않기를 바랍니다.

나는 끊임없이 도전하고 꿈꾸며
행복하게 살 것이다.

나이에 얽매이지 마라

나이를 먹어 간다는 것, 청춘이 나를 떠나가고 있다는 것을 확인하는 일은 무척이나 슬픈 일입니다. 어느 날 갑자기 거울 속의 내 모습이 낯설어지고 몸 이곳저곳이 삐걱대는 것을 느끼면서도 스스로는 자신의 변화를 인정하지 못할 때가 있죠. 아니 인정하고 싶지 않은 것이 본심일 것입니다. 그러나 청춘이란 시기는 마치 한 순간 번쩍이고 사라지는 번개와 같이 그리 오래 우리 곁에 머물러 있지 않습니다. 그렇지만 우리의 인생이 청춘의 시기에만 도전할 수 있고, 꿈꿀 수 있고, 행복할 수 있다면, 우리 인생의 대부분은 무의미해질 것입니다.

흐르는 세월에, 육체적인 나이에 얽매이지 마세요. 세월에서, 시간에서, 늙음에서 스스로를 자유롭게 해주세요. 새로운 시작은 언제나 당신을 향해 다가오고 있으며 또한 열려 있습니다.

나는 좋지 않은 사람들로 인해
내 인생을 허비하지 않는다.

그들은 사라지지 않는다

세상에는 양심에 화인(火印)이 찍혀있는 듯 악한 사람들이
있습니다. 공감능력이 부족한 소시오패스 같은 사람들 말이죠.
세상에서 그런 사람들이 사라졌으면 바라지만 사회 어디에나
그런 사람들은 존재합니다. 그러나 세상의 온정주의는 이러한
악한 자들을 걸러내기보다 그들에게도 기회를 주어야 한다며
변호해 주기에 바빠서 그들에게 피해를 입은 피해자들을 돌보
아 주지 않습니다.

그러므로 우리는 세상의 잘못된 온정주의와 그들의 악함에
대처할 지혜를 갖추어야 합니다. 또한 그들과 맞서 싸울 담대
함을 지녀야 합니다. 결코 약해져서는 안 됩니다. 당신이 약해
지고 포기하는 것은 그들이 바라는 일입니다. 그들에게 이기고
싶다면 당신의 꿈과 인생을 절대 포기하지 마세요.

나는 최적의 시기에 나에게 다가올 기회를
차분히 기다린다.

때가 되면 나타날 것이다

이미 만반의 준비를 끝냈고, 내 안에는 반드시 해낼 수 있다
는 자신감으로 가득 차 있는데도 기회가 주어지지 않아 답답할
때가 있습니다. 그래서 한껏 부풀어 오른 자신감과 기대감은
점차 나를 조급하게 만듭니다. 하지만 나의 조급한 마음과는
달리 기회가 나타나지 않을 때, 힘겨움을 느낍니다. 그러나 기
회를 확실하게 잡기 위해서는 나 자신의 준비도 필요하지만 상
황적 적기도 필요합니다.

가장 좋은 적기에 기다리던 기회는 반드시 나타날 것입니
다. 당신의 준비는 반드시 좋은 결실을 볼 것입니다. 포기하지
말고 기다리고 기다리세요.

사랑은 나를 성장시킨다.
나는 사랑을 통해 소망을 이룬다.

올바른 사랑은 사람을 성장시킨다

올바른 사랑은 사람을 성장시킵니다. 사랑은 가슴엔 열정을, 마음엔 평화를, 그리고 영혼을 일깨웁니다. 이렇듯 사랑은 더 나은 미래를 소망하게 하고, 더 많은 꿈을 꾸게 하고, 더 긍정적이고 강한 사람이 되게 하죠.

당신이 지금 올바른 사랑을 하고 있다면 사랑은 당신을 더 나은 사람으로 성장시킬 것입니다. 왜냐하면 사랑은 창조적인 행위이기 때문입니다. 그러나 누군가와의 사랑이 자신을 더 나은 방향으로 이끌어 주지 못하고 삶을 퇴보시키고 파괴한다면 그 사랑이 정말 제대로 된 사랑인지 반드시 다시 생각해 보아야 합니다.

사랑에 눈이 멀어 자신을 똑바로 바라보지 못하는 것은 정말 위험한 일입니다.

지금 당신은 올바른 사랑을 하고 있습니까?

나는 열악한 환경을 이겨내고
반드시 편히 웃는 날을 만들 것이다.

웃을 수 있게 되기까지

자신의 열악한 환경을 온전히 극복한다는 것은 참으로 눈물
겹고 힘든 일입니다. 그렇지만 고난을 견딘 노력의 끝에는 반
드시 웃음이 있습니다.

지금 당신의 출발이 초라하고 보잘 것 없다면, 당신이 모든
걱정과 염려를 던져버리고 웃을 수 있게 되기까지는 더 많은
눈물을 흘려야 할지도 모릅니다.

절대 그런 시간이 오지 않을 것 같다고요?

세상에 영원한 것은 없습니다. 행복이 영원하지 않듯 슬픔
도 영원하지 않습니다. 언젠가는 모든 운명을 이겨내고 환하게
웃게 될 날이 반드시, 반드시 찾아올 것입니다. 때문에 희망을
절대 내려놓으면 안 됩니다. 눈물겨운 시간이 지나면 밝게 웃
을 수 있는 행복이 찾아오는 것이 세상의 이치이니까요.

나는 지금의 실패에 절망하지 않는다.
역전의 기회는 여전히 내 손에 달려 있다.

그래도 인생은 계속된다

너무나 고통스러운 일을 당하고 세상이 다 끝난 것만 같은 심정일지라도 세상과 당신의 인생은 끝나지 않습니다. 여기에서 더 이상은 추락할 곳이 없을 만큼 밑바닥까지 떨어져 자신의 인생이 끝장날 것만 같아도 세상은 아무 일 없는 듯 흐르고 당신의 인생은 변함없이 계속될 것입니다. 인생은 그렇게 호락호락 끝나는 것이 아니기 때문입니다.

인생이란 기회는 자신의 힘으로 스스로 얻은 것이 아니기에 자기 마음대로 끝낼 수 없습니다. 그래서 우리가 어떤 잘못을 해도, 어떤 실패를 할지라도 인생이라는 기회는 계속해서 주어지는 것이죠.

당신이 어떤 잘못을 했더라도 절대 절망하지 마세요. 인생은 계속됩니다. 당신의 인생은 아직 끝나지 않았습니다. 역전의 기회는 여전히 당신 손안에 있습니다.

내가 마음으로 상상하는 행복한 세계는
반드시 나의 현실이 될 것이다.

마음의 세계에서 완성하라

세상의 모든 것은 우선 마음에서부터 시작되죠. 현실의 모든 현상은 과거 우리가 마음으로 그린 결과물입니다. 내가 마음으로 꿈꾸는 세상은 현실에서 자신이 희망하고 만들고자 하는 세상입니다.

나는 내 마음의 세계에서 만들어진 것은 언젠가 현실의 세계에도 이루어진다는 것을 믿습니다. 당신 또한 자신이 원하는 세계를 마음속에 만들어 보세요. 마음의 세계에서 볼 수 있는 것이라야 현실에서도 볼 수 있으니까요. 당신이 마음의 세계에 그리고 있는 그 모습이 어떤 것이든 그것은 언젠가 당신의 현실이 될 것입니다.

0410 나를 발전시키는 생각

나는 현실을 직시하고 불가능한 꿈을
이루어 내는 공상가다.

눈을 뜬 공상가

우리는 현실을 직시해야 합니다. 현실에 동떨어진 공상가가 아닌 현실 위에 눈을 뜬 사람이 되어야 합니다. 나는 그런 사람을 '눈뜬 공상가'라고 부릅니다.

눈뜬 공상가는 '현실'과 '자신이 처한 상황'을 직시하고 그 상황에 맞게 합리적인 방법을 찾아 해결하려고 합니다. 또한 현실을 직시하는 바른 사고로 문제를 해결하기 위해 노력하는 적극적인 인간, 현실을 자신의 의지대로 바꾸는 합리적인 인간입니다.

뭐가 되도 되는 사람들의 특징이 뭔 줄 아십니까?

그들은 단순하고 열정적인 사람이라는 것입니다. 허나 더욱 중요한 건 현실을 알고 그 위에서 세상을 바라볼 줄 안다는 것입니다.

눈을 뜬 공상가가 되세요. 세상이 불가능하다고 생각하는 것을 이루는 꿈을 가진 리얼 리스트가 되세요. 현실 위에 서서 불가능한 꿈을 상상할 수 있는 사람이 되세요.

현재의 결과가 내 미래를 결정짓지 않는다.
나는 묵묵히 내 인생을 살아갈 것이다.

현재의 결과 ≠ 미래

심혈을 기울여 노력한 일이 뜻한 바대로 이루어지지 않아 정말 힘들 때가 있습니다. 하지만 오늘 자신을 좌절하게 만든 일에 대한 실패가 미래의 삶을 확정하는 것은 아닙니다. 우리는 한 번의 실패에 대하여 실제보다 크게 확대 해석하는 경향이 있습니다. 우리의 인생이 그렇게 단순하게 결정되는 것이라면 우리가 자신의 인생에 대해서 심각하게 고민할 필요가 있을까요?

미래의 일은 결코 지금 현재의 상황으로 결정되는 것이 아닙니다. 현재의 결과는 그저 자신에게 다가온 기회가 때로는 성공으로, 또는 실패로써의 흔적만 남기고 지나갈 뿐입니다. 지금의 상황에 '일희' 하지도 '일비' 하지도 마세요. 당신은 그저 흔들리지 말고 자기 인생을 묵묵히 꾸준하게 살아가세요. 당신이 꿈꾸는 삶의 목표가 분명하고 올바른 것이라면 언젠가는 당신의 삶은 훌륭한 인생으로 평가받을 것입니다.

나는 오래 머뭇거리지 않는다.
올바른 타이밍에 신중히 결단한다.

너무 오래 머뭇거리지 마라

인생은 마치 아이스크림과 같습니다. 아이스크림은 녹기 전에 맛있게 먹어야 하죠. 다 녹아 버리고 난 후에 다시 아이스크림을 얼린다 해도 아이스크림의 달콤함은 돌아오지 않습니다. 녹아버린 아이스크림은 더 이상 아이스크림이 아닙니다.

'30년을 정육점 사장으로 살고 난 후에 갑자기 발레리나로 변신할 수는 없다.'라는 말이 있습니다. 인생의 기회가 평생 우리를 기다려 주지는 않는다는 의미입니다. 오랜 시간을 내 꿈과는 전혀 다른 삶을 살아 놓고서 꿈을 이룰 수는 없습니다. 꿈은 너무 오래 머뭇거리는 사람을 기다려주지 않기 때문입니다. 꿈이 당신에게서 너무 멀리 달아나 버릴 때까지 너무 오래 머뭇거리지 마세요.

인생도, 꿈도, 아이스크림도 그 열정과 의미가 사라지기 전에 도전해야 하고 먹어야 합니다.

나는 꽃이다. 혹한의 추위를 이겨낸 꽃이다.
인생의 시련과 역경을 이겨낸 꽃이다.

혹한 속에 핀 꽃이 되라

중학교 2학년 때, 눈이 정말 많이 온 어느 날 담임선생님과 우리 반 아이들이 학교 뒷산으로 등산을 간 적이 있었습니다. 등산을 마치고 내려오는 데 하얗게 쌓인 눈에 덮인 꽃을 볼 수 있었습니다. 나는 그때 처음 매화라는 꽃을 보았습니다. 실제로는 처음이 아니었지만, 매화라는 꽃의 존재를 처음으로 알게 된 것이죠. 나는 그때 왜 매화가 선비 정신을 상징하는 꽃인지 이해할 수 있었습니다. 고결한 품위, 인내와 기개가 주는 아름다움이 무엇인지 깨달을 수 있었습니다. 하지만 그때는 미처 몰랐습니다. 매화의 아름다움을 각인시켜 준 것은 다름 아닌 하얀 눈이라는 것을 말이죠. 눈 속에 파묻혀 있기에, 혹한의 추위가 있었기에 매화는 아름다운 것이었습니다. 꽃도 겨울바람을 잘 견뎌내야 활짝 피는 것입니다.

우리의 인생에도 눈과 혹한의 추위가 있습니다. 추위를 이기지 못하고 얼어 죽는 꽃이 되지 마세요. 혹한 속에 핀 고결하고 아름다운 꽃이 되세요.

나는 행동하기 전에 신중하게 생각하고
지혜로운 행동을 한다.

지혜롭게 반응하자

경험은 우리에게 발생한 일이 아니라 그 일에 대처하는 우리들의 행동을 의미하는 것입니다. 우리의 반응은 일률적으로 정해져 있지 않죠. 예를 들어서 매운 맛의 음식을 먹고 자극을 받아 매운 표정을 짓는 것이 일반적인 반응이지만 사람에 따라 그 맛에 반응하는 표정은 각기 다르게 나타납니다.

지혜롭고 현명한 사람이란 지혜롭고 현명하게 반응하는 사람입니다. 자극에 대해 우리가 어떤 반응을 하느냐에 따라 좋은 경험이 될 수도 있고, 나쁜 경험이 될 수도 있습니다.

당신의 경험에 대해 지혜롭고 현명하게 반응하세요. 당신이 지혜롭게 반응할수록 좋은 경험들이 당신의 인생에 쌓여갈 것입니다.

나에게 상처를 준 사람을 미워하는 일보다
상처받은 내 감정을 먼저 돌보자.

자신에게 용서를 강요하지 말자

분노로 인해 자신의 삶이 안 좋은 영향을 받지 않게 하기 위해서는 용서라는 관용의 마음을 베푸는 것이 최선이지만, 그 용서 또한 자신스스로에 대해서 강요가 되어서는 안 됩니다. 때로는 분노를 쏟아내야 하고, 슬프다면 슬픔을 쏟아내야만 하죠.

아무렇지 않게 용서할 수 있는 일이라면 상처라고 말할 수도 없을 것입니다. 당신에게 상처 준 사람을 미워하는 일에 죄책감을 가지지 마세요. 당신은 신이 아니라 사람이니까요.

상처 준 사람을 미워하고 그에게 분노를 드러내는 것은 결코 죄가 아닙니다. 분노하세요. 감정을 쏟아내세요. 부정적인 감정을 억제하려고만 한다면 상처는 더 깊어질 수 있습니다. 상처받은 당신에게 필요한 것은 감정을 쏟아내는 것이지 절제가 아닙니다. 무엇보다도 당신 자신의 감정을 가장 먼저 돌보세요.

나는 꿈을 절대 포기하지 않는다.
내 꿈은 반드시 이루어질 것이다.

새로운 짝사랑의 시작

누군가를 짝사랑하게 되면 미처 생각지도 못한 마음 아픈 일을 많이 겪어야 합니다. 주말이 되면 외로워지고 더구나 유난히 사랑하는 연인들이 손꼽으며 기다리는 크리스마스, 화이트데이 등 사랑하는 사람들이 행복해 하는 날이라도 다가오면 외로움은 더욱 지독해지죠. 그럼에도 우리가 짝사랑을 포기하지 못하는 것은 사랑하는 그 사람을 볼 때마다 마음 설레는 기쁨이 있기 때문입니다.

가슴속에 꿈을 지니고 사는 것도 짝사랑과 비슷합니다. 꿈을 바라보면 너무 행복하고 기쁘지만 동시에 부족한 내 모습을 보면 부족하다는 생각이 들어서 마음이 아프죠. 하지만 한 가지 분명한 것은, 스스로 그 꿈을 포기하지 않는다면 당신의 그 짝사랑은 언젠가는 반드시 이룰 수 있다는 것입니다. 당신이 짝사랑하는 그 꿈을 절대 포기하지 마세요.

걱정 한다고 문제가 해결되지 않는다.
나는 문제를 먼저 선택하고 교정해 나간다.

과감하게 선택하라

자신이 풀어야 해결될 수 있는 문제는 회피하고 싶다고 해서 회피할 수 있는 것이 아닙니다. 문제에서 도망가겠다는 것은 인생에서 도망가겠다는 것과 같은 말이니까요. 문제 선택에 대한 무거운 책임에서 도망가려 해도 도망갈 곳은 어디에도 존재하지 않습니다. 인생이란 끊임없이 선택해야 하는 문제가 주어지고 결국 당신은 무엇이든 선택을 해야 하죠.

백 퍼센트 장담할 수 있는 선택이라면 그건 선택이 아니라 정답이지요. 50대 50 어느 것을 고르는 것이 어려우니 선택이라고 하는 것입니다.

당신이 명확한 답이 보이지 않는 곳에서 고민하고 있다면 이제 선택하세요. 시간만 끈다고 해서 문제가 해결되지는 않습니다. 일단 선택을 해야 해결의 실마리라도 찾을 수 있습니다. 그러니 먼저 과감히 선택하세요.

 **0418** 나를 발전시키는 생각

나는 도전하고 성취할 것이다.
나는 내 인생을 허무하게 끝내지 않는다.

인생을 허망하게 끝내지 마라

단 한 번도, 무엇에 도전해 보지 못한 인생이란 얼마나 서글픈 인생입니까?

단 한 번도, 가슴 뿌듯한 무언가를 성취해 보지 못하고 끝나는 인생은 얼마나 허무한 인생입니까?

이 세상에 태어나서 뭐하나 내세울 것 없이 살다가 죽는다는 것은 얼마나 두렵고 쪽팔리는 일입니까?

0419 나를 발전시키는 생각

나는 합리적이고 상식적으로 의심한다.
하지만 지나치게 의심에 집착하지는 않는다.

적절히 의심하라

"그 사람이 어떤 사람인지, 소상하게 그의 진실을 알아봐야겠어요."

"아니야, 그럴 필요 없어. 세상은 그렇게 돌아가지 않아"

"그럼 어떻게 그 사람을 믿죠?"

"자넨 날 신뢰하지?"

"당연하죠."

"그런데 자네는 나에 대해 뭘 알고 있지? 내가 자네에게 모든 것을 다 공개했나? 자네가 알아야 할 것은 우리는 친구이고 내가 자네와 함께 있다는 거네. 그것이면 충분하지 않나?"

누군가를 신뢰하기 위해서는 적절한 의심은 필요하지만 그 의심이 집착이 된다면 정말 곤란합니다. 아무것도 의심하지 않는 것도 문제이지만 모든 것을 의심하는 것은 더욱 곤란한 일입니다.

완벽한 신뢰감을 얻기 위해 지나친 의심을 하지 마세요.

합리적 수준의 의심이면 누군가를 신뢰하기에 충분합니다.

그들이 나와 무슨 상관인가?
나는 내 길을 갈 뿐이다.

자신만의 걸음을 걸어라

당신을 사랑하는 사람이라 할지라도 당신 인생을 책임져 주지는 못합니다. 다른 사람의 간섭이나 시선 때문에 당신이 원하지 않는 선택을 한다고 해서 그들이 그 선택을 대신 책임져 주지 않을 것입니다. 왜냐하면 그들은 당신과 아무런 상관이 없는 사람들이기 때문입니다.

그들이 당신에게 어리석다 말하든, 당신을 무시하고 비웃든 신경 쓰지 마세요. 그리고 한 걸음만 물러서서 그들을 바라보세요. 대개 남의 인생에 간섭하는 사람치고 본인 인생을 제대로 사는 사람은 없는 법이니까요.

당신의 인생을 간섭하는 그들에게 본인들 인생이나 똑바로 살라고 말해주세요.

당신은 그들과 같은 길을 걸을 필요는 없습니다. 당신은 그저 당신의 길을 가세요.

나는 용기를 내어
절실한 나의 꿈을 이루어 낸다.

정말 절실하다면

정말로 절실하다면, 진정으로 간절하다면 도망치지 말고 용기를 내세요.

사랑하는 사람에게 고백하는 것이든, 잘못한 사람에게 용서를 구하는 것이든, 이루고 싶은 꿈에 도전하는 것이든, 정말 절실하다면 당신은 행동을 시작해야 합니다.

당신이 용기를 내지 못하는 이유는, 사실 절실하지 않기 때문에 말을 꺼낼 용기가 안 생기는 것입니다. 용기를 내지 못한 절실함은 언젠가는 당신의 인생에서 지우지 못할 상처를 남길 것입니다. 정말 절실하다면 지금 용기를 내세요.

나는 확실하고 명확하게
선택하고 결단한다.

하거나 하지 않거나

"한번 해볼게요."

"한번 해 볼게요? 그게 네가 실패하는 이유야. 한번 해보는 건 없어. 하거나 안 하거나 둘 중 하나만 선택하는 일이 있을 뿐이지."

우리는 어떤 선택을 할 것인가에 대해서 때때로 어설프게 결단을 하곤 합니다.

'이게 정말 내가 원하는 걸까?', '이게 정말 될까?', '그냥 한 번 해볼까?' 이런 생각으로 쉽게 결단을 하죠. 그리고서는 아주 작은 시련이나 장애물 앞에서 쉽게 포기해 버립니다.

희미한 결단은 희미한 노력과 희미한 결과를 낳을 뿐입니다. 뜨겁지도 차갑지도 않은 미지근한 것만큼 매력적이지 못한 것도 없습니다.

기회는 무한합니다. 하지만 선택의 순간은 오직 한 번뿐입니다. 선택지 또한 하거나 하지 않거나 단 두 가지뿐입니다. 당신은 무엇을 선택할 건가요? 명확하게 결단해야 합니다.

나는 감사할 줄 알고 배려심이 있는
좋은 사람을 구분할 수 있다.

좋은 사람을 구별하는 방법

현대 사회는 어떤 사람이 좋은 사람인지 구별하기가 정말 어려운 시대입니다. 그래서 사람들은 상대방에 대한 경계심으로 높은 벽을 쌓아놓고 상대방을 시험하려 합니다. 하지만 그렇게 해서는 좋은 사람을 만나지도 못할 뿐만 아니라 놓치고 말 것입니다.

좋은 사람은 감사할 줄 아는 사람이고 은혜를 빚으로 생각하고 갚으려는 마음을 가진 사람입니다. 당신이 배려와 친절을 베풀었을 때 진심으로 감사하는 사람이라면 이미 그는 인격적으로 성숙하고 좋은 사람이라 생각해도 무방합니다. 하지만 그런 사람을 찾기 위해서는 먼저 당신이 손을 내밀고 친절을 베풀어야 합니다. 그로 인해 손해를 보는 수도 있겠지만, 내가 먼저 어짊과 의로움, 즉 인의(仁義)로 대하면 그 사람 역시 나를 저버리지 않을 것이며 누가 좋은 사람인지, 아닌지 구분해 낼 기회도 얻을 수 있을 것입니다.

 **나를 발전시키는 생각**

나는 메타인지 능력을 활용한다.
그래서 내 강점과 약점을 파악한다.

메타인지를 활용하라

'메타인지'란 자신의 인지적 활동에 대한 지식과 조절을 의미하는 것으로 내가 무엇을 알고 모르는지에 대해, 아는 것에서부터 자신이 모르는 부분을 보완하기 위한 계획과 그 계획의 실행과정을 평가하는 전반적인 사항을 의미합니다.

예를 들어 설명하자면 당신이 무언가를 시도하고 실패했습니다. 그 실패에 대하여 메타인지를 활용하면 그 실패 속에서 자신의 강점과 약점을 찾아낼 수 있습니다. 또한 약점을 극복하기 위한 다양한 전략들을 세울 수 있죠. 이처럼 자신의 장점과 단점에 대해 알아 나가면서 실패할 때마다 새로운 전략을 세우는 능력을 '메타인지' 능력이라고 합니다.

메타인지 능력을 활용하세요. 끊임없이 시도하면서 더 효과적이고 새로운 전략들을 세우세요.

나는 패배주의에 빠지지 않는다.
나는 쉬운 목표부터 다시 시작한다.

패배주의에서 벗어나라

포기와 실패가 반복되면 패배주의에 빠지게 됩니다. 무언가를 해보려고 시도를 해보기는 하지만 표정과 마음에는 이미 패배의 두려움이 짙게 드리우게 되는 것이죠. 그저 해야 한다는 명분만 가슴속에 남아 있을 뿐입니다. 자신이 원하는 걸 가질 수 없다는 삶에 익숙해지면, 나중에는 자신이 뭘 원하는지도 모르게 됩니다.

포기의 익숙함, 패배의 두려움에서 벗어나세요. 단번에 벗어나기 어렵다면 아주 작고 쉬운 목표부터 다시 새롭게 시작해보세요. 성취의 경험들을 다시 치음부터 쌓으세요. 새로운 성취, 이전과는 다른 결과 등을 하나씩 쌓아갈 때마다 익숙해진 패배주의에서 점차 벗어날 수 있을 것입니다.

세상에 필요하지 않은 사람은 없다.
나는 세상에 반드시 필요한 사람이다.

세상은 당신이 필요하다

존재 이유가 없는 생명은 없습니다. 이 세상에 존재하는 모든 것들에는 반드시 존재해야만 하는 이유가 있습니다. 스스로가 부족해 보이고, 딱히 세상에 필요하지 않아 보인다고 할지라도 당신의 존재 가치가 없어지는 것은 아닙니다.

당신이 왜 존재하는지, 당신이 이 세상에서 해야 할 일이 무엇인지 찾아내세요. 그 과정에서 세상이 언제나 당신을 필요로하고 있으며 당신이 세상에 존재하는 이유를 찾을 수 있을 것입니다.

나는 모든 경험들을 긍정적으로 해석한다.
그래서 나의 기억들은 아름다운 추억이 된다.

긍정적으로 해석하라

기억이란 정확한 사실을 보여주지 않을 때가 많습니다. 우리가 기억하고 있는 것은 잊고 싶지 않은 일부분의 사실과 그 사실에 대해 우리가 스스로 내린 해석의 결합입니다.

그래서 어떤 사람들은 좋은 기억을 많이 간직하고 있고, 어떤 사람들은 나쁜 기억을 가슴에 많이 담고 있죠. 심지어 같은 경험조차도 두 사람은 서로 다르게 기억합니다. 그것은 두 사람이 서로 다른 해석을 하기 때문입니다.

과거에 대해서 긍정적으로 해석하세요. 과거에 대한 긍정적 해석은, 현재의 경험 나아가 앞으로 다가올 미래에 대해서도 긍정적인 기대를 하게 합니다.

행복한 인생이란 행복한 기억이 많은 인생입니다. 항상 긍정적인 해석을 하는 사람만이 아름다운 추억들을 많이 만들 수 있습니다. 긍정적인 해석을 통해 행복한 추억이 많은 인생을 만드세요.

나는 몸과 마음을 세심하게 돌보아
최상의 컨디션을 유지한다.

몸처럼 마음을 돌보자

사람들은 몸의 건강 상태에는 예민하게 반응하면서 마음의 건강 상태에는 크게 신경을 쓰지 않는 것 같습니다. 그러나 마음은 마치 간과 같아서, 어지간한 증상에는 통증이 잘 느껴지지 않기 때문에 우리는 간혹 마음의 아픔에 크게 신경을 쓰지 않습니다. 정말 아프다고 마음이 간절하게 호소하는데도 말이죠.

몸의 건강을 돌보듯 마음도 돌보아야 합니다. 마음은 눈에 보이지 않기에 더 세심하게 살피고 돌보아야 하죠. 상처받으면 괜찮다고 말해주고, 약해지면 할 수 있다고 자신감을 주고, 실수하면 다음번엔 더 잘할 수 있다고 용기를 주어야 합니다. 마음이 건강해지면 세상을 보는 시야까지도 넓어지고 당신의 인생도 건강해질 수 있답니다.

0429 나를 발전시키는 생각

어떤 비극적 운명이든
나에게 주어진 운명을 극복한다.

운명을 극복하라

가난은 부끄러운 것이 아닙니다. 가난을 극복하기 위해 아무것도 하지 않는 것이 정말 부끄러운 것입니다. 아무것도 하지 않으면 아무것도 변하지 않습니다.

가난뿐 아니라 인생에서 경험할 수 있는 수많은 비극적인 삶 또한 마찬가지입니다. 그런 운명들 앞에서 우리가 선택할 수 있는 것은 운명에 굴복하거나 발버둥이라도 쳐보는 것, 두 가지뿐입니다. 가능성이 없어 보인다 하여 아무것도 하지 않는다면 비극적 운명은 끊임없이 대물림될 것입니다.

안간힘을 쓰고 아등바등 발버둥이라도 치세요. 가장 비참한 것은 발버둥 칠 용기마저도 없는 것입니다.

0430 나를 발전시키는 생각

내 꿈에 대한 누군가의 조언 때문에
결코 나의 꿈을 포기하지 않을 것이다.

결코 꿈을 포기하지 마라

꿈을 포기하게 하는 가장 큰 원인은 환경이나 재능보다 사람인 경우가 많습니다. 특히 가족처럼 가까운 사람들이 꿈으로 가는 길의 가장 큰 덫일 때가 많죠.

그들은 당신의 꿈을 꺾으려 하지만 절대 죄책감 같은 것은 느끼지 못합니다. 왜냐하면 그들은 당신을 사랑하기 때문에 자신이 잘못된 판단과 행동을 할 수 있다고 생각하지 못하기 때문입니다.

당신을 사랑하는 사람들일지라도 당신의 가능성과 미래까지 알 수는 없습니다.

사랑하는 사람의 염려 때문에 당신의 꿈을 포기하지 마세요.

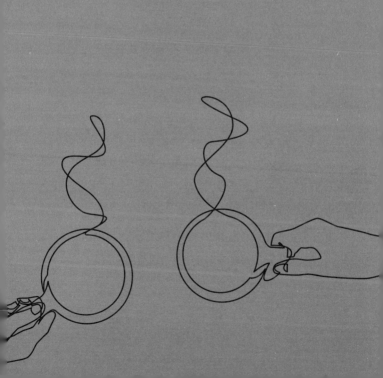

나는 모든 상황을 긍정적으로 상호 작용시킨다.

정해진 것과 정해지지 않은 것

우리의 인생에는 이미 정해진 것과 정해지지 않은 것이 있습니다. 인종, 조국, 고향, 등은 이미 정해져 있는 것들입니다. 그런 것들은 우리가 노력한다고 해서 변화시킬 수 있는 것이 아닙니다. 그러나 꿈, 미래, 성취 가능성 등은 정해져 있지 않죠. 때문에 그것들은 우리의 노력에 따라 변화될 수 있는 것들입니다.

인생은 정해져 있는 것과 정해져 있지 않은 것들의 상호작용으로 이루어집니다. 그래서 이것들에 대해 우리가 어떤 태도를 가지고 있느냐에 따라 상황은 달라집니다. 정해져 있는 것들에 대하여 부정적인 태도를 가진 사람은 아직 정해지지 않은 것들 또한 부정적으로 변화시킵니다. 반면에 정해져 있는 것들에 대해 긍정적인 태도를 가진 사람은 정해지지 않은 것들을 긍정적으로 변화시키죠.

정해진 것과 정해지지 않은 것 사이의 상호작용을 긍정적으로 생각하고 이끄세요. 이미 정해져 있는 것들과 아직 정해지지 않은 것들이 긍정적인 상호작용으로 인해 효과적인 시너지가 생겨날 때 우리의 인생도 행복해 질 것입니다.

중요한 것은 상황이 아니라 나의 선택이다.
나는 언제나 행복의 길을 선택할 것이다.

마음의 날씨는 나의 선택

마음의 날씨는 우리의 선택에 의해 좌우됩니다. 그러기에 슬픔과 외로움을 선택한 사람은 세상 어디에 있어도, 어떤 상황에서도 슬프고 외로울 것입니다. 하지만 긍정의 미소와 행복을 선택한 사람은 세상 어디에 있어도, 어떤 상황에서도 즐겁고 행복할 것입니다.

세상 어디에서도 즐거운 마음으로 사람들을 대하고 세상 어디에 있어도 기쁨이 충만한 사람이 되세요.

언제라도 당신은 꼭, 행복을 선택해야 합니다.

나를 발전시키는 생각

나는 더 이상 마음의 상처 때문에
울지 않는다.

당신이 울어도 세상은 울지 않는다

당신이 운다고 해서 세상이 당신을 위로해주지 않습니다.
당신이 마음의 상처로 인해 목 놓아 울지라도 당신을 울게 한
그 무언가가 변화되지 않을 것입니다. 아무리 펑펑 밤새 눈이
붓도록 울어도 아무것도 달라지지 않습니다. 그러니 이제 울지
마세요.

도전한 일의 실패 한 번으로
내 인생이 잘못되지 않는다.

생각보다 위험하지 않다

인생에서 무언가 새로운 도전을 해 보는 것은 생각보다 위험한 일이 아닙니다. 왜냐하면 인생이란 선택 한 번 잘 못했다고 해서 어떻게 될 만큼 가벼운 것이 아니기 때문이죠.

어떤 사람들은 새로운 일을 시작해 보는 것을 마치 도박처럼 여깁니다. 금방이라도 패가망신할 것처럼 말이죠. 하지만 당신이 도전 하려는 것은 노력 없는 일확천금이 아닐 것입니다. 그저 일하면서 행복할 수 있는, 당신을 더 성장시킬 수 있는 그런 일을 하고 싶을 뿐입니다. 그것을 어떻게 도박이라 할 수 있나요?

정말 하고 싶었던 일이 있다면 도전해보세요. 나중에 후회하게 된다 하더라도 도박처럼 당신의 인생이 잘못되지는 않을 것입니다. 도전과 도박은 엄연히 다르다는 것을 명심하세요.

나는 타인의 부러움이 아닌,
나 자신의 만족을 우선한다.

나만의 천국

"낙원은 찾는다고 발견되는 곳이 아니야. 네가 낙원이라 느끼면 그곳이 바로 낙원인 것이야, 알겠어."

세상사람 누구나 부러워하는 좋은 직업과 직장을 다니지만 정작 본인은 행복하지 않다면 좋은 직장, 좋은 직업이 아닐 수 있습니다. 사회적으로 인정받는 꿈만이 최상의 꿈이 아닙니다. 꿈은 누구보다도 내가 먼저 만족해야 하는 것이기 때문입니다.

남들의 부러움과 선망의 대상이 되기 위해 노력하는 것만큼 허망한 것은 없습니다. 다른 사람이 아닌, 자기스스로가 행복할 수 있는 일을 하세요. 다른 사람을 만족시키는 일이 아닌, 당신이 만족할 수 있는 일을 하세요. 당신만의 천국을 가지세요.

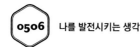

즐겨야 할 때는
마음껏 즐기자.

즐겨야 할 때는 즐겨라

언제나 전력질주만 하며 살 수는 없잖아요?

인생에서 즐길 수 있는 날이 항상 있는 것은 아닙니다. 하지만 전력질주를 한 후에 즐기는 삶, 그런 일상이 정상적인 사람의 삶입니다. 매일 매일 즐거운 마음으로 자신의 삶을 살 수는 있겠지만 매일 즐기면서 삶을 보내는 사람은 없습니다.

즐겨야 할 때는 마음껏 즐기세요. 즐길 수 있을 때는 모든 것을 잊어버리고 마음껏 놀아 버리세요. 여행을 가거나 모아둔 비자금을 털어서 쇼핑을 해도 좋습니다. 친구들이랑 커피도 마시고 영화도 보고 싫어하는 사람의 흉도 보면서 밤새 수다를 떠는 것도 나쁘지 않습니다. 무엇이든 좋습니다. 즐길 수 있을 때는 온전히 즐기세요.

인간의 삶은 끝이 있기에
더욱 소중한 것이다.

끝이 있기에 가치 있는 것

무한한 시간 속에서의 시간은 그 의미를 상실합니다. 시간이 무한한 것이라면 과거, 현재, 지금도 있을 수 없죠. 그저 영원함만이 있을 뿐입니다.

나의 삶이, 나의 지금이, 소중하고 가치가 있는 것은 그 시간이 영원하지 않기 때문입니다. 인생이란 분명한 유한성을 가졌죠. 100년도 채 되지 않는 아주 짧은 시간, 아주 짧은 청춘, 그리고 또한 인생은 단 한 번의 기회밖에 주어지지 않죠. 그러기에 너무나 소중하고 가치 있는 것이 인생이 아닌가요?

너무나 가치 있는 자신의 삶을 소중히 다루세요. 끝이 다가오고 있는 지금 나의 삶은, 이 우주보다 더 귀한 것입니다.

나의 간절함은
내 안의 잠재력을 이끌어 낸다.

간절함, 모든 것을 이기는 힘

"세상엔 열심히 뛰는 놈 위에 나는 놈이 있는 것 알지? 하지만 나는 놈보다 더 무서운 놈이 뭔지 알아? 그 놈은 바로 간절한 놈이야."

무언가를 위한 간절함, 절실함을 가졌다면 당신은 지금 인생에서 가장 강할 때입니다.

간절한 마음은 내 안의 잠재력을 극한까지 끌어올립니다. 간절함은 우리로 하여금 혼신의 힘을 다하게 만들고 부정적인 사람조차 긍정적으로 만드는 힘이 있습니다. '내가 할 수 있을까.', '나는 게을러서 최선을 다할 수 없어'라고 생각되는 사람까지도 변화시킵니다.

당신의 간절함은, 당신의 절실함은 당신의 소망을 이루어 줄 것입니다. 그리고 언젠가는 가장 간절했던 순간이 당신이 가장 아름답고 빛나던 순간이었음을 알게 될 것입니다. 그리고 그 순간을 그리워하게 될 것입니다.

사람을 향해서든, 꿈을 향해서든
나는 항상 적정한 거리를 유지한다.

적당한 거리를 유지하자

"강한 펀치를 날리기 위해서는 때로는 뒤로 물러나서 거리를 확보해야 해. 그러나 너무 멀찍이 물러서면 너의 주먹이 못 미치기 때문에 펀치를 날릴 수 없는 거야."

사람의 마음을 얻으려 하는 것이든, 꿈을 이루려고 하는 것이든 적당한 거리를 유지해야 합니다. 거리가 너무 가까우면 시야가 좁아지기 때문에 삶의 균형을 잃을 수 있으며 너무 멀면 원하는 것을 얻을 수 없습니다.

너무 가깝지도 너무 멀지도 않게 적당한 거리를 유지하세요. 당신이 뻗은 펀치가 가장 큰 힘을 발휘할 수 있는 가장 적합한 당신의 거리를 찾으세요.

0510 나를 발전시키는 생각

나는 멋지게 내 인생을
살아 낼 것이다.

살아내라! 내 인생

패배하고, 좌절하고, 실망하고, 절망하는 일.

인생에는 이러한 일이 자주 일어납니다. 그러나 그런 일을 당했을지라도 우리가 할 수 있는 행동은 대개 그 상황을 담담하게 받아들이고 깨끗하게 승복하는 수밖엔 없습니다.

우리를 절망시키는 일들은 마치 길들여지지 않은 야생동물마냥 뛰어다니면서 우리의 삶을 괴롭힙니다. 하지만 진짜 문제는 이 인생이라는 녀석은 길들여지지 않는다는 것이죠. 절망의 시기를 이겨내고 어느 정도 삶이 안정되고, 일이 익숙하게 될 때쯤이면 다시 어려운 문제가 앞을 가로막습니다. 하지만 그래도 우리가 인생을 살아낼 수 있는 것은, 삶에 절망하여 포기할 때쯤 되면 선물을 가져다주기 때문입니다. 매번 물고 할퀴던 놈이 자기를 포기해 버리려고 하면 애교를 부리죠. 정말 미워 죽겠지만 어떡하겠어요, 울고 싶어도 내 인생인데 멋지게 살아내야죠.

나는 매일 행복할 이유를 찾아내어
행복을 놓치지 않는다.

매일 행복할 이유를 발견하라

"원래 사람은 다 죽어. 죽는 그 날까지 그냥 하루하루 행복할 이유를 발견하고 행복하게 살면 되는 거야."

매일매일 행복할 이유를 찾으세요.

미래의 행복을 위해 오늘 노력하고 애쓰는 것도 중요하지만 당장 오늘, 365매일매일 행복할 이유를 찾는 것은 더욱 중요합니다.

당신의 오늘이 행복해야 내일도 그 행복이 이어질 것입니다.

오늘 당신이 행복할 이유를 찾아보세요.

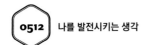
누구도 내 꿈을 꺾을 자격은 없다.
나는 스스로 내 꿈을 지킨다.

꿈을 위한 전쟁

나는 대학을 다니며 학비를 충당하기 위해 과외교사를 했습니다. 학생들을 가르치며 놀랐던 것은 학생들은 의외로 자신이 하고 싶은 일을 스스로 너무 잘 알고 있다는 것이었습니다. 그리고 또 놀라웠던 점은 자기가 하고 싶은 일을 너무 쉽게 포기한다는 것이었죠. 학생들이 너무 쉽게 자신이 하고 싶은 일을 포기하는 이유는 재능이 부족하거나 환경이 뒷받침되지 않는 것이 아니라 단지 부모님과의 갈등을 피하기 위해서라는 것을 알게 되었습니다.

학생들은 부모님이 자신에게 기대하는 것과 다른 자신의 꿈에 대한 죄책감 때문에 무기력하게 자기 꿈을 포기해 버렸던 것이죠.

꿈을 지키는 일은 전쟁입니다. 당신의 꿈의 가치를 모르는 사람들은 인정사정없이 당신을 공격하여 꿈을 포기하게 만들 것입니다. 당신이 온 힘을 다해도 이긴다는 장담을 할 수 없을 만큼 힘들고 어려운 싸움이 될 것입니다. 최선의 힘을 다해 싸우세요. 꿈을 지닌 삶은 결코 잘못된 삶이 아닙니다. 여러분의 꿈을 응원합니다.

나는 조급한 생각으로
청춘에 덫에 빠지지 않는다.

청춘의 덫

피가 끓는 청춘의 시기에 가장 취약한 약점은 급한 성격입니다. 청춘의 시기에는 에너지가 넘치기에 무슨 일이든 전력질주만 하면 어떻게든 해결될 것이라고 생각하죠. 하지만 그 조급함이야말로 청춘의 덫이라 할 수 있습니다.

나 또한 청춘의 시기에 주위 사람들이 여유를 가지라는 조언을 해주면 되레 화가 나곤 했습니다. 하지만 시간이 지나서 생각해 보니 당시의 나에게 꼭 필요한 조언들이었음을 새삼 깨달았습니다.

여유를 가지세요. 최선을 다해서 노력은 해야겠지만 최선을 다하라는 말이 항상 전력질주를 해야 한다는 의미는 아닙니다. 적절한 완급 조절 없이 전력질주만으로는 끝까지 달릴 수 없기 때문입니다. 청춘의 시기에는 지혜롭게 체력을 안배하고 때로는 멈추어 서서 주위를 살펴보는 여유로움이 정말 필요한 때입니다.

나는 내 인생을 존중한다.
나는 늘 겸손한 마음으로 인생을 살 것이다.

인생에 대한 교만은 위험하다

교만이 무엇일까요?

지나친 자신감? 무조건적인 확신? 다른 사람에 대한 우월감?

세상에는 이러한 생각을 가지고 사는 사람의 삶의 방식을 적극적이고 긍정적인 삶이라고 생각하는 사람도 있습니다. 하지만 나는 세상 모든 일이 항상 내 뜻대로 될 것이라고 생각하는 것은 틀림없는 교만이라고 생각합니다. 인생을 만만하고 가볍게 여기는 생각은 절대 긍정적인 사고방식이 아닙니다. 또한 이러한 인생에 대한 교만은 매우 위험한 것입니다.

우리 인생에는 반드시 시련과 장애물들이 나타나 우리를 괴롭히고 고통스럽게 할 것입니다. 그렇기에 우리는 매 순간 스스로를 가다듬고 준비를 해야 합니다.

언제나 겸손한 태도로 미래를 준비하세요. 당신이 인생을 존중할 때 인생 또한 당신을 존중할 것입니다.

나는 감정을 올바른 방식으로 표현하여
사람들과 좋은 관계를 유지한다.

부정적인 감정을 털어내자

사람의 감정은 쉽게 사라지지 않는 특성이 있습니다. 기쁠
때는 웃어야 하고 슬플 때는 울어야 그 감정이 평온을 유지하
게 됩니다. 이러한 특성을 보이는 이유는, 사람의 감정은 절제
하는 것이 아니라 올바른 방식으로 표현해야 하는 것이기 때문
입니다.

부정적인 감정을 가슴에 담아두고 무조건 억누르기만 한다
면 도리어 부정적인 감정이 증폭되어 어느 순간 폭발해 버릴지
도 모릅니다. 부정적인 감정이 있다면 반드시 표현하세요. 자
신의 마음속에 있는 부정적인 감정을 털어내 버리는 것은 누군
가를 괴롭히기 위해서가 아니라 그 누군가와 오래도록 함께하
기 위해서입니다. 마음에 섭섭함과 불편한 마음을 쌓아놓고 친
하게 지낼 수는 없으니까요.

나는 내 삶을 사랑하기에
어떤 어려움이 있어도 살아남을 것이다.

그래도 살아라

가끔 부모님들은 착각을 하죠. 내 자식만큼은 부모인 자신들처럼 세상을 살면서 상처받지 않고 행복하게 살 수 있기를 말입니다. 그래서 자식이 받는 작은 상처에도 마치 세상이라도 무너진 것처럼 안타깝게 여깁니다. 하지만 그런 부모들의 자식에 대한 사랑이, 언젠가는 그 아이의 꿈을 가로막을 가장 강력한 시련이 될 확률이 높습니다. 왜냐하면 누구의 삶일지라도 상처받고 슬퍼하고 때로는 세상과 격렬히 싸우며 패배를 경험해야 하는 것이 사람의 인생이기 때문입니다.

사람이 살면서 어떻게 상처받지 않고 살 수 있을까요?

사람의 인생이 어떻게 항상 좋은 일만 가득할 수 있을까요?

인생이 주는 상처와 절망 따위에 굴복하지 마세요. 때로는 죽고 싶을 만큼 힘들지라도 포기하지 마세요. 우리는 어떤 수난에도, 어떤 어려움이 있을지라도 그래도 살아야 합니다.

나는 항상 나 자신을 보살펴서
나를 스스로 행복하게 한다.

나 자신을 사랑한다는 것

당신은 사랑하는 사람을 향해 부드러운 눈길로 사랑한다 말하고, 사소한 것 하나라도 챙겨주고 싶고, 항상 걱정해 주고, 행복을 기원해 줄 것입니다. 그러나 당신이 사랑하는 사람을 위해 노력하는 것처럼 자기 자신 스스로에게도 그렇게 하고 있나요?

당신 자신에게도 사랑한다 말해 주고, 사소한 것도 잘 챙겨 주고, 걱정해 주고, 기도해 주세요. 자기 자신을 사랑하지 않는 사람이 어떻게 다른 사람을 진심으로 사랑할 수 있을까요?

당신은 꼭, 자기 자신 스스로를 많이 사랑하는 사람이 되세요.

나는 훌륭한 인격을 갖춘 사람이다.
나는 항상 욕망을 조절하며 산다.

인간성을 잃지 말자

목적이 수단을 정당화시킬 수 없다는 말이 있습니다. 그러나 우리는 때때로 어떤 절실함 때문에 사용하지 말아야 할 방법을 쓰기도 합니다. 너무 간절한 나머지 나다움을 잃어버리는 거죠. 인생을 살아가는 데는 많은 길이 있지만, 가장 멋진 길은 참다운 인간으로 사는 길입니다.

다시 말해서 인생에서 가장 중요한 것은 행복해지는 것이 아니라 훌륭한 인격을 갖추고 살아가는 것입니다. 꿈을 이루고 인간성을 잃는다면, 큰 부를 이루고 잔인한 인격을 얻는다면 과연 그 삶을 성공한 인생이라 할 수 있을까요?

욕망은 인간을 움직이는 강력한 힘이자 좋은 도구입니다. 하지만 어디까지나 도구는 도구일 뿐입니다. 욕망에 눈이 멀어 인간성을 잃지 마세요.

나는 힘든 현실을 정면으로 바라본다.
나는 현실로부터 도망가지 않는다.

정면을 응시하라

"너, 복싱의 기본이 뭔 줄 알아? 눈을 부릅뜨고 상대방을 정면으로 응시하는 거야. 그러나 난 맞는 게 무서워서 자주 눈을 감았어. 그러니까 더 맞더라. 아무리 무서워도 절대 눈을 감으면 안 돼."

당신의 약점, 한계, 어려운 환경 등 당신을 주눅이 들게 하고 두렵게 하는 것이 그 무엇이든 그것을 정면으로 응시하세요. 피하고 싶고, 보고 싶지 않더라도 회피하지 마세요.

현실 직시의 시작은 외면하고 싶은 사실을 외면하지 않는 것에서부터 출발합니다. 당신이 외면하고 싶은 현실을 당당하게 바라보며 받아들이는 그 순간부터 변화는 시작될 것입니다. 자신의 현실을, 자신의 환경을 정면으로 바라보세요.

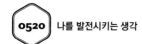

언제나 배려하고 양보하는 나의 행동은
나를 가치 있는 사람으로 만든다.

먼저 배려하고 양보하자

사람들은 조금이라도 자신이 손해 보는 일은 하지 않으려고 합니다. 때문에 배려의 마음과 양보심을 갖춘 사람 또한 많지 않습니다.

우리는 어지간해서는 양보를 잘 하지 않습니다. 또한 양보한다고 한들 감사해 할 줄 아는 사람도 드물죠. 그래도 우리는 더 많은 배려와 양보를 해야 합니다. 그것이 우리를 더 나은 인격을 갖춘, 가치 있는 사람으로 만들어 주기 때문입니다.

누군가 당신의 배려와 양보에 감사한 마음을 갖지 않을지라도 자신스스로를 위해서 그에게 양보하고 친절을 베푸세요. 그 순간 당신은 가치 있는 인간이 되었고, 세상을 더 아름답게 만든 사람이 된 것입니다.

내 눈이 향하는 곳이
내 마음이 있는 곳이다.

당신의 눈이 향하는 곳

누군가를 사랑하게 되면 갑자기 시력이 좋아진 것도 아닐 텐데 신기하게도 그가 잘 보입니다. 아무리 주변이 상황이 어지러워도 그 사람만은 명확하게 보이죠. 그것은 자신의 마음이 보고 싶은 곳을 눈이 자신도 모르게 항상 주시하고 있기 때문입니다. 눈을 마음의 창이라 부르는 이유입니다. 우리는 보고 싶은 것을 보지 않을 수 없습니다. 아무리 보지 않으려 해도 눈은 마음이 이끄는 곳을 향하고 있습니다.

당신의 눈은 지금 어디를 향해 있나요?

당신의 시선이 향한 그곳에 당신의 마음이 있을 것입니다.

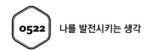
나는 기적을 믿는다.
나는 기적을 만들어 낼 것이다.

기적을 기대하는 마음을 놓지 말자

세상에는 현대의학으로는 어쩔 도리가 없을 만큼 아픈 사람이 갑자기 아무런 이유 없이 회복되는 일이 생기기도 합니다. 우리는 그런 일을 하늘이 도운 기적이라며 감격의 눈물을 흘립니다.

기적과 같은 일이 일어나야만 자신이 바라는 일을 성취할 수 있는 상황이라면 기적은 일어날 것이라는 믿음을 가지고 움직여야 합니다. 기적을 기대하지 않는다면 당신의 두 발과 두 손은 너무 무거워져서 아무것도 할 수 없을 것입니다. 희망을 바라보지 못하는 사람은 나약해 집니다. 기적을 기대하는 마음을 절대로 놓치지 마세요. 약해지지 마세요.

나는 재능이 있는 사람이다.
나는 내 분야에서 최고가 될 수 있다.

좋아하는 것도 재능이다

무언가를 쉽게 잘할 수 있는 것도 재능이지만 무언가를 미치도록 좋아하는 것도 재능입니다. 나는 무언가를 좋아하는 재능이 더 큰 재능이라고 생각합니다.

일반적으로 한 분야의 전문가가 되기 위해서는 1만 시간 정도의 노력이 필요하다고 합니다. 그래서 '1만 시간의 법칙'이란 이론이 생긴 것이죠. 그러나 다방면에 재능이 있는 사람들은 1만 시간이 걸리지 않고도 전문가란 소리를 듣기도 합니다. 하지만 대개의 경우 그들은 그 분야의 최고 전문가가 되지 못하거나 오래가지 못합니다. 언제나 최고의 자리에서 오래 머무는 사람들은 여지없이 자신이 좋아하는 일을 하는 사람들입니다.

스스로 재능이 부족하다고 낙심하지 마세요. 당신이 하는 일을 스스로 좋아한다면 이미 재능은 충분한 것입니다.

그와 함께 있어주는 것만으로도
그에게는 힘이 된다.

함께 있어 주는 것만으로도 충분하다

누군가에게 힘이 되어 주기 위해서 꼭 그 사람의 문제를 해결해 줄 수 있는 사람이 되어야 하는 것은 아닙니다. 그저 함께 있어주는 것만으로도 그에게 큰 힘이 되어 줄 수 있습니다.

지금 힘들어하는 누군가가 있다면 그와 함께 있어 주세요. 고민하고 걱정하고 힘들어하는 그를 바라봐 주는 것만으로도 그는 위로를 받을 것입니다.

나는 오만과 편견에서 벗어났다.
나는 항상 유연한 태도로 사고한다.

더 넓고 더 깊게 사고하자

자기 생각만이 진리이고 정답이라고 생각하는 사람이 있습니다. 흑백논리로 무장한 이런 사람을 만나면 덜컥 겁부터 납니다. 왜냐하면 그는 오만과 편견으로 언제나 이기적인 판단을 내리기 때문입니다.

단순하고 편협한 사고방식을 버리세요. 더 유연한 태도를 보이세요. 더 넓고 더 깊게 사고하세요. 경직된 사고방식은 좁은 우물과 같습니다. 넓은 시야를 가지고 세상을 바라볼 수 있도록 좁은 우물과 같은 세상에서 벗어나 답을 찾으세요.

세상은 복잡하기에 우리는 유연한 태도 속에서 넓고 깊게 사고해야만 최선의 선택지를 찾아낼 수 있습니다.

나는 사람들과 입씨름을 하지 않는다.
나는 행동과 결과로써 답을 한다.

행동을 통해 증명하라

당신의 행동은 당신이 어떤 사람인지를 보여주는 확실한 증표입니다. 당신이 하는 말은 당신이 행할 일에 대해서 예상을 할 수 있게 할뿐이지, 당신을 확실하게 증명할 순 없습니다. 당신을 증명할 수 있는 것은 오로지 행동뿐입니다.

당신이 어떤 사람인지 증명하기 위해 논란을 일으킬 필요가 없습니다. 행동과 결과로써 보여주고 증명해 버리세요. 그래서 당신에 대해 어떤 논란의 여지도 없게끔 당신을 의심하는 그들의 입을 다물도록 해버리세요.

나는 인내심을 가지고
나의 때를 기다릴 것이다.

때를 기다리자

준비의 시간이 길어지면 굳게 결심했던 인내심은 점점 힘을 잃어가고 바닥이 드러나기 시작합니다. 그래서 조급한 마음은 들끓어 오르고 당장이라도 세상 속으로 뛰어들어서 오랫동안 갈고닦은 검을 휘두르며 포효라도 하고 싶어집니다.

침묵 속에서 때를 기다린다는 것은 참으로 고통스러운 일입니다. 하지만 그 기다림을 참지 못한다면, 당신은 제대로 날이 서지 않은 무딘 칼을 휘둘러야 할 것입니다. 그런 칼로는 아무것도 벨 수 없죠.

어둠 속에서 때를 기다려야 하는 시간은 정말 괴롭고 고통스럽습니다. 하지만 조금만 더 준비가 완전할 때까지, 검의 예기가 날카로워질 때까지 인내심을 갖고 기다리세요.

당신의 그 예리한 검을 휘두를 때가 반드시 올 것입니다.

나는 어린아이 같은
맑은 눈으로 세상을 본다.

새로운 눈으로 세상을 보라

처음부터 부정적인 태도를 보이는 사람은 없습니다. 부정적인 태도는 부정적인 경험과 부정적인 생각이 쌓여가면서 습관화가 된 것이죠. 부정적인 태도가 습관화되는 것을 예방하려면 세상에 대한 시각을 주기적으로 초기화시켜 주어야 합니다.

당신의 머릿속이 부정적인 생각이 가득 차고 세상이 어둡게만 보인다면, 잠시 눈을 감고 온 세상이 신기한 것으로 가득 차보였던 어린 시절을 회상해 보세요. 그리고 눈을 뜨고 새로운 시각으로 세상을 한 번 바라보세요. 종종 그렇게 부정적인 경험과 생각으로 습관화된 당신의 시각을 초기화 시켜보세요.

 **0529** 나를 발전시키는 생각

나는 내 판단과 생각에 대한 믿음이 있다.
나는 나만의 방식대로 시도하고 도전한다.

틀려도 나만의 방식대로

자기만의 생각의 틀에 갇혀 사는 것은 분명 좋지 않은 생활 방식입니다. 그러나 다른 사람의 방식을 맹목적으로 추종하는 것은 더욱 좋지 않은 생활 방식이죠. 맹목적인 추종은 자기 인생을 사는 것이 아니라 남의 인생을 사는 것과 같기 때문입니다.

내 생각이 불안할지라도 일단은 내 방식대로 살아봐야 합니다. 때로는 내 생각이 틀리고 잘못될 수도 있을 것입니다. 그렇지만 틀렸다는 것을 아는 것만으로도 큰 깨달음이고 공부입니다.

다른 사람의 방식을 받아들일 때에는 반드시 내 방식에 융화시켜야 합니다. '자기화' 되지 않은 '남의 방식'은 내 입장과 상황에선 제대로 적용되지 못할 것입니다. 자신의 판단과 생각에 믿음을 갖고 자신감으로 한번 부딪혀 보세요.

나는 아직 일어나지 않은 일로 걱정하지 않는다.
나는 오직 지금 해야 할 일에만 집중한다.

미리 걱정하지 말자

지나친 걱정은 뼈를 상하게 한다는 말이 있습니다. 미리 걱정한다고 해서 골치 아픈 문제의 해결책은 나오지 않습니다.

아직 일어나지도 않은 일 때문에 걱정하지 마세요. 분명한 사실은 당신이 걱정하는 그 일은 아직 일어나지도 않았고, 설령 지금 내 손에 그 문제에 대한 해결책이 쥐어져 있지 않았을지라도 때가 되면 필요한 정보가 쌓일 것입니다. 그런 후에 해결책은 자연스럽게 수면으로 떠오를 것입니다. 그저 당신은 불필요한 걱정과 근심을 내려놓고 오직 지금 해야 할 일에 집중하세요.

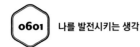
나는 타인에게 희망과 용기를 주는
가치 있는 인생을 사는 사람이다.

함께 행복하기

이기적인 사람이 행복한 것을 본 적이 있나요?

이기적인 사람은 대개 배려하고 양보하는 삶을 사람보다 더 많은 이익을 보기는 하지만 이상하게도 그들의 행복한 모습은 지속적이지 못하고 아주 잠깐, 이기적인 행동으로 이익을 보고 흐뭇한 표정을 지을 때뿐입니다. 그들의 일상은 자신이 남들보다 조금이라도 손해를 볼까 전전긍긍하며 살아가는 삶이기에 전혀 행복하지도, 가치 있는 삶이 아닌 것이죠.

나 자신만 생각하고, 나 자신만 좋으면 된다고 여기고, 나 자신만을 위해 노력하는 인생은 무의미한 인생입니다. 누군가에게 힘이 되어 주고 용기를 주고 희망이 되어 주기 위해 노력하는 인생이 진정 가치 있는 삶입니다.

당신은 혼자 행복한 인생이 아니라 함께 행복한 삶을 사세요.

나는 이미 내 인생
그 자체로 행복하다.

지금 행복하자

사람이 무언가를 간절히 원하는 것은 당연한 일이며 아무런 문제가 될 수 없습니다. 그러나 간절히 원하는 그 무언가를 소유해야만 행복해 질 수 있다면 평생 행복해 질 수 없을 것입니다. 왜냐하면 원하는 것은 항상 새롭게 나타나기 때문이죠.

원하는 것이 이루어지고 나면 다시 원하는 것이 생깁니다. 그것이 이루어지면 또 새로운 것이 생기겠죠. 욕망은 채워지는 것이 아니고, 끊임없이 새로운 모습으로 새로 생겨나는 것입니다.

다시 말해서 욕망을 채워 행복해지겠다는 생각은 '나는 절대 행복해지지 않겠다.'라는 의미입니다.

당신은 욕망이 채워질 때까지 기다리지 말고 지금의 일상에서 행복한 삶을 맘껏 누리세요.

나는 포기하지 않는다.
나는 절망을 넘어 내가 원하는 세상으로 간다.

한계점을 넘어서면

"사람한테는 한계점이 있지. 더 이상 떨어질 수 없는 밑바닥 같은 것 말이야. 그리고 그것을 넘지 못하면 죽을 수밖에 없어. 하지만 그것을 극복하게 되면 삶에 대한 감사함을 느끼게 되고 운명이란 것을 믿게 되지. 무언가 자신이 알지 못하는 거대한 것이 저 너머에 있다는 것을 말이야. 그리고 그걸 찾는 것은 온전히 너 자신에게 달렸지."

스스로 생각한 한계를 넘어서면 새로운 다른 세상이 열립니다. 가장 큰 절망을 이겨내고 나면 세상이 완전히 다른 모습으로 보입니다. 어둡게만 보였던 세상이 희망으로 가득한 듯 보이고, 패배로만 가득 차 보였던 인생에도 기회가 보이기 시작합니다.

당신이 지금 절망의 끝에서 고뇌하고 있다면 그 순간을 넘어서세요. 그 너머에 있는 세상은 당신이 지금까지 보아오고 경험했던 세상과는 완전히 다른 새로운 세상일 것입니다. 그곳에서 당신은 한 단계 더 진화한 자신을 만날 수 있을 것입니다.

인생을 건 도박은 헤어 나올 수 없는 함정이다.
나는 인생을 건 도박은 절대 하지 않는다.

인생의 도박들을 피하자

인격이 올바르지 않은 사람과 함께 하는 것, 인생 한방 주의, 게으른 긍정주의, 외적인 조건만으로 사람을 평가하는 것, 자신이 다른 사람을 변화시킬 수 있다고 믿는 것, 꿈 없이도 행복할 수 있다고 믿는 것, 삶을 쉽게 생각하는 것 등은 자신의 인생을 건 도박들입니다. 이러한 인생의 도박들은 절대로 해서는 안 됩니다. 도박은 결코 승리할 수 없는 도전이기 때문입니다. 절대 인생의 도박에 손대지 마세요.

나는 내 선택을 믿는다.
나는 온 힘을 다해 끝까지 달려갈 것이다.

뒤를 돌아보지 마라

자신의 선택에 확신을 하지 못하면 자꾸 뒤를 돌아보게 됩니다.

'내가 선택을 제대로 한 건가?', '지금쯤 멈춰야 하지 않을까?'

자신의 선택에 대한 의문이 들기 시작하면 그때부터 발걸음은 점점 무거워집니다. 그러다 넘기 힘든 상황을 만나게 되면 다시 원점으로 돌아가 버리죠.

뒤를 돌아보지 마세요. 돌아갈 길을 바라보지 마세요. 돌아갈 힘을 남겨두지 말고 끝까지 달려가세요. 자신의 선택을 끝까지 믿고 뒤를 돌아보지 않고 달려야 목표에 도달할 수 있습니다.

0606 나를 발전시키는 생각

나는 무엇이든 할 수 있다.
나는 못 이룰 일이 없다.

不爲也 非不能也 불위야 비불능야

"맹자께서는 '불위야 비불능야(不爲也 非不能也)'라고 말했지. 그 말의 뜻은 '일을 이루지 못한 것은 하지 않았기 때문이지, 그 일을 못해서 이루지 못한 것이 아니라는 뜻이야. 네가 포기하고 체념하면 아무것도 이룰 수 없어. 그러나 하겠다고 작정하고 덤비면 네가 원하는 것을 못 이룰 일은 없어."

못하는 것과 하지 않는 것, 두 행위의 결과는 아무것도 이루지 못했다는 것에서는 같지만 분명 다른 것입니다. 하지 않는 것이라면 지금부터 하면 됩니다. 그러나 못하는 것이라면 그것에 대한 합당한 근거를 말해야 합니다.

왜 그것을 못한다고 생각하나요? 그렇게 생각하는 이유는 무엇인가요? 단 한 번이라도 최선의 노력을 다 해보기는 했나요?

만일 이 물음에 대한 답을 못한다면 당신의 생각은 합당한 것이 아닙니다. 당신이 못할 일이라고 생각된다면 당신의 그 생각을 증명해 보세요. 최선의 노력을 다 해보고 정말 못하는 것인지 확인해 보세요.

나는 종종 죽음을 상상한다.
죽음은 내게 큰 용기와 담대함을 준다.

죽기 아니면 까무러치기

"까짓 것 죽기 아니면 까무러치기지. 뭐!"

인간에게 죽음보다 두려운 미래는 없습니다. 도무지 시도할
용기가 생기지 않는 두려운 상황에 처해 있다면 당신의 죽음
을, 당신의 마지막을 상상해 보세요. 당신의 마지막 순간 어떤
감정을 느끼고 어떤 후회들을 하게 될지 떠올려 보세요.

당신이 두려운 일을 피하며, 도망치며 살아온 삶이 얼마나
어리석은 삶이었는지 깨달을 수 있을 것입니다. 자신의 죽음
앞에서 후회를 남기지 않을 삶을 선택하세요.

나는 삶이라는 경기의 가장 강력한 선수다.
나는 이 경기를 완벽한 승리로 이끈다.

당신은 관람객인가? 선수인가?

당신은 이 세상을 살아가는 삶이라는 경기장에서 관람객인가요? 아니면 선수인가요?

당신이 선수가 아니라면 당신은 치열한 경쟁이 벌어지고 있는 이 세상이라는 경기장에서 그 어떤 영향력도 발휘할 수 없을 것입니다.

경기장에서 관람객에게 박수와 환호를 받는 선수가 되기 위해서는 적극적으로 자신의 삶에 참여해야 하고, 또한 경기의 흐름, 즉 자신의 삶이 어디로 흘러가고 있는지 자세히 관찰해야 하여 삶이 아무렇게나 흘러가지 않게끔 열심히 노를 저어 인생의 항로를 수시로 바꾸어 주어야 합니다.

당신의 삶에 적극적으로 뛰어드세요. 당신이 살고 있는 이 세계에서 당신의 강력한 힘을 발휘하세요. 그리고 이 인생이라는 경기장에서 가장 강력한 승자가 되세요.

인생의 모든 순간들은 아름답다.
나는 내 인생의 모든 순간들을 소중히 여긴다.

인생의 모든 순간들을 소중히

쉼 없이 흘러가는 인생은 한순간도 같은 때가 없습니다. 인생은 바람 같아서 아무리 붙잡아 두려 해도 잡을 수가 없죠. 그저 내 곁을 스쳐 지나갈 뿐입니다. 따라서 우리는 인생의 모든 순간들을 단 한 번만 만날 수 있을 뿐입니다. 한 평생을 살면서 같은 순간을 다시 만나는 일은 불가능합니다. 당신이 보고 겪는 세상의 모든 모습과 상황은 오직 한 번뿐입니다.

인생의 모든 순간들을 귀하게 여기세요. 당신이 고통스러운 시간 속에 있다 해도, 또한 인생에서 가장 아름다운 순간을 맞이하고 있다 해도 그 순간 역시 한 번뿐입니다.

그 고통스럽고 아름다운 순간들은 오직 당신이 살아 있기에, 당신에게 주어진 시간이 아직 남아 있기에 볼 수 있고 느낄 수 있는 순간들입니다.

인생은 순간의 연속입니다. 당신에게 주어진 순간순간들을 소중히 이어가세요.

0610 나를 발전시키는 생각

나는 부정적인 견해에 흔들리지 않는다.
나는 나의 가능성과 미래를 믿는다.

나는 무언가가 될 수 있다

언제부터인가 세상은 우리에게 꿈을 지녀야 한다며 마치 꿈이 없으면 안 될 것처럼 말합니다. 하지만 꿈을 가지고 나면 세상은 갑자기 다른 태도를 취합니다.

"너에게 그 일이 가능하겠어.", "야, 꿈 깨! 정신 차리란 말이야.", "내가 너에게 기대하는 것은 그것이 아니란다."

우리의 용기와 자존감을 꺾고 우리의 꿈을 포기시키려 하죠. 나를 지지해 줄 것 같던 사람들조차도 더 이상 내 편이 되어주지 않습니다.

이런 상황 속에서 꿈을 지켜나가는 것은 분명히 어려운 일입니다. 하지만 어떤 상황에서도 당신은 당신 자신을 믿어야 합니다. 스스로 자신이 무언가가 될 수 있다고 믿어야 합니다. 세상의 공격, 사람들의 부정적인 견해 따위에 지지 마세요. 당신의 꿈을 지켜내세요.

0611 나를 발전시키는 생각

나는 인간관계를 통해
좋은 사람들을 많이 만날 것이다.

인연의 흐름

세상에서 절대 자기 뜻대로 할 수 없는 것 중의 하나를 꼽으라면 인간관계에서의 사람과의 만남, 즉 인연일 것입니다. 단순히 좋은 인간관계를 맺는 일은 자신의 뜻대로 하는 것이 어느 정도 가능하겠지만 인연의 흐름을 자신이 원하는 대로 조정할 수는 없습니다. 떠나가는 인연을 잡을 수도, 내게 다가오는 인연을 억지로 막을 수도 없죠. 인연은 계획할 수 있는 것이 아니기 때문입니다.

떠나야 할 사람이 떠나야 할 때 깨끗하게 그를 놓아 주세요. 새로운 인연이 찾아왔을 때 따뜻하게 그를 받아들이세요. 스스로 찾아오는 인연, 스스로 떠나는 인연을 당신의 인생 안으로 순수하게 받아들이세요. 자연스러운 인간관계의 흐름에 당신의 인연을 만들어 나가세요.

오늘 하루 자신을 칭찬할 만한 일을 찾아
스스로를 칭찬해 주세요.

자신을 칭찬하라

어린아이들에게 칭찬은 그리 귀한 것이 아닙니다. 정말 중요하지 않은 사소한 일들, 심지어 밥을 맛있게 먹는 것만으로도 칭찬을 받을 수 있으니까요. 그러나 나이를 더할수록 칭찬은 점차 메말라 갑니다. 하지만 아무리 어른이 되어도 칭찬받고 싶은 마음은 어린 시절 그대로의 모습으로 마음에 남아있습니다.

그렇다면 이제는 어른이 된 당신이, 당신 안에 있는 어린아이를 칭찬해 주세요. 스스로 자신을 칭찬해 주세요. 반드시 대단한 일을 해야만 칭찬을 받을 수 있는 것이 아닙니다. '술 많이 먹지 않고 집에 일찍 들어온 일', '가족의 소중함을 생각한 일' '부모님께 안부전화 한 일' 등 당신이 칭찬받을 일은 아주 많습니다.

0613 나를 발전시키는 생각

나는 희망을 버리지 않는다.
나는 후회하는 인생을 살지 않는다.

누가 희망을 버리는가?

희망은 나를 버리지 않습니다. 언제나 희망을 버리고 외면하는 것은 나 자신입니다. 또한 꿈을 포기하는 사람 역시 나 자신이죠. 그렇게 희망과 자신의 꿈을 포기하고서는 정말 어쩔 수 없었다고, 중단할 수밖에 없었다고 변명하는 것도, 가슴을 치며 자신의 선택을 후회하는 것도 결국은 나 자신입니다.

결과도 맺지 못하고 후회하는 그런 인생, 이제는 지긋지긋하지 않나요?

 **0614** 나를 발전시키는 생각

나는 나를 믿는다.
나는 행복한 내 미래를 믿는다.

두려움의 증상

스스로의 인생, 자신의 미래에 대해 긍정적인 확신을 가지지 못하는 사람에게는 몇 가지 증상이 나타나는데 그 중 한 가지가 통제에 대한 집착입니다. 모든 상황이 자신에게 유리한 상황으로 전개될 수 있도록 자기 자신이 통제할 수 있어야만 안정감을 느끼는 것이죠.

당신이 할 수 있는 일, 해야 할 일은 다 해야겠지만 당신이 행동을 취할 선택지 자체가 없다면 두려워하거나 불안해하지 말고 그냥 내버려 두세요. 상황이 자연스럽게 흘러갈 수 있게 기다려 주세요. 내게 일어나는 모든 일들, 내 주위를 둘러싼 모든 상황들을 다 이해하지 못했을지라도, 신뢰할 만한 정보를 다 알지 못해도 괜찮습니다. 이해할 수 없다고 해서, 유리한 정보를 다 알 수 없다고 해서 잘못되는 것은 아닙니다. 때로는 증거가 없는 막연한 믿음이 필요합니다.

나에게는 그 어떤 한계도 없다.
나는 모든 장애물을 뛰어넘을 수 있다.

나는 평범하지 않다

"사람들이 너는 노력해봤자 역부족이라고 그렇게 치부해 버리면 그것이 너의 삶을 얼마나 주눅 들게 하는지 아나? 어깨를 펴! 왜 사람들에게 그런 소리를 듣고 살아. 이 세상에 넘을 수 없는 장애물이란 건 없어. 네가 할 수 있다고 하면 할 수 있는 거야."

도대체 무엇으로 인간의 가능성을 측정하고 평가할 수 있다는 말인가요?

세상에 평범한 인간, 평균적인 인간이란 없습니다. 그런 잣대 같은 것은 존재하지 않습니다. 한 때 지능 지수를 통해 인간의 가능성을 평가한 시도들이 있었지만 모두 실패하고 말았습니다.

당신의 가능성은 정해지지 않았습니다. 스스로 자기 자신을 규정짓지 마세요. 자신의 한계선을 정해두지 마세요. 당신이 스스로를 특별하다고 믿을 때 비로소 무한한 가능성의 세계가 열릴 것입니다.

나는 과거의 고정관념에서 벗어난
새로운 인간이다.

고정관념에서 벗어나라

고정관념이 생긴 이유에는 반드시 합당한 원인이 있을 것입니다. 근거가 전혀 없는 고정관념은 없습니다. 그러나 우리가 반드시 고정관념을 넘어서야 하는 이유는 미래에 대한 새로운 기회를 볼 수 없게 하기 때문입니다.

당신에게도 예전에 실수했던 경험이나 실패했던 경험 등이 있을 것입니다. 또한 당신의 고정관념을 뒷받침하는 근거가 있을 것입니다. 하지만 과거는 과거일 뿐, 미래는 아직 정해지지 않았습니다.

아픈 과거는 이제 그만 날려버리세요. 그건 당신의 인생에서 전혀 중요한 일이 아닙니다. 당신에게 중요한 일은 앞으로 생길 일입니다.

새로운 기회 앞에서 당신은 새로운 인간입니다. 새로운 시간 속에서 새롭게 태어나세요.

나는 감정을 선택의 근거로 삼는다.
나는 이성과 합의를 이룬 선택을 한다.

감정에 반역하지 마라

"그대를 사랑하는 것은 조국에 대한 반역이었지만, 그대를
사랑하지 않는 것은 내 감정에 대한 반역이었소."

우리는 무언가를 선택함에 있어서 감정을 지나치게 배제하
는 경향이 있습니다. 이성과 합리성은 물론 중요하지만, 감정
을 배제한 이성은 결코 올바른 선택을 할 수 없습니다.

우리는 까닭을 알 수 없는 위기 상황에서 불안하고 불쾌한
감정을 느낍니다. 이성적으로 도저히 설명할 수 없는 감정이
죠. 하지만 우리는 이러한 감정 때문에 스스로도 모르는 사이
에 무수히 많은 위험을 피하기도 하고 막기도 합니다.

자신에 감정에 반역하지 마세요. 이성과 감정이 서로 합의
를 이룰 수 있어야만 좋은 선택을 할 수 있습니다.

o618 나를 발전시키는 생각

나는 노력을 멈추지 않는다.
나는 끊임없이 나의 실력을 향상시킨다.

멈출 수 있는 순간은 없다

사람들은 자신의 실력이 일정 수준에 도달하고 나면 더 이상 노력할 필요가 없다고 생각하는 경향이 있습니다. 그것은 자신이 그 수준을 유지하고 있는 한 자기 실력은 퇴보하지 않을 것이라고 생각하기 때문이죠. 물론 그 생각은 어느 정도 인정할 수도 있습니다. 다만 다른 사람들의 실력이 달라지는 것뿐이죠.

실력이란 상대적인 것입니다. 내 실력은 내 노력으로 컨트롤 할 수 있지만, 다른 사람의 실력까지 컨트롤 할 수는 없습니다. 내가 제자리에 멈춰 있는 순간, 다른 사람들이 성장한다면 나는 퇴보된 것이나 다름이 없습니다. 때문에 노력을 멈추어야 할 때란 없습니다.

노력을 멈추지 마세요. 계속 성장하세요. 지속적인 성장이 당신의 삶에서 가장 큰 즐거움이 되도록 하세요.

나는 포기하지 않는다.
나는 나의 꿈을 반드시 성취한다.

낙오자가 되지 마라

"실패한 자가 낙오자가 아니야, 다시 살아보려는 의지가 없는 놈이 낙오자야."

실패자는 낙오자가 아닙니다. 실패는 언제 어디서든 경험할 수 있는 흔하디흔한 경험일 뿐입니다.

실패한다고 해서 낙오자가 되는 것이 아닙니다. 자기 인생과 꿈을 포기하는 순간, 인생의 희망을 버리는 순간 낙오자가 되는 것입니다.

실패했다고 해서 포기하지 마세요. 살고자 하는 의지, 이루고자 하는 의지를 포기하지 마세요. 결코 낙오자가 되지 마세요.

나는 나의 인격을 지킨다.
나는 마녀 사냥 따위에 가담하지 않는다.

마녀 사냥

"사람들은 진실을 알고 싶은 게 아니라 분풀이할 상대가 필요한 거지. 누군가 이 불행한 사태에 책임을 떠안아야할 사람이 필요하니까. 그런 무리들 틈에 네 이름이 들어가지 않도록 해!"

공격적인 사람들은 자기 분을 풀기 위해 타인을 공격합니다. 인간 역시 동물적 본능을 지닌 존재인 까닭에 아무런 잘못도 없는 약자를 집단으로 공격하기도 하죠. 우리들 역시 상황에 따라 이런 마녀 사냥에 가담하기도 합니다. 일상 속에서 쌓인 스트레스와 자기 삶에 대한 분노를 누군가를 공격함으로써 해소하려고 하죠.

당신만큼은 이러한 마녀 사냥에 가담하지 마세요. 인생은 부메랑과 같습니다. 누군가를 공격하면 반드시 언젠가 공격당하게 되어 있습니다.

단지 분풀이를 위해 누군가를 공격하는 것은 자기 인격의 수준이 얼마나 비참한 수준인가를 보여주는 것입니다. 비참한 수준의 인간이 되지 마세요. 자신의 가치와 인격을 지키세요.

나는 높은 자존감을 가졌다.
나는 도움을 주는 사람이다.

자신을 불쌍하게 보지 마라

"네가 가장 두려워해야 할 사람은 내 힘으론 넘기 어렵다고 생각하는 사람이 아니야. 정말 무서운 사람은 바로 너를 불쌍하게 보는 사람이야. 더 이상 기가 죽어서 비실거리며 살지 말고, 자존감을 세우고 너의 삶을 살란 말이야."

자존감이 낮은 이들은 지나치게 자기 연민에 빠져 스스로를 불쌍하게 여기고 심지어는 다른 사람들도 자신을 불쌍하게 봐주기를 바랍니다.

자기 연민에 빠진 사람은 남들이 자신의 난처한 상황을 불쌍하게 바라보며 더 많은 사랑과 배려를 줄 것으로 생각하지만 그러나 그에게 사랑과 배려를 베풀 여유가 세상 사람들에겐 없습니다. 왜냐하면 자존감 낮은 사람을 좋아할 사람은 없기 때문입니다.

당신이 어떤 상황에 처해 있든 스스로를 불쌍하게 여기지 마세요. 다른 사람들이 당신의 어려움을 알아주고 배려해 줄 것이라는 기대 또한 하지 마세요. 당신의 그런 마음들은 당신을 나약하게 만들고 점차 세상에서 버림받은 정말 불쌍한 사람으로 낙인을 찍게 합니다.

0622 나를 발전시키는 생각

나는 언제나 바르게 행동한다.
나는 절제하여 후회 없는 인생을 산다.

후회를 남기지 마라

우리는 이미 올바른 행동이 어떤 행동인지를 잘 알고 있습니다. 또한 어떤 행동을 하면 후회하게 될지도 스스로 잘 알고 있죠. 그럼에도 우리가 매번 후회할 행동을 하는 것은 조금 더 용기를 내지 못하거나 조금 더 절제하지 못하기 때문입니다.

후회할지도 모른다는 생각이 드는 행동이 있다면 시작조차 하지 마세요. 당신의 마음속에 정답이라고 생각되는 그 올바른 행동을 하세요. 조금 더 용기를 내고, 조금 더 절제함으로써 후회 없는 행동을 하세요. 한순간의 잘못된 판단으로 당신이 행한 일은, 당신의 인생에 큰 오점으로 남아 두고두고 후회를 남길 수 있습니다.

나는 현재의 어려움을 극복해 낼 수 있다.
그저 조금 더 시간이 필요할 뿐이다.

자기 현실에 죄책감을 가지지 말자

"취직 안 된다고 고개 숙이지 마라. 지금 시대가 불황이잖아, 모두 너의 탓만이 아니니까. 당당하게 살아. 힘내."

자신의 문제를 해결해야 하는 당사자는 물론 자신이지만 그렇다고 해서 내 잘못만으로 현재의 어려움이 닥치지는 않습니다. 지금과 같은 불공정한 사회가 된 것은 기성세대의 이기적인 욕망에서 비롯된 잘못이 큽니다. 자신이 처한 어려운 현실 때문에 죄책감을 가지지 마세요. 당신이 죄책감에 시달린다면 오히려 불공정한 사회에서 자신에게 닥친 문제를 해결하는 일에 충분한 에너지를 쏟지 못할 수 있습니다.

문제를 해결해야 하는 사람이 자신이라고 해서 모든 문제의 원인 또한 자신에게 있는 것은 아닙니다. 누구도 당신 때문에 불행해지지 않았습니다. 그러니 이제 죄책감에서 벗어나세요.

나는 스스로의 힘으로
행복해 질 수 있다.

걱정하지 말라, 행복해 질 수 있다

누군가를 질투하는 사람의 마음속에는 불안감이 있습니다. 왠지 저 사람이 내가 가져야 할 몫까지 가져간 것만 같고, 나는 영원히 저 사람처럼 행복해 질 수 없을 것만 같은 생각이 드는 거죠. 이렇듯 자신과 가까운 사이였던 그의 성공을 질투어린 눈으로 바라보는 마음은 괴로울 것입니다. 아니 공평하지 못한 세상이라며 한바탕 소리라도 치고 싶을 것입니다. 그러나 당신이 분명하게 가슴에 새겨야할 사실은, 그는 당신의 행복을 빼앗아 간 것이 아니라는 것입니다.

당신이 지금 누군가를 질투하고 있다면 더 이상 걱정하지 마세요. 당신 역시 그 사람 이상으로 행복해 질 수 있습니다. 당신에게는 당신만의 행복이 남아 있습니다. 당신 또한 누구보다 행복해 질 수 있다는 것을 믿으세요. 걱정하지 말고 그의 행복을 진심으로 축하해 주세요.

나의 꿈은 과연 무엇일까?
나는 정말 꿈을 이룰 수 있는가?

정말 꿈꾸고 있는가?

"하늘에 있는 별을 따오는 게 네 꿈이라고? 그게 어떻게 너의 꿈이 될 수 있어. 가질 수도 없는, 시도조차 못할 꿈은 꿈이 아냐, 공상이지. 조금이라도 부딪히고 애를 쓰고, 하다못해 계획이라도 세울 수 있어야 꿈이라고 말할 수 있는 거지"

당신은 지금 꿈을 이루기 위해 무엇을 준비하고 있나요?
무엇을 계획하고 있나요?
그 계획을 실행에 옮기고 있나요?
그렇지 않다면 언제쯤 계획을 실행에 옮길 건가요?
당신은 정말, 진실로 꿈꾸고 있나요?
꿈이 이루어질 수 있을까 염려하기 이전에 우리는 제대로 된 꿈을 꾸어야 합니다.
당신이 쫓을 수 없는 불가능한 꿈은 꿈이 아닙니다.

사랑한다. 내 인생.
나는 내 삶을 사랑한다.

자기 삶을 수용하라

내 인생에서 '이것만 없다면', '이런 것만 충족된다면' 훨씬 더 행복해 질 수 있었을 텐데…. 당신에게도 당신 인생에서 꼭 사라져 줬으면 하는 것이 있을 것입니다. 우리는 그런 문제들 때문에 많은 고통을 겪고 심지어는 자기 인생의 가능성마저도 포기할 때가 있습니다. 그러나 당신은 그러한 문제들을 포함한 당신의 삶을 온전히 수용해야 합니다. 부족하고, 모자라고, 하나같이 마음에 들지 않는 삶일지라도 우리는 그것을 자신의 것으로 받아들여야 합니다. 자기 삶을 외면한 채로 인생에서 무언가를 성취할 수는 없습니다. 자기 삶을 온전히 자기 것으로 받아들인 다음에야 비로소 자기 삶을 변화시킬 영감을 얻을 수 있을 것입니다.

당신이 스스로 자신의 삶을 회피한다면 당신이 그렇게도 찾아 헤매던 행복은 끝내 당신 앞에 그 모습을 드러내지 않을 것입니다.

0627 나를 발전시키는 생각

나는 두려움에 발길을 멈추지 않을 것이다.
나는 나의 두려움들을 극복할 것이다.

자존심 상하지 않아?

자존심이 없다는 말은 능력이 좀 모자라거나 돈을 좀 못 버는 것 등을 의미하는 것이 아닙니다. 그것은 어떤 두려움에서 벗어나지 못하고 그것을 극복하지 못한다는 의미입니다.

당신을 두렵게 하는 문제를 언제까지 그대로 내버려 둘 건가요?

그 무언가를 언제까지 두려워만 하며 살 건가요?

두려움에 떨고 있는 자신을 보기에 스스로 자존심 상하지 않나요?

당신을 두렵게 하는 벽들을 부숴버리세요. 당신을 움츠러들게 하는 장애물들을 파괴해 버리세요. 이제부터는 당신의 자존심을 스스로 지켜나가세요.

모든 일에 정성을 다하면
그 일들은 행복을 가져다 줄 것이다.

모든 일에 정성을 다하자

정성이 들어가 있지 않고 귀해지는 것은 없으며, 높은 가치를 만들 수 없습니다. 아무리 훌륭한 재료를 많이 가지고 있다 하더라고 정성이 들어가지 않으면 재료의 훌륭함을 살릴 수 없습니다.

작고 사소해 보이는 일이라도 무시할 수 없는 일은 없습니다. 작은 일이라도 정성을 다해 최선을 다하면 자연스럽게 그 정성이 외부로 나타나게 되고, 외부로 드러난 정성은 감동을 주게 되며, 남에게 감동을 주면 세상이 변하게 되고, 변화되면 세상은 밝아집니다.

지극히 정성을 다하는 사람만이 나와 세상을 변하게 할 수 있습니다. 당신이 하는 모든 일에 당신의 정성을 더하세요. 그것이 당신의 인생에도 정성을 더하는 것입니다.

0629 나를 발전시키는 생각

나의 일상에 활력을 줄
새로운 계획을 구상해 보자.

매일 똑같은 하루, 매일 색다른 하루

꿈의 차이가 하루의 차이를 만들어 냅니다. 꿈이 없는 사람에게 오늘은 어제와 같은 하루일뿐이지만 꿈이 있는 사람에게 오늘은 어제보다 더 한 걸음 나아간 하루입니다.

당신의 매일매일은 어떤 하루인가요?

매일 지루하고 똑같은 하루인가요?

아니면 매일 색다른 하루인가요?

똑같은 일상이 지겹다면 새로운 꿈을 가져보세요. 당신의 일상에 새로운 에너지를 불어넣어 줄 수 있는 꿈이면 됩니다. 평소에 배워보고 싶다고 생각했던 것을 배워 보세요. 다른 사람에게 숨기고 있는 콤플렉스가 있다면 그것을 극복해낼 계획을 세워 조금씩 실행에 옮겨 보세요. 그것만으로도 당신의 하루는 이전과는 다른 색다른 하루가 될 것입니다.

나를 발전시키는 생각

나의 존재에는 분명한 목적이 있다.
나를 통해 세상은 더욱 아름다워질 것이다.

우연이 아닌 필연

이 세상을 톱니바퀴처럼 물리며 돌아가는 하나의 커다란 기계라고 상상해 보세요. 기계에는 필요 없는 부품이란 있을 수 없습니다. 세상에 존재하는 모든 생물에는 존재하는 합당한 목적이 있습니다. 당신 또한 반드시 당신이 존재해야할 합당한 이유가 있을 것입니다. 당신이 세상에 태어난 것, 당신의 현재의 모습, 당신이 처한 모든 상황들은 결코 우연이 아닙니다. 세상에 우연한 것은 없으니까요.

우연이란 이유를 모르는 필연입니다. 자기스스로 필요 없는 사람이라 생각하지 마세요. 당신의 존재에는 분명한 목적이 있습니다. 세상이 목적한 바를 이루기 위해서는 당신이 꼭 필요합니다.

나는 스스로의 노력으로
장점은 살리고 단점은 보완한다.

장점과 단점

사람은 누구나 단점과 장점을 한 몸에 지니고 있는 존재입니다. 모자란 곳이라고는 도저히 찾아볼 수 없는 아무런 단점이 없는 완벽한 사람은 없으며, 장점이라고는 도저히 찾을 수 없는 어리석은 사람 또한 없습니다. 따라서 스스로 자신의 장점은 키우고 단점은 고치려는 노력은 매우 중요한 일입니다. 장점과 단점은 마치 제로섬 게임과 같아서 장점을 키울수록 단점은 작아지는 것입니다.

나는 내 생각보다 더 큰 능력이 있다.
나는 나의 잠재력을 발휘할 것이다.

학습된 무기력에서 벗어나라

벼룩의 몸길이는 1~2mm입니다. 벼룩은 자기 몸길이의 100배 이상인 30cm까지 뛸 수 있고 한 시간에 600회 이상을 뛸 수 있습니다. 벼룩에게는 그러한 능력이 있지만 위가 막힌 유리통 속에 가두어 두면 벼룩은 시간이 지날수록 자기의 능력을 까맣게 잊어버립니다. 그리고 유리통 높이만큼만 뛰게 되죠. 그것이 자기 능력의 한계라고 인식하게 된 것입니다. 무기력이 학습화된 것이죠.

혹시 당신에게도 과거의 경험에 묶여 더 높이 뛰어오를 수 있음에도 자신의 능력을 발휘하지 못하고 있지는 않나요?

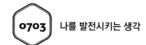

나는 긍정적인 생각을 유지한다.
나는 어려움 속에서도 올바른 방향으로 간다.

생각의 방향이 차이를 만들어 낸다

바람을 이용하여 바다를 항해하는 조각배가 약속된 목적지에 도착하는 과정에는 예외 없이 거친 비바람과 파도를 극복하며 앞으로 나아가야 합니다. 그러나 같은 바람과 파도를 맞으며 항해를 하면서도 어떤 배들은 동쪽으로, 어떤 배들은 서쪽으로 흐릅니다.

왜 이런 현상이 생기는 것일까요?

그것은 배의 방향을 정하는 것은 바람과 파도가 아니라 돛의 방향이기 때문입니다. 사람의 삶 또한 생각의 돛대, 즉 생각의 방향이 인생이라는 항로를 결정짓습니다. 그래서 우리는 항상 어떤 생각에 집중하고 있는지 주의해서 관찰해야 합니다. 부정적이고 잘못된 생각의 돛대는 파괴적인 길로 인도할 것입니다.

상황이 어렵고 절망적일수록 긍정적인 생각에 집중하세요. 생각의 방향이 결국 인생의 차이를 만들어 낸다는 것을 명심하세요.

끝날 때까지는 끝난 것이 아니다.
나는 내 인생이 해피엔딩임을 믿는다.

끝날 때까지 끝난 것이 아니다

"모든 게 다 괜찮아 질 거야.
만약 아니라면 아직 끝난 게 아니야"

당신의 믿음이 현실화되기 전까지는, 당신의 꿈이 이루어지기 전까지는, 당신이 소망하는 것들이 모두 이루어지기 전까지는 끝난 것이 아닙니다.

당신이 정한 엔딩을 포기하지 마세요. 진정으로 당신이 원하는 엔딩이 아니라면 그건 아직 끝난 것이 아닙니다. 해피엔딩이 아닌 불행한 엔딩을 용납하지 마세요.

나는 내 부족함을 인정하고
위기 상황에서 도움을 청할 수 있다.

도움을 받아들여라

타인의 도움을 받을 줄 모르는 사람은 그 누구도 도와주지 못하는 법입니다. 누군가에게 도움을 받는 일은 자존심이 상하는 일이 아닙니다. 꼭 타인의 도움이 필요한 상황에서 당신을 도와줄 사람이 있다면 머뭇거리지 말고 도움을 구하세요.

사람은 서로의 부족함과 필요를 채워주고 도움을 주고받으며 살아가는 존재입니다. 그 누구도 독불장군처럼 홀로 세상을 살 수는 없으며 또한 자기 힘만으로 되지 않는 것이 있다는 것도 알아야 합니다. 도움이 반드시 필요한 위기 상황이라면, 자기 힘만으로 위기를 극복할 수 없다고 판단된다면 도움을 구하세요. 도움을 주고받으며 사는 모습이 인간이 모여 사는 세상의 기본적인 모습입니다.

나는 위험을 돌파할 용기와
새로운 기회를 찾아낼 지혜를 갖춘다.

진정 현명한 사람

많은 경험과 지식을 쌓은 사람이라고 해서 반드시 현명한 사람인 것은 아닙니다. 물론 많은 경험과 풍부한 지식은 세상을 대하는 시야를 넓혀 줍니다. 하지만 많은 경험과 풍부한 지식이 세상의 이치에 맞지 않는 불합리한 곳에 쓰인다면 그러한 지식과 경험은 차라리 없는 것만 못할 것입니다.

정의로운 용기가 뒷받침되지 않는 현명함은 진정한 현명함이라 할 수 없습니다. 진정으로 현명해진다는 것은 위험을 피하는 것이 아니라 위험을 넘어설 수 있는 돌파구를 찾아내는 것입니다. 아무런 위험도 감수하지 않고 아무런 도전도 하지 않으려는 경험과 지식을 어찌 현명하다고 할 수 있을까요?

당신은 경험과 지식을 쌓은 겁쟁이가 아닌, 위험을 돌파하고 새로운 세계를 개척할만한 용기와 지혜를 갖춘 현명한 사람이 되세요.

내 인생의 모든 순간순간들이
인생을 만드는 결정적 순간들이다.

소중하지 않은 순간은 없다

세계적인 사진작가인 앙리 카르티에 브레송은 "소중하지 않은 순간은 없다"고 했습니다. 사진작가의 눈에 비치는 모든 것은 훌륭한 작품 소재이기 때문입니다. 이렇듯 사진작가의 눈에 비치는 모든 것이 소중하듯이, 우리에게 주어진 인생의 매 순간 또한 모두 결정적 순간들입니다.

아무 생각 없이 친구들과 웃고 떠들며 보내던 어린 시절의 시간들도, 꿈을 위해 청춘의 시간을 바치던 고통스러운 순간들도, 좌절감에 몸부림치고 꿈을 포기해야 한다며 괴로워하던 지난날의 그 순간도, 돌아보면 모두 소중하고 결정적 순간들입니다. 인간의 삶에 소중하지 않은 순간이 어디 있을까요?

인생의 모든 순간들이 위대한 작품으로 남을만한 결정적인 순간들입니다.

나는 상상의 힘을 활용하여
새로운 상황들을 설정한다.

생각의 힘

상상의 힘만으로 모든 것을 이룰 수는 없겠지만 분명 생각에는 자신의 삶에 영향력을 끼칠 수 있는 힘이 있습니다.

그 힘을 실제로 느껴보고 싶다면 상상력을 활용하여 아주 간단하고 일상적일 수 있는 상황을 설정해 보세요. 그리고 자신이 설정한 그 상황이 실제로 나타나는지 기다려 보세요. 그러면 마치 영화관에서 영화를 관람하듯 자신이 상상하고 있는 그것이 자신이 조정하는 대로 이루어지는 현상을 생생하게 볼 수 있을 것입니다. 지금껏 그러한 상상력 경험을 하지 못했던 것은 아무 생각 없이 일이 이루어지고 또는 이루어지지 않은 채로 의미 없이 흘러갔기 때문입니다.

생각에는 창조력이 숨어 있습니다. 때문에 상상하는 생각의 힘을 믿고 행동하면 자신이 원하는 것을 이룰 수 있을 것입니다.

0709 나를 발전시키는 생각

나는 어떤 상황에서도 포기하지 않고
희망의 돌파구를 찾아낸다.

포기하지 마라

"남자라면 말이다. 자신의 소중한 뭔가를 지키기 위해, 또는
이루기 위해 힘을 내서 싸워야만 할 때가 반드시 온단다. 그때,
각오를 하고 얼마만큼 끈질기게 자신의 힘을 발휘할 수 있는
것으로 남자의 가치가 정해지는 거야."

당신에게 어떤 꿈이 있건, 어떤 계획과 목표가 있건 상관없
이 꿈과 계획들을 포기할 수밖에 없는, 정말 어쩔 수 없는 그런
막막한 상황을 만날 수 있습니다. 그런 상황에서 어떻게 행동
하느냐에 따라 꿈의 성취와 인생의 가치가 결정됩니다.

가장 절망적인 상황에서 가장 희망적으로 생각하세요. 또한
가장 깊은 어둠 속에서 가장 밝은 빛을 상상하세요.

당신은 꼭 포기할 수밖에 없는 상황에서 가장 큰 용기를 내
세요.

나는 스스로 행복할 수 있는 일을 할 것이다.

행복할 수 있는 일을 하자

자신이 좋아하지 않는, 최소한의 흥미조차 느껴지지 않는 일을 선택하는 것은 행복을 포기하는 것과 같습니다. 지루함과 고통을 감내하면서 오로지 생존을 위해 일을 해야만 하는 삶은 얼마나 행복하지 않은 인생인가요?

일은 당신의 하루 중 가장 많은 시간이 투자되는 사용처입니다. 그러기에 일은 나의 생활과 구별되는 것이 아니라 생활의 일부입니다. 하고 싶지 않은 일을 하며 자신에게 주어진 시간의 대부분을 보내는 생활이라면 그런 삶이 어떻게 행복할 수 있을까요?

행복할 수 있는 일을 하세요. 당신이 사랑하고 흥미 있는 일을 할 때에야 행복과 생존, 두 마리 토끼를 모두 잡을 수 있을 것입니다.

0711 나를 발전시키는 생각

아무것도 정해진 것은 없다.
나는 부정적인 확신을 하지 않는다.

누구도 끝을 알 수는 없다

자신의 마음과 생각을 시대흐름에 맞춰 올바르게 조율하지 않고 그냥 내버려두면 삶은 자연히 부정적으로 흘러가게 됩니다. 그런 삶을 보내는 사람은 자신의 마지막을 떠올릴 때, 대개 해피 앤딩(happy Ending)이 아닌 새드 앤딩(Sad Ending)을 먼저 떠올립니다. 심지어는 결말은 반드시 그렇게 될 것이라며 확신을 하기도 하죠.

스스로 끝을 속단하지 마세요. 스스로의 부정적인 판단에 흔들리지 마세요. 끝을 당신의 두 눈으로 똑똑히 확인할 때까지 결말을 미리 정하지 마세요. 아무리 현명한 자라도 모든 끝을 다 확신할 수는 없습니다.

그런데 당신은 어째서 해피엔딩은 그렇게 믿기 어려워하면서 새드 엔딩은 그리도 쉽게 믿고 있는 것입니까?

아직은 아무것도 결정되지 않았고 여전히 희망은 넉넉히 남아 있음을 믿으세요.

나는 빛이 어둠을 물리침을 믿는다.

내 인생의 어둠에 분노하라

우리는 때때로 극도의 좌절감에 휩싸이는 삶 앞에서 삶의 끈을 놓아버리고 싶을 때가 있습니다. 그래서 밝게 빛나던 인생의 빛이 어둠 속으로 삼켜지는 것을 우두커니 바라만 보게 됩니다.

누구에게나 인생의 어둠이 있습니다. 그러나 당신만큼은 그 어둠에 절대 지지 마세요. 어둠에 분노하세요. 나는 결코 너에게 지지 않겠다고 말하세요. 당신은 절대로 빛이 허무하게 스러져 가는 것을, 희망이 사라져 가는 것을 우두커니 바라보기만 해서는 안 됩니다. 순순히 인생의 밝은 빛이 흐려지는 것을 가만히 두고만 보지 마세요. 내 인생을 삼키려는 어둠의 뒷덜미를 힘껏 움켜잡으세요. 그리고 분노하세요. 그래서 당신의 인생을 삼키려는 어둠을 압도해 버리세요.

나는 수시로 나 자신에 대해
이해하는 시간을 갖는다.

자신을 이해하라

당신은 자기 자신에 대해서 얼마나 알고 있습니까?

우리는 다른 사람의 마음을 얻기 위해 그들을 이해하려고 무척 노력합니다. 그러나 정작 자신에게는 소홀하죠. 자신이 무엇을 좋아하는지, 어떤 일을 할 때 가장 큰 만족감을 느끼는지, 자신에게 가장 잘 어울리는 패션은 무엇이며 헤어스타일은 어떤 모양인지, 어떤 스타일의 이성을 좋아하는지.

자신을 먼저 이해하세요. 자기 자신의 마음을 먼저 얻으세요. 가장 중요한 것은 언제나 '나'이니까요.

나는 항상 내가 할 수 있는
최대한의 노력을 기울인다.

최선을 다 한다는 것

최선을 다한다는 것은 할 수 있는 모든 것을 시도해 본다는 것입니다. 당신이 시도해 볼 만한 방법이 하나라도 남아 있다면 아직 최선을 다한 것이 아닙니다. 가질 수도 있었으나 스스로의 의지로 그것을 놓아버렸을 때 놓치게 되는 것을 '포기'라고 하죠.

그러나 당신은 아직 시도해 볼 수 있는 방법이 하나라도 남아 있다면 포기하지 마세요. 자신의 의지를 절대 놓지 마세요. 최선을 다하지 않고 포기한 일은 반드시 후회를 남긴다는 것을 명심하세요.

나는 나의 잘못들을 용서한다.
나는 새로운 인생을 시작한다.

자신을 용서하라

때때로 우리는 자신의 잘못된 과거를 용서하지 못하고 끊임 없이 스스로의 죄책감을 들쑤십니다. 자신을 이해하고 사랑하기는커녕 자신에게 스스로 싸움을 걸고 스스로 자신을 망치려 하곤 하죠.

과거의 자신과 싸우지 마세요. 자신의 과거를 이해하고 용서해주세요. 스스로를 용서하지 못하는 것은 또 다른 잘못을 만드는 일입니다. 같은 잘못을 반복하고 싶지 않다면 과거와의 흐름을 끊고 새롭게 시작할 수 있어야 합니다. 자신을 용서하고 죄책감에서 벗어나 새로운 현재의 자신을 사랑하세요. 그래야만 희망찬 자신의 미래를 기대할 수 있습니다.

나는 용기 있는 사람이다.
나는 내가 옳다고 믿는 길을 선택한다.

꿈은 언제나 어려운 길의 끝에 있다

"난 언제나 쉬워 보이는 길을 선택했어요. 하지만 이제 그 길
을 걷지 않겠노라고 결심했어요. 왜냐하면 그런 길은, 도착한
후에 뒤를 돌아보면 항상 후회를 남기는 길이었어요."

꿈은 반드시 고통과 괴로움을 동반합니다. 누구나 희망하는
꿈의 끝은 언제나 힘들고 어려운 과정을 거쳐야 도달하는 길의
끝에 있습니다. 쉽게 이룰 수 있는 꿈이라면, 그건 꿈이 아니라
이미 이루어진 현실에 불과합니다. 하지만 우리는 고통과 괴로
움이 놓인 그 길이 올바른 길이라는 것을 이미 알고 있습니다.

올바른 길로 가세요, 힘들고 어려운 과정을 거쳐야 도달하는
그 길로 가세요. 그 길을 외면하지 마세요. 당신이 그렇게 원하
던 그 길을 외면한다면 인생의 마지막 날, 당신이 걸어온 길을
돌아보며 후회하게 될지도 모릅니다.

나는 내 상황적 한계를 깨뜨릴 수 있다.
나는 내가 원하는 상황을 만들어 낼 힘이 있다.

중요한 것은 상황이 아니라 나 자신이다

"건반은 유한하지만, 자네는 무한하지. 88개의 유한한 건반에서 자네는 무한한 음악을 만들 수 있어."

우리가 처한 상황은 피아노의 88개 건반처럼 한계가 정해진 것처럼 보입니다. 하지만 88개의 건반만으로도 무한한 음률을 만들 수 있다는 것을 잊어서는 안 됩니다.

중요한 것은 상황이 아니라 바로 자신입니다. 누구에게나 상황적 한계를 깨뜨릴 힘이 있습니다. 그렇지만 중요한 것은 스스로 자신의 가능성을 믿어야 한다는 것이죠.

"이런 상황에서 내가 할 수 있는 일은 없어."라고 말하며 행동하지 않는 사람은 영원히 상황적 한계에서 벗어나지 못합니다. 상황적 한계에 좌절하지 마세요. 당신에게는 분명히 이 상황을 깨뜨리고 새로운 상황을 만들 능력이 있습니다.

모든 것은 결국 자신에게 달렸습니다. 자신을 믿으세요. 그리고 상황을 당신이 원하는 모습으로 변화시키세요.

나는 최후까지 살아남아서
내 꿈을 실현할 것이다.

버티고, 버티고, 또 버텨라

"강한 자만이 살아남는 것이 아니야. 살아남는 자가 강한 것이고, 이룰 수 있는 것이야."

정말로 자신이 좋아하는 일을 하고 있다고 해서 모든 것이 순조롭게 이루어진다고는 장담할 수 없습니다. 때로는 자신이 소중하게 생각하는 것을 지키기 위해서 정말 하기 싫은 일도 감당하며 해야 할 때가 있죠.

이럴 때 해결책은 딱 하나뿐입니다. 그냥 버티세요. 버티는 것이 해결책이라면 버티세요. 버티고, 버티고, 또 버티세요. 끝까지 살아남아서 당신의 목적을 달성하세요.

기억하세요. 살아남는 자가 강한 이유는, 살아남은 사람만이 자기 뜻을 실현할 수 있기 때문입니다.

나는 사람들을 가식적으로 대하지 않는다.
나는 진솔함으로 사람들의 마음을 얻는다.

진솔하게 대하라

진정성 없이 사람을 가볍게 대하는 사람에게 그 누구도 진심으로 응답해 주지 않을 것입니다. 당신이 누군가의 마음을 얻지 못한 것은 당신이 상대에게 진솔한 모습을 보이지 않았기 때문입니다.

누군가의 마음을 얻기 원한다면, 먼저 자기 자신부터 상대방에게 진솔한 자기 마음을 보여 주세요. 진솔함이 없이 상대방을 대한다거나 이리저리 사람을 시험해 보면서 그 사람의 마음을 얻으려 하지 마세요.

당신이 진지하게 그를 대하지 않는 이상, 상대방 또한 당신에게 자신의 진짜 모습을 보여주지 않을 것입니다. 솔직하고 진지하게 상대방을 대하세요.

나는 내가 잘하고 싶은 일을 하며
나다운 인생을 살 것이다.

자기 재능을 따라가라

"축구 스타 손흥민의 아버지가 아들더러 농구선수가 되라고
했다면, 신세대 농구 스타 허훈, 허웅 형제에게 아버지가 축구
선수가 되기를 원했다면 어땠을까?"

자기 재능을 따라가세요. 다른 사람들 때문에 자기 재능과
동떨어진 일을 하려고 하는 것은 그야말로 재앙입니다. 잘할
수도, 잘하고 싶지도 않은 일을 하면서 어떤 성취가 이루어지
기를 바랄 수 있을까요?
남들이 원하는 꿈이 아닌, 나다운 꿈, 나에게 어울리는 꿈을
가지세요.

지금 내가 살고 있는 시대가 나에겐 가장 축복된 시대이다.
나는 지금 이 시대에서 나의 꿈들을 이루어 낼 것이다.

꿈을 이루기에 충분하다

많은 사람들이 자신이 살아가는 시대에 대해 불평합니다. 하지만 우리가 꿈을 이루어야 하는 시대는 바로 지금 이 시대입니다. 과거가 좋았다는 생각이 있을지라도 사람은 과거로 돌아갈 수도, 그렇다고 시대를 앞당겨 미래로도 갈 수 없습니다. 자신이 원하든, 원하지 않든지 당신의 꿈은 당신이 살고 있는 지금의 시대에서 이루어내야만 합니다.

어떤 이들은 지금은 도저히 꿈을 이룰 수 있는 시대가 아니라고 말합니다. 그런 사람들에게 되묻고 싶습니다.

"그렇다면 꿈을 이루기에 좋은 시대는 언제였었나요?"

지금이 당신의 꿈을 이루기에 최적의 시대입니다. 지금 이 시대에서 당신의 꿈을 이루세요.

나는 스스로 나를 지킨다.
나는 나다움을 지킨다.

나다움을 지키자

아무리 강한 사람일지라도 거친 세상의 풍파에 시달리다 보면 자신의 본래 모습을 잃어버리게 됩니다. 따뜻했던 마음은 차갑게 식어버리고, 꿈을 향한 열정 또한 차츰 식어버리게 되죠.

처음 가졌던 당신의 마음, 당신의 꿈, 당신의 열정을 지켜내세요. 세상의 공격이, 인생의 힘겨움이 고통스러울지라도 자신의 본래 모습을 지켜내세요. 자신을 힘겹게 하는 세상의 풍파에 맞서 싸우는 이유는, 우리가 세상을 바꾸고자 하는 것이 아니라 세상이 우리를 바꾸지 못하게 해야 하기 때문입니다. 세상이 당신의 꿈을 바꾸지 못하도록 맞서 싸우세요. 당신을 지키는 것이, 나다움을 지키는 것이 결국은 세상을 바꾸는 일이 될 것입니다.

고통의 시간은 나를 성장시키고
내가 완성되어가는 시간이다.

내가 완성되어 가는 시간들

"나는 내 인생을 돌아보며 이런 결론을 내렸어. 내가 고통을 받았던 지난날들이 내 인생의 최고의 날들이었다고 말이야. 왜냐하면 그때의 시간들이 지금의 나를 만들어 낸 시간이었으니까."

우리는 고통스러운 시간 속에서 가장 많이 성장합니다. 그 시간 속에서 우리는 겸손을 배우며, 그 시간 속에서 우리는 모든 면에서 더 나은 사람이 되어 갑니다. 왜 하필 힘들고 괴로울 때만 인간은 성장하는 건지, 정말 인정하고 싶지 않지만 평화로운 시절에 우리가 어떻게 살았는지를 생각해 보면, 결국 고통스러운 시간이 필요하다는 결론에 이르게 됩니다.

고통스러운 시간들을 수용하세요. 왜 하필 나에게 이런 일이 생겨났는지 마음에 울분을 품어봐야 고통만 늘어날 뿐입니다. 고통스러운 시간을 완성의 시간이라고 여기고 받아들이세요. 먼 미래의 어떤 날에는 분명 그 고통의 시간들을 생각하며 추억할 날이 있을 것입니다.

나는 적극적으로 문제를 해결한다.
나는 해결책을 찾기 위해 최선을 다한다.

문제를 방치하지 마라

"사람들은 어떤 변화에 대해서, 또는 자신이 풀기 어려운 문제 앞에서 쉽게 포기하죠. 그것은 결국 자기 자신한테 스스로 비굴한 것 아닌가요."

때때로 우리들은 자신의 힘으로 풀기 어려운 문제를 외면하거나 묻어두려고 합니다. 문제를 외면함으로써 별 문제가 아니라는 듯 자신을 속이려는 것이죠.

자신의 문제를 방치하지 마세요. 문제는 바이러스와 같아서 그대로 내버려 두면 그것들은 번식하여 또 다른 문제를 낳게 됩니다. 처음엔 심각하지 않았던 문제라도 방치하게 되면 더 이상 외면할 수 없을 정도가 되어 버릴 수도 있습니다.

세상에 해결책이 없는 문제는 없습니다. 당신의 문제를 외면하지 말고 과감하게 그 문제에 도전하세요. 오히려 어쩌면 그 문제가 당신을 한 단계 성장시킬 발판이 되어 줄지도 모릅니다.

나의 꿈, 그리고 내가 원하는 미래.
나는 모두 수용할 수 있다.

자신의 그릇을 키워라

누구나 마음속엔 이것은 꼭 이루어졌으면 좋겠다는 희망하는 미래가 있을 것입니다. 하지만 진심으로 원하는 미래라고 할지라도 스스로 생각해도 잘 받아들여지지 않을 때가 있죠.

'이 정도까지 잘되는 건 나한테 너무 과분한데', '에이, 설마 그렇게까지 되겠어?', '나한테 그런 기적 같은 일이 일어나겠어.' 하는 생각에 상상했던 그림들을 지워버립니다.

원하는 미래를 만들고자 한다면 먼저 자신부터 그 미래를 수용할 수 있어야 합니다. 일어날 수 없을 것 같은 일을 충분히 일어날 수 있는 일로 여기고 부담스러운 성공을 친근하고 반가운 성공으로 만들어야 합니다.

자기라는 그릇의 크기를 충분히 키우세요. 원하는 미래를 그 안에 넉넉히 담을 수 있을 만큼 커다랗게 말이죠.

나는 때로는 마음의 판단에 따라
선택하고 행동한다.

바보가 되어야 할 때가 있다

우리는 손해를 피하기 위해 항상 계산기를 두들기며 삽니다. 무엇이 나에게 이득이고 손해인지를 철저히 따져가며 행동을 취하죠. 물론 이러한 행동이 잘못된 것이라고 할 수는 없습니다. 분명 이성적이고 합리적인 행동입니다. 그러나 이익과 손해를 계산하기에만 급급한 이러한 습관 때문에 자신에게 다가온 좋은 기회를 놓칠 수도 있습니다. 왜냐하면 스스로 선택해야 하는 좋은 기회 앞에서 머리와 가슴이 합의를 이루지 못할 때 우리는 대개 머리의 손을 들어주기 때문이죠.

머리의 손을 들어주는 것이 손해를 면하게 할 수는 있어도 진정한 자신의 삶을 살게 해주지는 못합니다.

머리와 가슴이 합의를 이루지 못할 때에는 반드시 가슴의 손을 들어주어야 합니다. 바보처럼 현실적인 타협을 버리고 정말로 원하는 것에 집중해 보세요. 그 바보 같은 선택이 당신에게 진짜 자기 인생을 선물해 줄 것입니다.

간혹 직감으로 선택한 내 판단이
예상치 못한 기회와 행운을 가져온다.

잠시만 다른 선택을 해보라

당신의 사소한 결정 하나가 인생 전체를 바꿀 수도 있다는 생각을 해 본 일이 있습니까?

가끔은 이상한 선택을 해보세요. 상식을 벗어난, 내 이성이나 감정을 벗어난 기이한 선택을 말입니다. 당신을 모욕하는 사람을 축복해 준다든지, 화를 내야 할 상황에 화를 내지 않는다든지, 포기해야 할 상황에서 미련하게 더 밀어붙여 본다든지, 충분히 이익을 볼 수 있는 상황에서 다른 사람을 위해 손해를 본다든지, 좀처럼 기회가 오지 않아 마음을 고백할 수 없었던 상대에게 아무것도 아닌 것처럼 고백해본다든지, 하는 그런 기이한 선택들 말입니다.

자주 할 수는 없겠지만 한 번쯤은 스스로의 생각이나 판단에 어긋나는 행동을 해 보세요. 그런 행동들이 때로는 예상치 못한 행운을 가지고 온답니다.

나는 프로다.
때문에 완전한 책임감을 가진다.

책임감을 가지자

프로 정신이란 자신에게 맡겨진 일을 끝까지 책임질 수 있는 책임감을 말합니다. 그러나 어떤 선택을 하건 끝까지 자신의 선택에 대한 완전한 책임감을 가지는 것은 결코 쉬운 일이 아닙니다. 일을 진행하다 보면 어떤 식으로든 문제와 위기, 집중력을 흩트려 놓을 만한 일은 반드시 나타날 것이기 때문입니다. 그 순간 집중력을 잃지 않고 끝까지 자신의 선택을 고수하기 위해서는 완전한 책임감이 필요하죠.

당신은 프로입니다. 프로답게 완전한 책임감을 가지고 끝까지 완주해 내세요.

나는 내 노력에 자부심을 가질 만큼
선을 다한다.

자신에게 부끄럽지 않게

패배할 수도 있고 실패할 수도 있는 것이 사람의 삶의 모습입니다. 좌절할 수도 있고 포기할 수도 있죠. 문제는 어떤 패배냐, 어떤 포기냐 하는 것입니다.

최선의 노력을 다해보지 못한, 자기 한계를 극복하며 넘어보지도 못한 패배와 포기는 얼마나 부끄러운 것인가요?

자신에게 부끄럽지 않을 만큼 노력하세요.

실패했을 때에도 자신의 최선을 부정할 수 없을 만큼, 자신의 노력에 자부심을 가질 만큼 치열하세요. 그런 과정을 거친 사람만이 세상을 원망할 자격이, 신을 탓할 자격이 있는 것입니다.

나는 진심으로 원하는 것을 꿈꾼다.
나는 어설픈 꿈은 꾸지 않는다.

어설픈 꿈은 그만 꿔라

당신의 꿈이 어설프다면 그러한 꿈은 포기해야 합니다. 자신의 목숨과 바꿀 수 있을 만큼 꿈이 절실하지도 않고 적극적인 행동도 취하지 않으면서 그저 말로만 원한다고 말하는 그런 꿈은 절대 꿈이라고 말할 수 없습니다.

어떤 것도 선택하지 않은 채 '나에게도 꿈이 있어.'라고 말하며 그저 어영부영 시간만 보내는 것은 정말 바보 같은 짓입니다. 만일 당신이 그런 어중간한 상황에서 게으름 부리는 것을 즐기고 있다면 당장 멈추세요.

당신은 이제 '진짜' 선택을 하고 행동해야 합니다. 그리워하는 척을 하며 아무것도 하지 않는 짝사랑이 아닌, 진심으로 그리워하고 마음을 고백할 수 있는 사랑을 해야 합니다.

나는 내 삶 속에서
진정한 내 모습을 찾아낼 것이다.

삶 속에서 진정한 나를 찾자

"삶이란 다 계획되어 있는 것이라고? 웃기지 마! 사람의 운명이 이미 다 정해져 있는 것이라면 우리가 이토록 힘들게 왜 살아야 할 필요가 뭐가 있어. 삶은 이미 잘 짜여 진 연극이 아니야. 삶은 대본도 감독도 없이 그냥 혼란스러움을 헤치며 나아가는 거야."

당신에게도 삶은 어렵고 힘들고 혼란스러울 것입니다. 삶이란 원래 혼란스러운 것이죠. 그래서 인생이란 삶의 혼란스러움 속에서 나를 찾아가는 과정입니다.

그 혼란스러움 속에서 진정한 자신을 찾으세요. 삶의 어지러움 속에서도 포기하지 않는다면 당신은 분명히 진정한 자아를 찾을 수 있을 것입니다.

모든 문제의 원인은 내 안에 있다.

내 안의 원인을 찾아내라

당신의 삶에 문제가 있다면 그 문제 속에는 반드시 원인이 있을 것입니다. 그리고 대게 그 문제의 원인은 바로 내 안에 있을 때가 많습니다. 열등감, 피해의식, 자기연민, 어린 시절의 불우했던 기억 같은 것 등이 자신의 마음속에 숨어서 스스로 삶의 의욕을 떨어뜨리고 인생의 발목을 잡습니다. 그러한 자신의 문제를 해결하고 싶다면, 우선 자기 안의 원인부터 찾아내세요. 모든 형상에는 반드시 원인이 있습니다. 원인을 찾아내면 문제를 해결할 방법 또한 찾을 수 있을 것입니다.

나는 행복한 마음을 느끼는 사람을
선택하고 함께한다.

언제나 사랑을 선택하라

"나 또한 사랑이 어디로 데려갈지 알 수 없어. 하지만 그건
중요한 것이 아냐, 사랑하는 사람과 함께라면 말이야."

인생에는 크게 세 가지 문제가 있다고 합니다.
누구를 믿고 살 것인가?
무엇을 하며 살 것인가?
누구와 함께 살 것인가?
이 세 가지 문제들 중 가장 중요한 문제는 '누구와 인생을 함
께할 것인가.'입니다. 누구와 함께하느냐에 따라 앞의 두 문제
의 결과까지도 달라지기 때문이죠. 그만큼 누구와 함께하느냐
는 모든 경우에서 가장 중요한 문제입니다.
함께 있을 때 행복한 사람과 함께하세요. 언제나 사랑을 선
택하세요. 그 무엇도 사랑하는 사람과 함께 하는 행복보다 크
지 않을 것입니다.

나는 후회하지 않을 자신이 없는 선택은 하지 않는다.

후회하지 않을 자신이 없다면

"꿈은 어디로 가지 않아. 도망가는 것은 언제나 자신이지."

후회하지 않을 선택을 하는 방법은 후회하지 않을 자신이 있는 선택을 하는 것입니다. 즉 그 일을 하면, 그와 함께하면 행복할 선택을 하는 것입니다.

자신의 꿈으로부터 절대 도망가지 마세요. 당신은 자신의 꿈으로부터 벗어난 삶을 산다면 당신은 후회할 거라는 것을 이미 다 알고 있잖아요. 그런데 왜 자신의 꿈을 찾을 생각은 하지 않고 그 꿈을 외면하고 있나요?

후회하지 않을 자신이 없는 그런 선택은 하지 마세요.

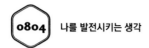

나는 인생 전체를 신중하게 관망하여
조화롭고 아름답게 가꿀 것이다.

전체를 보라

"풍경을 볼 땐, 전체 풍경을 봐야 한다. 왜냐하면 아름다운 풍경은 모든 사물이 조화롭게 합쳐진 것이기 때문이란다. 저 들판의 소는 그냥 소이고, 초원은 그냥 풀과 꽃이고, 나무들을 가로지르는 태양은 그냥 한 줌의 빛이지만 그걸 모두 한 번에 같이 모은다면 마법이 벌어진단다."

인생 전체를 관망할 수 있는 태도를 갖지 못하면 언제나 근시안적인 선택만을 하게 됩니다. 당장 눈앞에 보이는 이익과 편의에만 신경을 쓰다 보면 인생 전체의 그림은 조악해질 수밖에 없습니다. 인생의 단편적인 부분에만 집착하다 보면 전체의 조화를 이룰 수 없습니다.

근시안적 태도에서 벗어나 전체를 보는 태도를 갖추세요. 인생의 한 부분만이 아니라 전체를 조화롭게 꾸밀 수 있도록 노력하세요. 전체는 부분의 합 이상이라는 것을 꼭 기억하세요.

내 인생은 나에게 큰 축복이다.
나는 이 축복에 감사한다.

인생은 축복이다

"난 필요한 건 모두 가졌지만 나로 하여금 더욱 삶에 애착을 느끼게 하는 것은 내일은 예측할 수 없으며, 어디서 누굴 만날지도 모른다는 설레는 마음이죠. 미래는 아무도 모르는 법이니까요. 그래서 난 이 순간을 소중히 여깁니다. 이 순간을 소중히…"

인생은 축복입니다. 어떤 일이 일어날지 모르기에, 어떤 행운이 오늘 우리를 찾아올지 모르기에 인생은 매일 매일이 축복입니다.

행복도 절망도, 기쁨도 아픔도 모두 인생이라는 기회가 주어졌기에 느낄 수 있는 것입니다. 인생이 없었다면 아무것도 보지도 느끼지도 못했겠죠.

우리가 무언가를 보고 느끼고 경험하며 살 수 있다는 것, 그 자체가 축복입니다. 인생이라는 축복에 감사하세요.

나는 스스로 이해의 수준을 높여
올바른 선택을 할 것이다.

자기 이해의 수준을 높여라

선택을 쉽게 할 수 있는 거의 유일한 방법은 자기 이해의 수준을 높이는 것입니다. 자신이 누구인지, 무엇을 원하는지를 잘 이해할수록 자신을 힘들게 하고 혼란시키는 것들은 줄어들 것입니다. 자기 이해의 수준이 높다는 것은 그만큼 자신에 대해 스스로 잘 알고 있다는 것이고, 자신에 대해 잘 아는 사람은 어떤 상황에서든 자신에게 적합한 판단과 선택을 내릴 수 있습니다.

세상을 아는 지혜보다 자신을 아는 지혜가 더 높은 지혜입니다. 자기 이해의 수준을 높이기 위해 노력하세요. 자신을 알면 그만큼 현명한 선택을 하며 삶을 살아갈 수 있습니다.

나는 목표에 대한 집착으로
내 인생을 성공으로 이끈다.

목표에 집착하라

영재의 3대 조건은 지능, 창의성 그리고 과제 집착력입니다. 이 중 가장 결정적이고 중요한 것이 바로 과제 집착력이죠. 과제 집착력이란 한 가지 과제나 영역에 오랫동안 집중할 수 있는 능력입니다. 내가 다행스럽게 생각하는 것은, 과제 집착력은 후천적으로 향상될 수 있다는 것입니다. 그래서 과제 집착력이 뛰어난 아이를 후천적 영재라고 합니다.

어린 천재 집단 실험인 터마이트(Termites) 실험에 의하면 타고난 지능보다도 과제 집착력이 '탁월한 성취'에 더 결정적인 영향력을 끼친다고 연구결과를 발표하였습니다.

당신의 목표, 당신에게 주어진 과제에 집착하세요. 당신의 집착이 당신으로 하여금 목표를 성취하게 할 것입니다.

나에게는 자존감의 성이 있다.
나의 성은 가능성들을 지켜 줄 것이다.

자존감의 성을 세워라

당신에게도 당신만의 약점이 있을 것입니다. 또한 당신은 그 약점 때문에 사람들에게 무시당하고 바보 취급을 당했을 수도 있습니다.

그들의 말과 행동으로 인해 당신은 마음의 상처를 받았고 또한 자신의 가능성을 의심하게 되었겠지만 슬프게도 그들의 당신을 무시하는 잔인한 말들을 현재 당신의 상황에서는 멈출 방법이 없습니다. 이때 당신이 할 수 있는 최선은 마음에 자존감의 성을 세우는 것입니다.

내 마음을 무너뜨리려는 사람들의 공격에서 나 자신을 지킬 수 있을 만큼 단단한 방벽을 세우세요. 그 어떤 공격에도 자신의 마음을 지킬 수 있을 만큼 높고 위엄 있는 자존감의 성을 세우세요. 자존감의 성이 당신의 용기를, 그리고 가능성을 지켜 줄 것입니다.

두려움의 끝은 절망이 아니라
새로운 시작이다.

두려움이 사라지는 순간

"어깨를 펴! 그리고 끝이라고 생각했던 순간이 언제나 새로운 시작의 첫걸음이었다는 걸 기억해."

사람이 두려움을 느끼는 이유는 경험하고 싶지 않은 불행한 일들이 자신에게도 생길지도 모른다고 생각하기 때문입니다. 하지만 그 두려워하는 일들이, 경험하고 싶지 않은 불행한 일들이 실제 현실이 되어 버리면 어떻게 될까요?

중요한 사실은, 두려워할 일들이 현실이 되어 버리면 그 두려움은 사라져 버린다는 것이죠. 당신이 끝이라고 생각하는 순간은 아무런 두려움 없이 새로 시작할 수 있는 순간이라는 것을 명심하세요.

나는 과거에 미련을 두지 않는다.
나는 미래의 기회들에 집중한다.

미련을 버리자

당신이 놓쳐 버린 기회, 포기해버린 기회는 당신에게 다시 돌아오지 않을 것입니다. 지나가 버린 기회들을 더 이상 돌아보지 마세요.

지난 과거는 이미 당신 인생에서 사라져 버린 것과 같습니다. 사라져 버린 과거에 미련을 두는 것은 정말 허무한 일입니다.

이미 지나가 버린 일에 미련을 버리세요. 당신이 집중해야할 일은 돌이킬 수 없는 과거가 아니라 또다시 놓쳐 버릴지도 모를 눈앞의 기회들이라는 것을 명심하세요.

나는 유쾌하고 행복한
인생을 살 것이다.

죽을 때까지 즐겁게 살자

죽을 때까지 즐겁게 살자고 결심하세요.

죽을 때까지 인생이라는 기회를 마음껏 누리면서 살겠다고
결심하세요.

죽을 때까지 유쾌하고 행복한 인생을 살겠다고 결심하세요.

죽을 때까지 인생을 즐기겠다고 결심하세요.

하루하루를 인생의 마지막 날인 것처럼 유쾌하게 오늘을 보
내세요.

나는 기회를 기다린다.
기다리는 자에게 반드시 기회는 온다.

기다리는 자에게는 반드시 기회가 온다

"지금의 현실이 싫다든가, 다시 과거로 돌아가고 싶을 때도 있겠지만 괴로워도 참고 기회를 기다리는 거야. 기다리면 기회는 반드시 올 테니까"

먹이를 덮칠 찰나의 순간을 기다리는 맹수들처럼 자신의 목표에 다가가기 위해서는 인내심이 필요합니다. 최선의 기회를 얻기 위해서는 기다림의 시간은 꼭 필요합니다.

괴롭고 힘들어도 포기하지 말고 기회를 기다리세요. 기다리는 자에게는 반드시 기회가 찾아올 것입니다.

먹잇감을 향한 눈을 돌리지 마세요. 반드시 당신의 시야에 당신이 노리는 먹잇감이 방심하는 그때가 포착될 것입니다.

나는 열린 사고를 가진 사람에게 조언을 구한다.
그는 나에게 지혜로운 조언을 들려줄 것이다.

큰 꿈을 가진 사람에게 조언을 구하라

대부분의 사람들은 당신의 꿈에 대해 대개 긍정적인 조언보다는 부정적으로 이야기할 것입니다. 그래서 당신의 꿈에 대해서 주변 사람들의 조언을 들을 때에는 가급적 주의해야 합니다. 당신의 꿈이 크면 클수록 더욱 그래야 합니다.

그들이 당신의 꿈에 대해서 부정적인 조언을 하는 것은 자신의 현실적 어려움 때문에 그럴 수도 있지만 자신의 열등감 때문이기도 합니다. 당신이 꿈을 가졌다는 것만으로도 꿈을 가지지 못한 사람들의 열등감을 자극할 수 있습니다. 당신의 꿈이 크면 클수록 상대방의 열등감의 크기 또한 커지죠.

당신을 질투하는 사람들에게서는 제대로 된 조언을 얻을 수 없을 것입니다. 만일 조언이 필요하다면 당신보다 더 큰 꿈을 가지고 있는 사람, 당신보다 더 열린 사고방식을 가진 사람에게 조언을 구하도록 하세요.

내게 일어난 일에는 반드시 어떤 의미가 있다.
그 의미들은 내 인생을 풍성하게 할 것이다.

의미 없는 순간은 없다

"중요한 순간이 너에게 어느 날 갑자기 느닷없이 찾아온다고 생각하니? 하지만, 정말로 느닷없이 찾아왔을까. 어쩌면 너의 인생에서 꼭 필요할 때, 적절한 시점에 너를 찾아온 것은 아닐까?"

그저 아무 의미 없이 일어나는 사건은 없습니다. 어떤 일이 일어날 때에는 반드시 숨겨진 의미가 있을 것입니다. 내게 일어난 일에 대해 불평하고 원망하기보다 나에게 일어난 일이 나에게 어떤 의미가 있을까 하고 고민해 보세요.

'지금 나에게 일어난 일은 어떤 의미가 있을까?', '이 일로 인해서 내가 깨닫고 배워야 하는 것은 무엇일까?', '이 일이 내게 어떤 일로 연결될까?

이러한 질문들을 스스로 자신에게 던져 보고 답을 찾아보세요. 인생에서 일어나는 그 어떤 일도 그저 스쳐 지나갈 만한 일은 없다는 것을 알게 될 것입니다.

나의 노력에 대한 자부심은
내 삶에 대한 만족함을 준다.

최선을 다 했다는 만족감

만족감이라는 것이 항상 결과에 의해서만 결정되지는 않습니다. 과정에서 오는 만족감이라는 것도 있죠. 정말 자신이 최선을 다했을 때, 자신이 스스로를 돌아보기에도 자기 한계 이상으로 노력했을 때에도 자부심과 만족감을 느낄 수 있습니다. 이런 만족감을 한 번 느껴본 사람들은 이것저것 계산하면서 일을 하지 않습니다. 그들에게는 노력 자체가 하나의 즐거움이니까요.

스스로 최선을 다했다는 만족감, 자기 노력에 대한 자부심을 느껴보세요. 그러한 만족감과 자부심이 당신을 스스로 자랑스러워 할 수 있는 사람으로 만들어 줄 것입니다.

나는 어떤 상황에서도
나의 가능성 믿고 나아간다.

절대 배신해서는 안 될 사람

"나도 자존심 있고, 부끄러운 거 있어. 내 편이 없다는 것도 알아. 그래도 내가 잘 될 거라고 믿는 사람은 결국엔 나밖엔 없으니까 맞서 싸우는 거야."

아무도 나를 믿어 주지 않아도, 자기만큼은 자신을 믿어야 합니다. 아무도 내 가능성을 봐주지 않아도, 자기만큼은 자신의 가능성을 봐주어야 합니다. 아무도 내게 잘 될 거라고 말해주지 않아도, 자기만큼은 자신에게 분명 잘 될 거라고 말해 주어야 합니다. 세상 모든 사람이 내게 등을 돌려도, 자기만큼은 자신에게서 등을 돌려서는 안 됩니다. 나만큼은 언제까지나 나를 믿고 지켜주어야 합니다.

나는 타인을 위해서도 용기를 낸다.
나는 내 주변 사람들을 변화시킨다.

남을 위해서도
한 번쯤은 용기를 내어 보라

"내가 이 줄을 잡아당기지 않았으면 너는 그대로 거기 있었
겠지. 하지만 너는 지금 이렇게 긍정적인 삶에 가까이 와 있어.
남을 돕는다는 것은 이런 거야. 누군가의 미래를 긍정적으로
당겨주는 것이지."

자기 자신을 위해서가 아니라 다른 사람을 위해서 한 번쯤은
용기를 내어 보세요. 누군가를 돕는다는 것은 그 사람의 하루,
혹은 그 사람의 미래를 바꾸는 일입니다. 물론 그 사람이 당신
에게 감사해 하지 않거나 또는 당신이 도와준 사실을 모를 수
도 있겠죠. 하지만 상관없잖아요. 당신은 스스로 풍요롭고 여
유로울 수 있으니까요.

나는 인간관계에서 상처를 받았을지라도
사람들을 멀리하지 않는다.

나는 그에게 어떤 사람인가

인간관계에서는 자신이 믿었던 사람이 어느 순간 적으로 돌
변하여 갈등을 겪을 때가 있습니다. 그리고 적이라고 생각했던
사람이 어느 순간 뜻을 함께하는 동지가 되기도 하죠. 그렇지
만 중요한 건, 당장 지금 그 사람을 적으로, 또는 뜻을 함께하는
동반자로 단정하지 않는 것입니다.

인간이란 대체로 이기적인 존재이기에 인간관계에서 상대
방의 관점은 대개 자기중심적입니다. 때문에 인간관계에서 배
신당하는 일쯤은 일상적인 일이죠. 친구라고 믿었던 사람에게
배신감을 느꼈다고 해서 너무 흔들리지 마세요. 당신은 그냥
세상에 흔한, 그저 평범한 사람을 만났을 뿐입니다. 인간관계
에서 일어나는 크고 작은 실망들을 자연스럽게 받아들이세요.

인간관계에서 중요한 것은 상대에 대한 평가를 하기 전에 한
번쯤은 진지하게 나는 그에게 어떤 사람이었는지를 스스로 물
어볼 일입니다.

0819 나를 발전시키는 생각

내일의 행복을 위해서 나는 오늘,
행복할 수 있는 일들을 할 것이다.

변화의 시작은 오늘부터다

'내일은 무언가 달라지겠지.' 하는 막연한 생각만으로 내일
을 바꿀 수 없습니다. 오늘 변화하지 않으면, 오늘 행동하지 않
으면, 내일은 오늘과 똑같은 내일일 뿐입니다.

내일이 오늘과 다르길 바란다면, 내일이 오늘보다 더 행복해
지기 바란다면 오늘부터 변하세요.

내일의 행복을 위해 오늘 행복할 수 있는 일을 시작하세요.
변화의 시작, 행복의 시작은 언제나 오늘부터입니다.

길이 굽어있을지라도
나는 계속해서 걸어갈 것이다.

계속 나아가라

언제나 좋은 선택, 훌륭한 선택만 하고 싶은 것이 우리의 욕심입니다. 그래서 오랫동안 고민하여 가장 좋은 선택이라고 생각되는 것을 선택하게 되죠. 그러나 항상 기대했던 좋은 결과를 얻을 수 있는 것은 아닙니다.

자신이 갈 길을 부지런히 걷다가 언덕 위에 올라 뒤를 돌아보면 자신이 걸어온 길이 많이 굽어 있다는 것을 알게 됩니다. 나는 분명히 반듯하게 길을 걸은 것만 같은데 말이죠.

항상 반듯하게만 걷고 싶다고 해서 언제나 반듯하게만 걸을 수는 없습니다. 때로는 잘못된 선택을 할 수도 있고, 뒤로 후퇴할 때도 있는 법이죠. 중요한 것은 목표한 방향으로의 선택을 계속하며 나아간다는 것입니다. 넘어지면 다시 일어서면 됩니다. 방향을 잘못 잡았다면 다시 되돌리면 그뿐입니다. 당신은 그저 당신이 가고자 하는 그곳으로 계속 나아가세요.

나는 무한한 잠재력과
가능성을 가진 거인이다.

당신은 약하지 않다

"사람들이 너를 만만하게 보는 것은 네가 강하지 않게 보이기 때문이야. 강함과 나약함은 네가 너를 어떻게 생각하느냐에 달려 있어. 항상 나는 강하다는 마음을 절대 잊지 마. 어떤 상황에서도 기죽지 말란 말이야"

나약함은 마음에서부터 나오는 것입니다. 자기 자신 스스로를 작고 약하다고 생각하는 사람은 나약해질 수밖에 없습니다.
자신을 크게 보세요. 이 세상을 다 집어삼킬 만큼 큰 거인으로 생각하세요. 스스로에게 자신감과 용기를 북돋아 주세요. 자신에게 무한한 가능성이 잠들어 있는 거인이라고 말해 주세요.

나는 정체기에서 새로운 길을 찾는다.
그 길은 더 높은 단계로 나를 이끌 것이다.

정체기일 뿐이다

우리가 무언가를 배울 때 반드시 정체기가 찾아옵니다. 순조롭던 성장이 좀처럼 더 이상 진보하지 않는 것처럼 느껴지죠. 그러나 이러한 정체기는 대개 자기만의 학습 방법이 확실하게 구체화되지 않아서 생기는 경우가 많습니다. 자기만의 방법이 찾아지면 수월하게 정체기를 극복할 수 있습니다.

또 다른 정체기는 일정 수준 이상 성장했을 때 찾아옵니다. 이 시기의 정체기에 있는 사람들은 여기까지가 자기 재능의 한계라고 오해할 수가 있습니다. 그러나 그러한 현상은 재능의 한계가 아니라 그저 정체기일 뿐입니다. 이 시기를 벗어나기 위해서는 충분한 사색의 시간이 필요합니다. 왜냐하면 지금까지와는 다른 새로운 생각의 전환이 필요하기 때문이죠.

당신의 성장에 브레이크가 걸렸을 때, 자기 재능의 한계라고 생각하지 마세요. 정체기에 빠졌을 때 좌절하기보다는 생각하고 고민하세요. 그 고민 속에서 새로운 성장의 발판을 찾을 수 있을 것입니다.

그들에게는 그들의 행복이
나에게는 나의 행복이 있다.

조작된 행복에 기죽지 마라

사진첩에는 대개 행복한 모습의 사진이 담겨 있습니다. 불행했던 시기의 우울한 표정을 짓고 있는 사진을 사진첩에 담아놓는 사람은 없을 것입니다. SNS와 같은 사이버 상의 사진들도 마찬가지죠. SNS 상에는 주로 기념할 만한 사진을 올리게됩니다.

자신이 가장 불행하게 여길 때는, 모든 사람들이 행복한 삶을 살아가는데 자신만이 너무나 초라해 보일 때입니다. 그래서 많은 사람들이 화사한 복장으로 산책을 하고 따뜻한 햇볕을 받으며 행복한 표정을 짓는 화사하고 아름다운 봄에 극단적인 선택을 하는 사람이 가장 많은 이유입니다.

이 세상의 어느 누구도 인생을 쉽게 살아가는 사람은 없습니다. 조작된 행복에 기죽지 마세요. 누구에게나 인생은 어려운 것입니다.

나는 의심과 의문이 들 때마다
스스로 나를 격려한다.

의심은 포기할 때까지 찾아온다

아무리 자기 확신이 강한 사람이라 해도 의심은 피할 수가 없습니다.

'내가 정말 잘 할 수 있을까?', '정말 이 길이 정말 내가 가야할 길일까?', '내가 정말 그 꿈을 이룰 만한 사람일까?'

이러한 의심은 자신이 이루고 싶은 그 일을 포기하지 않는 한, 꼬리에 꼬리를 물며 우리를 찾아올 것입니다.

이런 의심들에 무너지지 마세요. 의심이 들 때마다 스스로를 격려하세요. 자신에게 확신을 주기 위해 노력하세요. 그리고 명심하세요. 포기하면 의심은 더 이상 찾아오지 않겠지만, 그때부터는 그것을 포기한 것에 대한 후회가 찾아온다는 것을 말입니다.

나는 결코 내 인생을 낭비하지 않는다.
나는 내 인생에 최선을 다했노라고 당당히 말할 수 있다.

최선을 다했다고 말할 자격을 가지자

아무것도 하지 않고, 아무것도 이루려 하지 않고, 그 어떤 것도 원하지 않고, 원하는 것을 위해 노력하지도 않는 것은 죄입니다. 자신이 진정으로 원하는 것을 단 한 번도 꿈꿔보지 못한 것도 죄입니다. 그것은 인생을 허비하고 낭비한 무거운 죄이죠.

인생을 낭비하는 죄를 짓지 마세요. 자기 인생에 최선을 다하세요. 신 앞에서도, 자기 자신에게도 주어진 인생에 최선을 다했노라고 말할 수 있는 자격을 가지세요.

나는 혼자라는 사실을 받아들인다.
나는 혼자서도 나를 구원할 수 있다.

혼자라는 사실이 나를 강하게 만든다

당신뿐만 아니라 인간은 누구나 혼자입니다.

어느 누구도 당신만큼 당신을 알지 못합니다.

어느 누구도 당신만큼 당신을 걱정해 주지 않습니다.

어느 누구도 당신의 일을 자기 일처럼 고민하지 않습니다.

당신의 일은 당신만의 것입니다.

당신이 혼자라는 사실을 받아들이세요. 도와줄 사람은 없습니다. 자신만의 힘으로 살아내야 합니다. 혼자라는 사실이 외롭고 서글프게 느껴질지도 모릅니다. 하지만 혼자라는 사실을 받아들일 때 당신은 전보다 더 강해질 수 있습니다.

문제를 해결할 사람이 당신뿐이라는 것을 이해할 때 당신의 능력은 진화합니다.

0827 나를 발전시키는 생각

나는 이미 수많은 기적을 일으키며 살아왔다.
나는 또 한 번 기적을 일으킬 것이다.

기적을 기억하라

불가능하다는 생각이 머릿속에 떠오르기 시작하면 우리는 지금까지 극복해왔던 수많은 시련들을 잊어버리게 됩니다. 이미 자신은 지금 눈앞에 있는 장애물보다 더 높은 장애물도 뛰어넘었음에도 지금의 두려움에 자신이 지금껏 이루어낸 것들을 망각하게 되는 것이죠.

당신은 지금까지 수많은 어려움들을 극복해 내며 여기까지 왔습니다. 그런데 왜 지금 눈앞에 있는 어려움은 극복해 내지 못할 거라고 생각하나요?

당신이 일으킨 기적들을 기억하세요. 당신이 불가능하다고 생각했던 일을 이루어낸 일들을 떠올리세요. 그리고 또 한 번 기적의 기억을 만들어 보세요.

나는 나쁜 기억들은 흘려보내고
좋은 기억들만을 간직한다.

나쁜 기억들을 흘려보내라

사람들은 좋은 기억들은 금세 잊어버리고 나쁜 기억들은 오래 기억하는 습관이 있습니다. 아마도 그만큼 나쁜 일들이 우리의 마음에 강하게 각인되기 때문이겠지요. 나쁜 기억들을 되새김질하며 스스로를 고통스럽게 하는 일은 이제 그만 멈추세요.

나쁜 기억들을 움켜쥐고 있는 손을 활짝 펴보세요. 그리고 바람을 세게 불어서 나쁜 기억들을 날려 보내버리세요. 마음에 수도꼭지를 열어서 나쁜 기억들을 깨끗하게 씻어버리세요.

나에게는 강력한 엔진과 큰 날개가 있다.
나는 이제 하늘을 날아오를 것이다.

무용지물 인생이 되지 말자

비행기는 땅에 있을 때 더 안전하겠지만 하늘을 날아서 비행을 하기 위한 목적으로 만든 것입니다.

당신은 비행기입니다. 당신의 목적은 하늘을 나는 것이죠. 당신에게는 무거운 동체를 이륙시키고 빠른 속도로 하늘을 날 수 있을 만큼의 강력한 엔진이 있습니다. 그리고 충분한 양력을 얻을 수 있는 거대한 날개도 있습니다.

하지만 당신이 힘차게 땅을 박차고 올라 저 넓은 하늘을 날지 않으려고 한다면, 당신에게서 어떤 가치를 찾을 수 있을까요?

무용지물 인생이 되지 마세요. 당신은 날아야 합니다. 당신은 비행기잖아요. 비행기는 하늘 위에서 가장 빛나는 것입니다. 당신은 이제 빛날 때가 되었습니다. 이제 하늘을 날아다닐 때가 되었습니다.

나는 전설 같은 사람을 꿈꾼다.
나는 대단한 사람이 될 것이다.

전설적인 존재를 꿈꿔라

사람이 사는 곳곳 어디에나 전설 같은 사람들은 존재합니다. 자기 전공과는 전혀 상관없는 분야에서 최고가 된 사람, 적합한 학벌이나 주변의 도움 없이 자수성가한 사람, 도저히 극복할 수 없을 것 같은 장애를 이겨낸 사람 등.

그들은 동화 속의 인물이 아닙니다. 이런 사람들은 흔치 않을 것 같지만 뜻밖에 너무나 흔해서 사람들 입에 전설처럼 오르내리는 사람들이죠. 아마 당신 주위에도 그런 사람 한두 명쯤은 있지 않나요? 그런데 당신은 그런 전설 같은 사람이 될 수 없을 것 같나요?

당신 역시 누군가에게 전설 같은 사람으로 기억될 수 있습니다. 지금과 같이 열심히 살다보면 언젠가는 누군가 당신을 대단한 사람이었다고 이야기할 날이 올 것입니다.

내가 가는 길이 옳은 길이라면
나는 언제나 승리할 것이다.

당신은 신의 편인가?

링컨은 남북 전쟁을 앞두고 사람들을 설득하고 격려하기 위
해 이렇게 말했습니다.

"제가 걱정하는 것은 신이 우리 편인가, 아닌가 하는 문제가
아닙니다. 제가 가장 관심 두는 것은 우리는 과연 신의 편인가
하는 것입니다. 왜냐하면 신은 항상 옳으니까요."

결국 링컨은 노예를 해방함으로써 자신이 신의 편임을 입증
하였습니다.

중요한 것은 자신이 옳은 길을 가고 있느냐 하는 것입니다.
우리는 옳은 길을 갈 때 옳은 결과를 얻을 수 있습니다. 잘못된
길에서의 승리는 나와 세상을 더욱 어둡고 악하게 만들 뿐이죠.

자신이 진정 옳은 길을 가고 있는지 확인하세요. 정말로 옳
은 길을 가고 있다면, 그러한 확신이 든다면 아무것도 두려워
할 것이 없습니다.

당신은 신의 편이고, 신 역시 당신의 편이니까요.

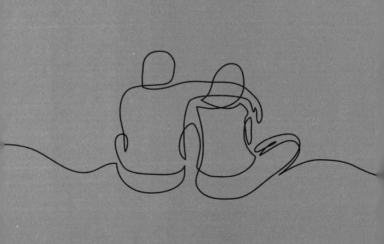

 **나를 발전시키는 생각**

나는 누구를 미워하는 대신
내가 행복하게 사는 모습으로 복수한다.

즐겁게 사는 것이 최고의 복수다

"즐겁게 사는 게 이기는 거야. 우리를 무시하고 얕잡아 보는 녀석들에게 우리의 즐겁고 행복한 웃음소리를 들려주자고."

당신의 마음을 아프게 한 사람들, 당신을 미워하는 사람들에게 할 수 있는 최고의 복수는 당신이 즐겁고 행복하게 사는 것입니다.

그들에게 자신의 울분을 토해내고 복수하느라 자신의 인생 계획들을 놓쳐 버린다면 그것은 그들의 전략, 당신의 인생관하고는 전혀 맞지도 않는 그들의 작전에 말려들어 가는 것입니다.

당신을 싫어하는 사람들 근처에 다가가지 마세요. 당신은 그저 그들이 무엇을 하건 여전히 행복하게 잘살고 있는 모습만 보여 주세요. 당신의 웃음소리에 그들은 참기 어려운 질투심으로 고통스러워할 테니까요. 그들에 대한 최고의 복수는 당신의 행복입니다.

나는 진심으로 내가 원하는 것, 그것만을 생각한다.
내 생각의 단순함은 내게 계속할 수 있는 힘을 준다.

계속하는 힘은 단순함에서 나온다

꾸준히 한 방향으로 가다보면 그 걸음들이 쌓여서 뚜렷한 성과를 이루어 냅니다. 그러나 사람들은 누군가의 그 꾸준한 걸음걸음은 생각하지 않고 그 사람의 능력만을 부러워하죠. 하지만 당신이 부러워하는 그 사람의 능력은 단순하게 다시 힘을 내서 다시 시작하는 것, 그 이상도 이하도 아닙니다.

너무 생각이 많으면 오히려 아무것도 할 수 없게 됩니다. 생각을 정리한다는 것은 생각을 단순하게 한다는 것입니다. 생각을 단순화할 수 있는 사람만이 끝까지 인내할 수 있습니다.

단순하게 생각하세요. 너무 많은 의문들 속에서 허우적대지 마세요. 진심으로 내가 원하는 것, 분명한 목적의식 그것만 생각하세요. 계속하는 힘은 단순함에서 나온다는 것을 기억하세요.

내 인생의 마지막 내 모습이 당당할 수 있도록
내게 주어진 삶을 살아낼 것이다.

아름다운 작별을 위해

마지막에 웃는 자가 승리자라는 말이 있듯이 인생의 마지막 모습이 우리 인생 전체의 모습을 대변한다고 해도 과언은 아닙니다. 그만큼 인생의 마지막 모습은 중요합니다. 언젠가 우리 모두는 마지막 날을 만나게 될 것입니다.

그 날 당신은 어떤 모습으로 이 세상과 작별을 할 것 같나요?

한평생의 소풍, 즐겁게 지내다 간다고 당당하게 맞이할 수 있을 것 같나요?

당신은 인생의 마지막 모습이 아름다울 수 있도록 자신에게 주어진 삶을 당당하게 살아내세요.

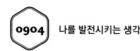

내 인생에 미안하지 않도록
내가 원하는 것은 반드시 한다.

내 인생에 미안하지 않도록

꿈은 이루기 위해 존재하는 것입니다. 그렇지만 현실에서 자신의 꿈을 이루기 위한 노력을 꾸준하게 고수하는 일은 무척 어려운 일이죠.

자신이 간절히 이루고 싶은 꿈을 이루기 위해 시도해 볼 수 있는 기회를 주세요. 내 인생에 미안하지 않도록, 후회를 남기지 않도록 자신에게 기회를 주세요. 끝까지 가는 것이 어렵다면 자신에게 미안하지 않을 만큼, 동시에 부담스럽지도 않을 만큼만이라도 시간을 주세요. 그 누구도 아닌 당신 자신을 위해서 말이에요.

단 한 번의 기회조차 주지 않는 것은 자신의 인생에게 너무나 미안한 일입니다.

인생은 오직 한 번뿐이다.
나는 현생에서 나의 소망을 이룬다.

기회는 지금뿐

다음 생(生)은 없습니다. 더 많이 웃고 더 많이 사랑하고 아름다운 세상을 구경하는 것은 지금의 삶에서 해야 할 일입니다. 꿈을 성취하고 세상이 더 나은 모습이 될 수 있도록 기여하는 일 또한 기회는 오직 지금뿐입니다.

다음 생, 다음 기회, 다음번에 어떻게 하겠다는 말들은 모두 무의미하고 공허한 말들일 뿐입니다.

우리에게 주어진 총알은 오직 한 발뿐입니다. 두려워하지 말고 당신이 원하는 목표물을 향해 방아쇠를 당기세요. 바로 지금, 당신이 살고 있는 인생에서 당기세요.

나는 내 머릿속을 떠나지 않는 꿈에 괴로워하느니,
차라리 꿈을 이루어 버릴 것이다.

꿈은 떠나지 않는다

당신이 간절히 바라는 꿈은 결코 당신 곁을 떠나지 않고 당신 안에 남습니다. 당신이 치매에 걸린 노인이 되어도 당신이 이루고 싶었던 꿈만큼은 잊지 못합니다. 당신이 꿈을 포기했을지라도 당신의 꿈은 당신 마음 한구석에 남아서 당신을 애처로운 눈빛으로 바라볼 것입니다.

당신은 절대 꿈에서 벗어날 수 없습니다. 왜냐하면 꿈이 곧 자신의 존재 이유이기 때문입니다.

당신이 꿈에서 벗어날 수 있는 방법은 꿈을 이루거나 혹은 이전보다 더 매력적인 새로운 꿈을 가지는 것뿐입니다. 어쩌면 꿈에 빠진다는 것, 무언가를 간절히 원하는 것은 사랑에 빠진 것과 같습니다. 사랑이 끝났을지라도 사랑의 여운이 계속되는 것은 마음 속 사랑은 끝나지 않았기 때문입니다.

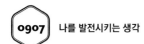
나는 사람으로서 지켜야 할
기본적인 도리를 다한다.

기본적인 도리를 지켜라

좋은 사람, 좋은 성품을 갖춘 사람, 신뢰할만한 사람이라고 평가받는 일은 당신이 대단한 인격을 갖춘 사람이 아니어도 얼마든지 가능한 일입니다. 그저 사람으로서 해야 할 기본적인 도리를 다하는 것, 상식적인 예의를 지키는 것만으로도 누구나 당신을 좋은 사람이라고 평가할 것입니다.

사람으로서, 사회인으로서 해야 할 기본적이고 상식적인 도리를 다하세요. 때때로 세상의 유혹에, 그렇지 않은 사람들 때문에 탈선하고 싶은 마음도 생기겠지만 그래도 당신은 사람으로서 해야 할 기본적인 도리를 다하세요. 아주 기본적이고 단순한 그것만으로도 당신이라는 사람의 가치를 높일 수 있습니다.

나는 예상치 못한 어려움에 직면했을지라도
단단한 마음으로 극복해 낸다.

예상치 못한 어려움은 반드시 온다

아무리 정교하고 완벽한 계획을 세웠을지라도 예상치 못한 장애물에 가로막히는 수가 있습니다. 갑자기 강한 바람이 몰아쳐서 앞으로 나아갈 수 없을 때처럼 말이죠.

완벽한 계획을 세울 수 있다고 착각하는 사람들은 느닷없이 찾아오는 장애물 앞에서 적당한 임기응변조차 하지 못합니다. 모든 것을 다 계산하고 계획하고 해결책을 예비할 수는 없습니다. 직면하고 수용하고 극복해야 하는 어려움도 있는 법이죠.

그에 대한 대비책은 단단한 마음뿐입니다. 계획을 벗어난 어려움이 닥치더라도 맞서서 극복해 내겠다는 단단한 마음을 가지세요. 언제든 예상치 못한 역풍은 불어올 수 있습니다. 모든 것을 날려버릴 듯이 몰려오는 바람은 계산하는 것이 아니라 극복하는 것임을 명심하세요.

나는 생각의 방향을 조절할 수 있다.
나는 지금 좋은 곳으로 가고 있다.

좋은 곳으로 가고 있다

　힘들고 어려운 일들은 단결력이 얼마나 좋은지 언제나 함께 몰려옵니다. 또한 그것들은 어찌 그리도 우애들이 좋은지 늘 연속해서 찾아오죠. 힘든 일들이 연달아 찾아오면 우리는 마치 인생의 흐름이 절망으로 향하는 것만 같은 생각에 빠져듭니다. 이 흐름의 끝에는 천 길 벼랑이 있을 것만 두려움에 빠져들죠. 그러나 그럴 때일수록 생각의 방향을 바꾸어야 합니다. 새로운 흐름을 타기 위해 열심히 노를 저어 천 길 벼랑이 아닌 아름다운 호수, 광대한 바다로 향하기 위해 노력해야 합니다. 당신이 지금, 어려운 일 때문에 괴롭더라도 생각의 방향을 놓치지 않는다면 곧 좋은 흐름을 탈 수 있을 것입니다.

나는 나약한 모습을 보이지 않는다.
어떤 상황에서도 당당한 모습을 지켜낸다.

눈물은 공유되지 않는다

"웃어라, 온 세상이 너와 함께 웃을 것이다. 울어라, 너 혼자 울게 될 것이다."

세상의 잔인함 중의 하나는 슬픔을 공유하지 않는다는 것입니다. 당신이 행복할 때에는 당신이 가진 행복에 공감하고 공유하기 위해 친절하겠지만, 당신이 불행할 때 세상은 당신의 슬픔을 공유해 주지 않습니다. 행복은 공유할 수 있지만, 슬픔은 당신만의 것입니다. 당신이 눈물을 쏟아내며 슬픔을 소리쳐도 누구도 당신에게 관심을 갖지 않습니다.

세상 앞에서 울지 마세요. 힘들고 어려울 때라도 강하고 당당한 모습을 보이세요. 그리고 현실을 극복하기 위해 맞서 싸우세요. 당신이 약해 보이면 세상은 당신이 편이 되어 주지 않을 것입니다. 세상은 언제나 강한 자의 편에 서고 싶어 한다는 것을 명심하세요.

나는 내 선택을 믿는다.
나는 내 선택을 후회하지 않는다.

지혜로울 수도, 어리석을 수도

미국의 시인 로버트 프로스트는 〈아무도 가지 않은 길〉이라는 자신의 시집에 다음과 같이 썼습니다.

'숲 속의 두 갈래 길에서 나는 왕래가 적은 길을 택했고 그것이 나를 다르게 만들었다.'

자신의 마음이 이끄는 대로 산다는 것은 지혜로운 일이지만, 또한 어리석은 일이 될 수도 있습니다. 우리가 선택한 길의 끝에 무엇이 있을지, 그 길에서 우리가 어떻게 달라질지는 아무도 모르는 일입니다.

당신이 선택한 길이 남들이 보기에 어리석어 보일지라도 당신이 지혜로운 선택이라고 믿는다면 그 길을 가세요. 스스로 선택한 길이 언제나 최고의 길은 아닐 수도 있지만 후회가 없는 길인 것만큼은 분명하니까요.

나는 언제나 책임감을 가지고 있다.
언젠가 내 위치는 내 책임감에 맞춰질 것이다.

높은 책임감을 원하라

사람들은 권리는 좋아하지만 의무는 싫어합니다. 또한 권력은 좋아하지만 책임을 지는 것은 싫어하죠. 하지만 권리와 의무, 권력과 책임은 언제나 함께 합니다. '왕관을 쓰려는 자, 그 무게를 견뎌라'는 말이 있습니다. 이렇듯 세상의 모든 좋은 것에는 책임감이 따릅니다. 당신이 현재의 직장 혹은 직업에서 더 높은 위치에 오른다는 것은 지금보다 더 많은 의무와 책임감이 요구된다는 의미입니다. 따라서 의무와 책임감을 기피하는 태도를 가지는 것은 더 높은 위치에 오르지 않겠다는 말과 같습니다.

더 높은 수준의 책임감을 가지려고 노력하세요. 당신의 위치보다 더 높은 책임감을 가진다면 머지않아 당신의 위치는 당신의 책임감에 맞춰질 것입니다.

지금 당장 꿈을 이룰 수 없을지라도
나는 결코 꿈을 잊지 않는다.

꿈에 대한 그리움

이루지 못한 사랑, 오랫동안 만나지 못한 연인에게도 그리움을 느끼지만 이루지 못한 꿈에도 그리움을 느낄 수 있습니다.

당신에게 이루지 못한 소망과 꿈이 있다면 아마 당신도 그런 그리움을 느낄 수 있겠지요.

그 그리움을 놓지 마세요. 그리움을 놓치지 않으면 언젠가는 그 꿈을 이룰 기회를 만날 수 있게 될 것입니다. 그리움을 놓지 않으면 꿈은 이루어집니다.

나는 마음과 이성이 모두 만족할만한
최상의 합의점을 찾아낸다.

명확하게 합의하라

"확실하게 자기가 어떤 기회를 잡아야 할지를 정해 놓지 않
으면, 이거다 싶어서 잡으면 저 기회가 좋은 거 같기도 하고 그
래서 저거를 잡으면 또 그것도 아닌 것 같지. 네가 무엇을 잡을
지를 확실히 정하고 빨리 잡아. 놓친 후에 후회하지 말고."

기회가 찾아왔음에도 우왕좌왕하는 것은 자기 자신과 명확
하게 합의를 이루어 놓지 않았기 때문입니다. 자신이 무엇을
원하는지, 이성과 마음이 확실하게 합의를 이루어 놓았을 때만
이 어떤 기회가 자신이 원하는 기회인지 파악하고 잡을 수 있
습니다.

기회를 찾기 전에 자신과 먼저 합의를 이루어 놓으세요. 자
신에게 최고의 기회는 어떤 기회인지 명확하게 설정해 두세요.
그렇지 않는다면 기회가 왔을 때 잡아야 할지 말아야 할지 고
민만 하다가 기회를 놓쳐 버릴지도 모릅니다.

나는 용기를 내야 할 때,
바로 용기를 낼 수 있을 만큼 담대하다.

결정적 순간에는 용기만이 답이다

"맞붙어 싸워. 그래야 너 자신이 비로소 누구인지 알 수 있게 된다고. 알겠어."

명확한 목적과 목표, 삶에 대한 긍정적인 사고방식, 훌륭한 인격, 좋은 인간관계, 지속적인 성장과 발전, 과정을 중요시하는 태도, 적절한 자기 성찰과 반성 등.

이 모든 것들을 다 갖추었다고 해도 결정적인 순간에는 결국 담대한 용기만이 원하는 답을 줄 수 있습니다.

용기를 내야 할 때 용기를 내지 못한다면 오랜 시간 당신이 준비한 일들이 무슨 소용이 있을까요?

용기를 내야 할 때 용기를 내세요. 결정적 순간에는 결국 용기만이 답이라는 것을 잊지 마세요.

인생의 무거운 짐을
나를 성장시켜 가볍게 만든다.

해결할 수 없는 문제 앞에서

누구에게나 해결하기 어려운, 평생 감내해야만 하는 무거운 짐과 같은 문제가 있을 수 있습니다. 그것은 질병이나 장애, 어린 시절의 잊지 못할 상처나 가정문제 혹은 어떤 사건으로 인한 트라우마 같은 것 등이죠. 이러한 문제들의 해결할 유일한 방법은 문제들을 가볍게 들 수 있을 만큼 스스로 성장하는 수밖에 없습니다.

당신에게 지금 풀 수 없는 문제가 있다면, 그것을 자신의 인생의 짐으로 수용하고 받아들이세요. 그리고 그 짐 위에서 변화를 이끌어 나가도록 노력하세요. 당신이 변화되고 성장할수록 그 문제들은 점점 더 가벼워져서 언젠가는 깃털처럼 무게감을 느끼지 못하게 될 것입니다.

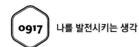
나는 내가 할 일이라면
정성을 다해서 해낸다.

하고 싶지 않은 일도 할 수 있어야 한다

정말 자신이 하고 싶은 일을 하기 위해서는 때때로 하고 싶지 않은 일을 해야 할 때가 있습니다. 그것은 당장의 생존 때문일 수도 있고 새로운 기회를 얻기 위해서 일 때도 있습니다. 그런 일을 하면서 '나는 이런 일을 할 사람이 아닌데.'라는 생각만큼 어리석은 생각은 없습니다. 미래의 꿈이 원대하다고 해서 눈앞의 작고 소소한 일을 가볍고 하찮은 것으로 생각하면 안 됩니다.

지금 눈앞에 있는 일, 지금 당신이 해내야 할 일을 소중히 생각하고 정성을 다하세요. 대충해도 되는 일은 없습니다.

나는 항상 웃을 수 있도록
마음의 여유 공간을 비워둔다.

한 가지 감정에 매몰되지 마라

우리의 마음은 넓고 광활합니다. 무엇이든 모두 담을 수 있을 만큼 크죠. 그러나 분노의 감정에 취해 버리면 그 드넓은 마음에 미움만이 가득 채워집니다. 오직 분노한 감정과 생각에 매몰되어 버리는 것이죠. 분노와 미움에 온 마음을 빼앗겨 버린다면 우리는 인생에서 경험하고 느낄 수 있는 다채로운 감정들을 느낄 수 없게 됩니다. 분노와 미움으로 자신의 마음을 채우지 마세요.

그렇지만 마음에서 미움을 완전하게 없애는 일은 불가능한 일이죠. 그럴지라도 마음 한 공간에는 분노와 미움을 용서할 수 있는 마음의 여유 공간을 비워두세요. 용서는 미움을 마음 한구석 가장자리로 밀어 넣는 일입니다.

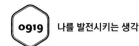

나는 내가 소망하는
꿈을 지켜낼 것이다.

꿈 앞에선 이기적인 인간이 되라

"여러분들은 너무 착해요. 아니 착한 게 아니라 바보 같아요. 부모 때문에, 자식 때문에, 사랑하는 아내 때문에 자신의 꿈을 접고서는 그들을 위해 희생했다고요? 그건 비겁한 변명입니다. 결국 여러분은 자신이 하고 싶은 것 못하고 생활이 어려운 것을 누구누구 때문에 희생했다는 피해의식만 생겼잖습니까! 이건 착한 것도, 바보도 아닌 비겁한 겁니다. 여러분은 자신의 꿈을 이룰 자신이 없기에 도망친 겁니다. 안 그렇습니까?"

이 세상에 현실적인 꿈, 현실적인 소망이라는 것은 없습니다. 현실적이지 않기 때문에 꿈인 것입니다. 당신을 사랑하는 사람일수록 당신의 현실적이지 않은 꿈을 찬성해줄 사람은 없습니다. 그래서 우리는 꿈 앞에서만큼은 이기적인 사람이 되어야 합니다. 어떤 비난을 감수하고서라도 말이죠.

 **나를 발전시키는 생각**

나를 향한 비판들을
성장을 위한 힌트로 듣는다.

우리는 완벽하지 않다

우리는 완벽하지 않기에 고치고 개선해야 할 단점이 늘 있기 마련입니다. 때문에 나의 단점들을 지적해 주고 비판해 주는 사람들이 있다면 그들을 미워할 것이 아니라 오히려 감사하는 마음을 가져야 합니다.

정당한 비판에 화를 내거나 의욕이 꺾기면 발전할 수 없습니다. 더구나 해결책까지 제시해 주는 사람이 있다면 그를 스승과 같이 생각해야 됩니다.

자신에게 가해지는 정당한 비판에 너무 예민하게 반응하지 마세요. 오히려 당연하게 받아들이고 그 비판을 자신의 성장을 위한 힌트로 활용하세요. 그렇게 하나씩 비판받을 수 있는 자신의 약점과 잘못을 점차 줄여나간다면 더 발전되고 인격적으로 성숙된 자신을 볼 수 있을 것입니다.

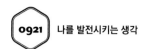

나는 내가 원하는 것을 위해
충분한 노력을 기울인다.

정말로 절실히 원한다면

당신이 정말로 무언가를 절실하게 원한다면 그 절실함에 합당한 행동이 있어야 합니다. 말로만 소원하고 간절한 마음으로는 어떤 의미도 찾을 수 없습니다. 간절하다면 무엇이든 시도해야 합니다. 가만히 앉아서 세상이 내가 원하는 대로 돌아가기만을 기다린다면 결코 아무 일도 일어나지 않을 것입니다.

당신이 무언가를 원한다면, 정말로 절실하다면 절실한 만큼 충분히 행동하고 노력하세요. 노력이 없는 절실함은 원하지 않는 것과 같습니다.

꿈을 이루고 난 후의 삶은
꿈을 이루는 것만큼 중요하다.

꿈을 이루고 난 다음에

"혹시 신데렐라의 뒷이야기를 생각해 본 적 있습니까?

신데렐라 이야기는 신데렐라가 왕자를 만나 결혼을 하는 것으로 끝이 나죠. 그러나 중요한 것은 꿈을 이루고 난 다음의 이야기입니다. 두 사람은 어쩌면 신분 차이를 극복하지 못하여 불행한 삶을 보낼 수도 있죠. 말하자면 두 사람의 진짜 인생은 책이 끝나고부터가 시작인 셈이죠."

꿈을 이루고 난 다음의 삶은, 꿈을 이루는 것만큼이나 중요합니다. 꿈을 이루고 나면 또다시 새로운 삶과 새로운 시작이 찾아오니까요. 그래서 꿈을 이루고 난 다음의 삶에 대해서도 항상 생각해 두어야 합니다.

당신이 꿈꾸던 삶을 이룬다면 그다음 인생은 어떤 모습이길 원하나요?

새로운 시작 앞에서 당신은 다시 어떤 꿈을 꾸고 싶나요?

나는 지금까지와는 다른
내 인생의 새로운 역사를 창조할 것이다.

자신의 역사를 바꿔라

당신이 지금껏 경험하고 느껴온 모든 감정들, 당신이 살아온 삶이 바로 당신의 역사입니다. 당신의 역사는 어떤 모습들인가요?

만일 당신의 역사가 패배로 얼룩져 있다면 당신의 역사를 반전시키도록 노력하세요. 당신이 스스로 자신의 역사를 바꾸겠노라고 결단한다면 다시 새롭게 쓰여 질 당신의 역사는 지금까지와는 완전히 다른 역사가 쓰여 질 것입니다.

당신의 새로운 역사를 창조해 나가세요.

나는 타인과 세상에 관심을 가지며
사람들이 행복할 수 있도록 돕는다.

타인의 행복은 내 인격의 거울이다

당신이 지금 행복한 삶을 살고 있다고 하더라도 타인과 세상사에 무관심하다면 당신의 행복은 반쪽짜리 행복일 수 있습니다. 다시 말해서 자신의 행복을 욕망으로 달성한 것들로만 평가하지 말고 성실, 동정심, 합리성, 자기희생의 순간으로 이룬 것들로 평가해야 한다는 것입니다. 왜냐하면 궁극적으로 우리 행복의 가치를 측정할 수 있는 유일한 방법은 다른 이들의 삶을 통해서 나를 바라볼 수 있기 때문입니다.

세상사와 다른 사람의 행복에 관심을 가지세요. 그것이 당신의 행복을 지키는 길이며 동시에 당신의 인격을 빛내는 길입니다. 혼자만의 행복은 결코 오래 지속되지 못합니다.

나는 내 인생의 모든 시기를
알차게 즐긴다.

인생의 모든 시기를 즐기자

우리는 어렸을 땐 빨리 어른이 되고 싶어 하죠. 그러나 어른이 되면 삶의 무게와 그에 따르는 무거운 책임감에 빨리 어른이 되고 싶었던 어렸을 때를 그리워합니다. 또한 병약한 노인이 되면 자신의 목표를 이루기 위해 열정을 불태우던 젊은 시절을 그리워합니다. 결국 인간은 어느 시기에도 완전한 만족을 못하는 존재입니다.

지금 당신의 인생이 어떤 시기에 있건, 그 시기를 즐기세요. 이미 지나간, 또는 아직 오지 않은 미래의 시기를 바라보며 불평하거나 허황된 공상을 하지 마세요. 지금 당신의 시기를 충분히 즐기세요.

나는 내가 한 말 때문에
후회할 일을 만들지 않는다.

생각하고 말하기

'침묵보다 가치 있는 말이 아니라면 차라리 모른 척하라.'
말의 위험성에 대한 서양의 격언입니다.

웃으면서 화기애애한 분위기에서 나눈 대화가 반드시 진실한 것은 아닙니다. 말을 한 후에는 반드시 그 말을 한 것에 대한 책임이 따릅니다.

자신이 무심코 한 말로 인해 타인이 마음의 상처를 받았다면 당신은 그야말로 어리석은 행위를 한 것입니다.

자신을 아끼듯 말을 아끼세요. 타인의 단점이나 잘못에 대해서는 기억력이 좀 쇠퇴하여도 좋습니다.

우리는 타인으로부터 인정받기를 그토록 원하면서 다른 사람에 대한 평가에는 왜 그리도 냉정한 것일까요?

나의 약점과 열등감을
극복하기 위해 노력한다.

약점을 극복하기 위한 노력

가난을 극복하고 돈을 열심히 모으려 하는 것은 욕심이 아닙니다. 뚱뚱한 사람이 열심히 운동해서 살을 빼고 멋진 몸매를 가지려 하는 마음은 욕심이 아닙니다. 자기 학력에 열등감이 있는 사람이 다시 공부를 해서 상급학교에 가려는 것은 욕심이 아닙니다.

자기 약점, 자기 열등감을 극복하려 하는 것이 어떻게 욕심이 될 수 있을까요?

하지만 때때로 사람들은 돈을 좋아하고, 멋진 외모를 가지고 싶어 하고, 높은 학력을 얻으려는 것을 과한 욕심이라고 생각합니다. 아이를 갖지 못한 부부가 아이를 원하는 것이 욕심이 아니듯, 자신이 가지지 못한 것을 갖기 위해 열심히 노력하는 것은 결코 욕심이 아닙니다. 당신의 약점, 당신의 열등감이 무엇이든 그것을 극복해 내세요.

자기의 꿈으로부터 도망가지 말라.

도망가지 마라

꿈을 향한 여정에서 필연적으로 한계에 부딪히게 되고 지치게 됩니다. 그럴 때 머릿속에는 지금의 현실에서 도피하고 싶다는 생각이 서서히 뿌리를 내리기 시작하죠.

'힘들다. 포기하고 싶다. 포기하면 편할 텐데'

하지만 포기하면 지금까지의 모든 노력들은 의미를 잃게 됩니다. 자신의 꿈을 포기하고 지금의 삶에서 도망가고 싶다면 꿈을 이루겠다고 결심하던 처음을 떠올려 보세요. 그때 얼마나 간절했는지, 또 얼마나 절실했었는지를 기억해 보세요. 그리고 꿈을 이루었을 때 얼마나 행복할지 상상해 보세요.

당신이 지금 꿈을 포기해 버린다면 꿈을 향해 노력한 그 모든 것들이 허상이 되어 버립니다. 전부 없었던 일이 되어 버리죠.

당신은 아직 꿈으로부터 도망칠 때가 아닙니다. 실패든, 성공이든 결과를 볼 때까지는 절대 당신의 꿈으로부터 도망가지 마세요.

나는 걱정하는 마음을 접고
평안과 안정을 지킬 것이다.

걱정하는 문제엔 해답이 있다

걱정하는 마음만큼 허무하고 무의미한 것도 없습니다. 걱정은 대개 확실한 결론을 맺지 못하고 더욱 큰 걱정만 끌어당깁니다. 이렇듯 사람들은 걱정에 짓눌려 걱정만 하다가 자기가 걱정하는 일이 실제로 일어나지 않으면 또다시 새로운 걱정을 끌고 와서 또 걱정을 하죠. 걱정, 걱정, 걱정은 불안감만 가중시킬 뿐 인생에 아무런 영향도 끼치지 못합니다. 당신이 지금 걱정하고 있다면, 언젠가 반드시 지금 걱정한 것을 후회하게 될 것입니다.

한 가지 분명한 사실은 당신이 걱정하는 그 일은 아직 일어나지 않았다는 것이며 어떤 문제이건 문제엔 반드시 해답이 있다는 것입니다.

나는 하루하루를
의미 있게 보낸다.

생존인가, 생활인가

모든 동물들의 최고의 목표는 안정적인 생존입니다. 세상에 존재하는 모든 동물들은 생존에 맞춰 최적화되어 있죠.

그러나 인간은 다릅니다. 인간은 생존하는 것만으로는 절대 만족할 수 없는 존재입니다. 하고 싶지 않은 일을 억지로 하며 오직 생존만을 위해 영위하는 삶에 만족하는 인간은 없습니다. 전혀 흥미롭지도 않은 일을 오로지 생존하기 위해서 일을 한다는 것은 상상하는 것 이상으로 고통스러운 일이 될 것입니다.

당신은 인간다운 삶으로서의 생활을 목표로 삼으세요. 하루하루를 의미 있게 보내는 그런 삶을 사세요. 그것이 사람으로서 당연한 삶의 자세입니다.

나는 언제나 신중하게 생각하여
창의적인 해결책을 찾아낸다.

생각의 끈을 놓치지 마라

상상하지도 못했던 깊은 절망에 빠져버리면 두려움을 넘어 패닉 상태에 빠져 버립니다. 혼란스러움과 당혹스러움에 고민할 경황조차 없게 되는 것이죠. 그리고는 허망하게 포기해 버립니다.

깊은 절망에서 벗어나기 위해서는 생각의 끈을 놓치지 말아야 합니다. 생각을 멈추지 말고 계속해서 생각하고 생각해야 합니다. 해결책이 생각날 때까지 고민하세요. 전혀 예상하지 못했던 순간, 머릿속에 떠오르는 해결책을 찾아낼 수 있을 것입니다.

인생에서 추운 겨울과 같은 시기가 찾아왔을 때,
나는 그것을 인생의 한 부분으로 순응한다.

겨울도 인생의 한 부분이다

인생에 따뜻한 봄날과 같은 행복한 시기가 찾아오면, 항상 이렇게 좋은 날들이 계속될 것만 같은 생각에 도취됩니다. 그래서 춥고 황량한 겨울과 같은 인생은 상상할 수 없죠.

이런 삶이 계속되면 어느덧 마음속에는 자신도 모르게 교만함이 생겨납니다. 그 교만함의 시간이 흐르고 나면 인생의 좋은 계절은 여지없이 지나가버리고 혹한의 겨울과 같은 춥고 황량한 시기가 찾아옵니다. 그러면 희망은 보이지 않고 따뜻한 봄날과 같은 시기는 다시 올 것 같지 않은 절망감이 몰려오죠. 가혹한 인생의 한기가 삶을 꽁꽁 얼어붙게 합니다.

당신의 인생에 겨울과 같은 시기가 찾아왔을 때, 그 시기 또한 봄과 같은 인생의 한 부분으로 자연스럽게 받아들이세요. 겨울과 같은 시기 역시 인생의 한 부분이라는 것을 잊지 마세요.

나는 나의 일상 속에서
작은 기적들을 만들어 낸다.

기적은 가까이 있다

뽕나무밭이 변하여 푸른 바다가 된다는 뜻의 상전벽해(桑田碧海)라는 고사성어가 있습니다. 이렇듯 세상이 뒤집어지고 인생이 180도 바뀌어 버리는 것만이 기적은 아닙니다.

사랑하는 사람을 위해 함께 할 수 있는 시간을 만드는 것, 과거의 잘못을 뉘우치고 새로운 삶을 결심하는 것, 무질서한 생활을 청산하고 열심히 노력하는 것, 잘 알지 못하는 누군가를 위해 기부하고 헌신하는 것 등은 모두 사람이 사는 세상의 일상 속 작은 기적들입니다. 기적은 우리의 생각보다 훨씬 가까이 있습니다. 종종 이런 작은 기적들이 모여 세상을 변화시키는 큰 기적을 만들기도 하죠. 우리 또한 일상 속에서 얼마든지 기적을 일으킬 수 있습니다. 일상 속에서 작은 기적들을 만들어 보세요. 그 기적들이 당신의 삶을 더 행복하게 만들어 줄 것입니다.

나는 내 삶을 변화시키기 위해
완전히 새롭게 생각할 것이다.

완전히 새롭게 생각하라

지금과 다른 세상에서 살고 싶다면 생각 또한 이전과는 다르게 생각해야 합니다. 다른 이들이 미처 볼 수 없는 것을 보기 위해서는 일반적인 상식의 틀에서 벗어나 생각해야 하죠.

그러기 위해서는 당신의 지금까지의 경험과 고정 관념, 당신의 가치관, 당신이 지금까지 보고 느꼈던 모든 것들을 내려놓으세요. 그리고 모든 가능성을 열어둔 상태에서 처음부터 다시 생각해야 합니다. 이러한 과정을 통해 당신은 이전에는 생각하지 못했던 것을 생각해 내고 보지 못했던 것을 볼 수 있을 것입니다. 두려움과 게으름 때문에 애써 피했던 새로운 세상 또한 볼 수 있을 것입니다.

나는 나 자신에 대해서
스스로 자부심이 있다.

성공에 대한 두려움

실패에 대한 두려움도 있지만, 성공에 대한 두려움도 있습니다.

'내가 정말 성공할 자격이 있을까?', '내가 정말 원하는 것을 얻을 자격이 있을까?', '난 사실 능력이 없는 사람인데, 혹시 내가 성공하고 나서 사람들이 그 사실을 알면 어떡하지?'

우리는 실패에 대한 두려움 때문이 아니라 자신에 대한 믿음이 부족하기 때문에 꿈에서 멀어져 가는 것입니다. 성취의 자격은 자기가 자신한테 주는 것이지 남이 나에게 주는 것이 아닙니다. 자신에 대한 자부심을 가지세요.

당신에게는 무엇이든 성취할 충분한 자격이 이미 주어져 있습니다. 그러니 이제 성공에 대한 두려움에서 벗어나 자유롭게 원하는 것을 쟁취하세요.

나는 눈과 귀를 행복하게 해줄
인생의 새로운 즐거움들을 누린다.

아름다움을 즐기자

우리는 무엇에 아름다움을 느끼는 순간 벅찬 감동으로 가슴이 풍선처럼 부풀어 오를 때가 있습니다. 아름다움은 우리가 누릴 수 있는 가장 큰 즐거움 중 하나입니다. 인생의 즐거움을 더하고 싶다면 종종 아름다움을 찾아 여행을 떠나보세요. 아름다운 자연의 풍광을 보며 인생의 새로운 즐거움을 한껏 누리세요. 또한 가슴을 두근거리게 하는 멋진 미술품들과 웅장한 공연 등 무엇이든 좋습니다. 당신의 눈과 귀를 행복하게 해줄 즐거움들을 누려 보세요.

내 인생에 스스로
경의를 표하며 박수!

자신의 인생에 경의를 표하라

당신이 지금까지 어떤 인생을 살아왔건 당신이 인생을 포기
하지 않고 살아낸 것만으로 존경받기에 충분합니다.

자신의 인생에 경의를 표하세요. 스스로 내 인생에 경의를
표하며 박수!

나는 내가 좋아하는 일을 하며
진정한 행복을 누릴 것이다.

인정받아도 고통스러울 수 있다

제가 아는 어느 선생님은 학생들을 가르치는 선생님으로서 정말 존경받을 만한 완벽한 분이었습니다. 그분의 일 처리는 너무 완벽하고 깔끔해서 다른 선생님들이 모두 감탄할 정도였고 아이들을 가르치는 일에서도 정말 완벽 그 자체였습니다. 하지만 그 선생님은 정년을 꽤 많이 남겨두시고 명예퇴직을 하셨습니다. 그분이 명예퇴직을 한 이유는 '더 이상 교사 일을 하다가는 죽을 것 같아서'였습니다.

그 선생님은 훌륭한 인격으로 자신이 맡은 일을 정말 완벽하게 해내었지만 정작 그분의 삶은 행복하지 않았던 것이죠.

타인으로부터 인정받을 수 있는 일을 하고 있다고 해서 삶이 행복한 것은 아닙니다. 주위의 인정과 겉으로 보이는 성공보다 자기 스스로 행복을 느낄 수 삶이 훨씬 더 중요합니다.

나를 위해 준비된
날이 꼭 올 것이다.

나의 전성기는 반드시 온다

당신이 오랫동안 준비한 것을 세상에 보여줄 때가 반드시 올 것입니다. 의미 없이 스쳐 지나가는 겨울이 없듯이 그냥 여름으로 건너뛰어 지나가는 봄은 없습니다.

당신의 봄, 당신의 전성기는 반드시 찾아올 것입니다. 당신의 시간이 찾아올 때까지 기다리세요. 당신이 지나온 그 춥고 외로웠던 시간들을 모두 보상받을 때가 분명 찾아올 것입니다.

나는 다른 사람들의 행복과
내 행복을 비교하지 않는다.

행복은 경쟁이 아니다

다른 사람의 몸무게가 줄어든다고 해서 내 몸무게가 늘어나는 것이 아니듯, 다른 사람이 행복해진다고 해서 내가 불행해지는 것은 아닙니다. 행복은 각자의 인생과 선택에 달린 것이지 누군가와 결코 경쟁을 할 가치가 아닙니다.

다른 사람이 얼마나 행복하고 불행한지에 관심 쓰지 마세요. 그들의 행복으로 인해 당신의 행복이 줄어드는 것은 아닙니다. 또한 당신이 행복해진다고 해서 그들이 불행해지는 것도 아니죠.

남의 행복을 질투할 필요도 또한 자신의 행복에 미안함을 가질 필요도 없습니다. 다른 이의 행복과 자신의 행복을 비교하지 마세요.

나의 배려와 친절이
세상을 풍요롭게 한다.

5초의 여유

우리는 많은 자동차가 오가는 도로에서 신호를 무시하고 마구 달리는 차를 쉽사리 볼 수 있습니다. 또한 서로 양보하지 않고 한 차선을 나란히 달리는 자동차들을 보기도 합니다. 다른 사람에게 자리를 양보해 준다고 해도 두 자동차 사이의 시간적 거리는 실제 5초 차이도 나지 않을 텐데 말이죠.

그렇게 바쁜 듯이 자신의 옆을 스치고 지나간 그 자동차를 다음 신호에서 만나게 되죠. 그러면 남에게 불편함을 주고 자신에게 아무 실익도 없는 불법을 왜 저지르는 건지 이해할 수 없다는 생각이 듭니다.

어쩌면 당신의 삶에서도 기억하지 못하는 어리석은 불법과 불친절이 있었을 지도 모릅니다. 배려와 친절을 베푸는 그 순간은 아주 짧은 시간입니다. 고작 5초 정도에 불과하죠. 하지만 그 5초의 배려로 세상은 좀 더 안전하고 친절한 곳이 됩니다.

내 안의 본능적 공격성을
내 꿈을 이루는 데 활용한다.

공격성이 필요하다

목표를 성취하겠다는 의지는 일종의 공격성입니다. 이 공격성이야말로 성취의 '히든 키'라고 할 수 있죠. 자신의 이 공격성을 스스로 어떻게 컨트롤 하느냐에 따라 다른 사람들로부터 인정받는 끈질긴 인내를 가진 사람이 되거나 혹은 사회적으로 지탄받는 범죄자가 되기도 합니다.

훌륭한 인격을 갖추었음에도 아무것도 성취하지 못하는 사람이 있다면 그것은 공격성이 부족하기 때문입니다. 당신이 폭력적인 성향의 사람이 아니라면 자신과 세상을 위해 공격성을 마음껏 끌어 올리세요. 타인을 누르려는 공격성이 아니라 꿈을 향한 당신의 공격성을 세상을 향해 표출해 내세요.

나는 인생의 행복한 순간을
충분히 음미하고 소중히 간직한다.

소중한 순간을 음미하라

자신이 오랜 시간 노력한 끝에 찾아온 행복한 삶을 맞이했을 때, 마치 온 세상이 오직 자신만을 위해 존재하는 것 같은 기쁨에 빠져듭니다. 말로 표현할 수 없는 희열에 세상이 온통 아름답게 보이죠. 이렇듯 내 인생에 사랑이 찾아오면 마치 시간이 멈춘 듯 황홀한 시간이 찾아옵니다.

하지만 행복의 시간은 그리 오래 우리 곁에 머물러 있질 않습니다. 그 순간이 지나면 시간은 갈피를 못 잡을 정도로 빨리 지나가죠.

행복의 시간, 기쁨으로 가득 차 있는 소중한 순간들을 음미하세요.

'그때가 좋았는데 왜 그때는 몰랐을까.'라는 푸념을 늘어놓지 않도록 소중한 시간들을 천천히 음미하고 소중히 간직하세요.

나는 특별하고 가치 있는 생각으로
새로운 해결책을 찾아낼 수 있다.

달라야 한다

다른 사람들과 같아지거나 비슷해지는 것을 바라지 마세요. 당신의 의견이나 인생에 대한 가치관이 대다수의 사람들과 비슷하다는 것은, 당신이 다른 사람들에 비해 특별히 더 나은 면이 없다는 말이기도 합니다.

지혜로운 의견, 더 특별하고 가치 있는 생각이란 '마이너리티 리포트(Minority Report)' 속에 있습니다. 마이너리티 리포트란 앞으로 일어날 일을 예견하는 예지 능력을 말하는데, 당신의 생각이나 가치관이 다른 사람들과 다르다는 것이 당신을 힘들게도 하겠지만, 당신을 특별하게도 합니다. 왜냐하면 당신만이 다른 방법, 다른 생각을 해낼 수 있기 때문입니다.

당신의 특별함에 자부심을 가지세요. 남과 다른 새로운 해결책들을 제시하는 당신은 특별한 사람입니다.

나는 나만의 지속적인 속도로
삶의 무게를 조정한다.

몸이 무거워지기 전에
가속 페달을 밟아라

천천히 여유를 가지고 사는 삶은 분명 올바른 삶의 자세입니다. 하지만 이런 삶의 자세를 유지하기 위해서는 언제나 적당한 속도와 무게가 지속되어야 합니다. 인생의 풍경들을 음미하면서 천천히 정속으로 일정하게 움직이는 것과 점점 더 삶의 속도가 느려지는 것은 분명히 다른 것입니다. 만일 당신의 삶의 속도가 점점 더 느려지고 있다면 당신은 삶의 속도를 조정할 필요가 있습니다.

삶의 속도가 느려지고 몸은 점점 더 무거워지고 있다고 느낀다면 가속 페달을 밟으세요. 당신의 시간을 부족하게 하고 당신의 몸을 바삐 움직일 일을 만드세요. 그런 후에 다시 정상적인 속도와 무게를 회복하세요. 너무 느리지도 그렇다고 너무 빠르지도 않은, 당신이 적당히 오래 유지할 수 있는 속도와 무게를 회복하세요.

내 눈에 안 보이는 곳에서
나를 위한 선물들이 준비되어 지고 있다.

장막 뒤를 보라

사람이 느낄 수 있는 자각에는 한계가 있습니다. 우리는 무대의 앞면만 볼 수 있을 뿐 무대 뒤에서 일어나는 일들, 장막 뒤에서 일어나는 일들은 볼 수 없습니다.

우리가 아는 것만이, 우리가 보고 있는 것만이 전부가 아닙니다. 우리 눈에 보이는 곳에서보다 보이지 않는 곳에서 더 많은 일들이 준비되어지고 있습니다.

당신의 눈에 지금 아무것도 보이지 않는다고 포기하지 마세요. 눈에 보이는 것만이 전부는 아니니까요. 장막 뒤에서, 당신이 보지 못하는 곳에서 당신을 위한 또 다른 무대들이 준비되고 있습니다.

나는 내 운명을 개척할
히든 키를 찾아낼 것이다.

내 운명의 히든 KEY

사람은 누구나 짊어져야할, 도저히 벗어날 수 없는 짐을 지고 태어납니다. 그래서 사람들은 힘겨운 그 짐을 내려놓으려 발버둥 치고 도망가려 합니다. 하지만 그 짐 속에 우리의 운명을 바꿀 히든 KEY가 숨어 있죠.

당신은 그 짐에서 도망치려 하기보다 생각을 바꾸어 다음과 같은 질문을 해 보세요.

'내 삶의 무거운 짐을 잘 지고 가려면 어떻게 해야 할까?'

'그 짐을 충분히 감당할 만한 사람이 되려면 무엇을 해야 할까?'

'무엇을 하면 내게 지워진 짐을 현명하게 질 수 있을까?'

위 질문에 대한 답이 바로 당신의 운명을 바꿀 히든 KEY입니다.

1018 나를 발전시키는 생각

나를 두렵게 하는 일을 해냄으로써
나의 간절한 소망은 이루어 질 것이다.

두려운 일을 하라

아무리 크고 화려한 것이라도 원하지 않는 것에 두려움을 느끼는 사람은 없습니다. 원하기에, 간절하기에 두려움이 느껴지는 것입니다.

때로 두려움은 우리에게 내비게이션 같은 역할을 합니다. 왜냐하면 두려움은 우리가 명확히 알지 못하는 우리의 마음을 스스로 알게 해 주기 때문이죠.

당신이 스스로 명확한 마음을 알기 어려울 때, 무엇에 두려움을 느끼는지 생각해 보세요.

당신이 무엇을 더 원하는지 알고 싶다면, 원하는 것을 잃었을 때를 상상해 보세요.

당신이 무언가를 더 원할 때 어떤 용기가 필요한지 생각해보세요.

당신이 원하는 행복을 잡으려면 행복 앞에 버티고 있는 고통을 견딜 용기를 내야 합니다. 당신을 움츠러들게 하는 그 일을 지금 바로 시작하세요. 두려움이 느껴지는 그 일을 해내야 당신이 그토록 원하는 것을 얻을 수 있습니다.

내일은 새로운 태양 아래
새로운 하루가 시작될 것이다.

부정적인 감정은 오늘까지만

오늘의 분노, 오늘의 실망감, 오늘의 좌절감, 아픔, 슬픔, 절망감…,

당신이 오늘 느끼는 감정이 무엇이든 그것이 부정적인 감정이라면 내일까지 부정적인 감정을 끌고 가지 마세요.

감정의 여운을 끊어내지 못한다면 오늘의 아픔은 다시 내일의 아픔으로 이어질 것입니다.

부정적인 감정을 오늘 안에 해결하세요. 내일은 내일의 태양이 떠오를 것입니다.

내일부터는 새로운 감정으로 새로운 하루를 시작하세요.

나는 무조건적인 온정을 베풀지 않는다.
나는 선은 사랑하고 악은 미워한다.

선과 악을 분별하라

세상에는 어디에서나 악한 행동들을 거리낌 없이 하는 사람들이 있습니다. 이런 사람들을 구별해 내는 데 가장 방해를 하는 것은 무조건적인 온정주의입니다. 분별없는 온정주의가 그들에게 계속 악한 행동을 하는 기회를 주는 것이죠.

예를 들어, 학교 폭력 문제에 있어서 피해자보다 가해자에게 몇 배나 더 많은 예산이 집중되는 것도 분별없는 온정주의 때문입니다. 피해자들은 제대로 된 치료를 받지 못하고 오히려 가해자들이 더 많은 관심을 받는 사회 환경, 아버지가 유력한 정치인이기 때문에 음주운전에 운전자 바꿔치기에 사고를 내고 뺑소니를 하고서도 아무런 처벌을 받지 않는, 이런 비상식적인 일이 일어나는 것은 분별없는 온정주의로 인해 악이 분별되지 않기 때문입니다.

항상 선하고 좋은 사람일 수는 없습니다. 항상 좋은 사람만 되려고 하지 마세요. 온정을 베풀 때에도 선악의 구분은 있어야 합니다.

1021 나를 발전시키는 생각

나는 싸움을 피할 수 없을 때에는
적극적으로 싸운다.

싸워야 할 때 싸워라

세상을 살아가다보면 도저히 피할 수 없는, 싸움을 해야 할 때가 있습니다. 도망칠 수 없는, 피할 수 없는 문제라면 맞서 싸워야 하죠. 유일한 해결책이 맞서 싸워야 하는 것이라면 맞서 싸워야 합니다. 싸워야 할 때라고 판단되면 망설이지 말고 최선을 다해 싸우세요. 어찌해야 할지 몰라 주춤거린다면 오히려 상대방에게 일격의 카운터를 맞고 쓰러질지도 모릅니다.

나는 자기 객관화의 과정을 통해
나 자신을 성찰하고 반성한다.

자기 객관화

"사람은 누구나 자신의 끔찍한 죄악도 합리화하게 돼 있어.
누구나 자기는 착한 줄 알지."

자기 합리화는 분명히 어느 정도 우리에게 필요한 부분입니다. 하지만 자신의 모든 행동을 합리화시켜 버린다면 우리는 경험으로부터 아무것도 배울 수 없을 것입니다. 반성과 성찰이 없이는 교훈도 없기 때문입니다.

올바른 반성과 성찰을 하기 위해서는 자기 객관화를 해야 합니다. 나 자신에 대한 방어 의식을 내려놓고 타인으로서 나를 바라보아야 합니다. 언제나 세상의 중심이 자기 자신일지라도 자기 객관화의 순간만큼은 그 중심의 자리에서 나를 내려놓고 객관적으로 바라보아야 합니다.

자신의 인격, 자신의 행동을 객관화시켜 보세요. 타인의 눈으로 자신을 냉정하게 바라보고 평가하세요. 객관화의 과정에서 자기 자신 스스로를 제대로 성찰할 수 있을 것입니다.

내가 살아 있는 한
희망은 존재한다.

삶이 곧 희망이다

극단적인 선택을 하는 사람은 죽음 이외에는 자신에게 닥친 현재의 절망을 해결할 수 없다고 판단하여 최후의 선택을 합니다. 그래서 삶의 포기를 결행하고 죽음의 문턱 앞에서 후회를 합니다. 하지만 다행히 죽음의 문턱을 넘지 않고 구조되어 살아나게 되면, 사람은 단 몇 분 사이에 삶에 대한 가치관이 변해 버리죠. 극단적 선택에 실패한 그들은 살아 있다는 것이 곧 희망임을 알게 된 것입니다.

미래에 대한 희망과 가능성은 현재의 상황에 달린 것이 아니라 살아 있음에 달린 것입니다. 살아 있는 한, 너무 늦은 것은 없습니다. 살아 있는 한, 이미 끝난 것은 없습니다. 살아 있는 한, 역전의 희망은 사라지지 않습니다.

나의 행복을 물질적인 것들에 의해
희생시키지 않겠다.

정말 중요한 것

사회적으로 부와 명예를 모두 거머쥐고 남부럽지 않은 삶을 살 것만 같은 연예인, 유명인사들이 극단적인 선택으로 세상을 등집니다. 또한 부유하고 남부럽지 않은 일을 하면서도 불행한 삶을 사는 사람들이 있습니다.

우리가 그토록 열망하는 그 모든 것을 소유한 그들이 왜 그런 선택을 해야만 하는지 이해할 수가 없습니다.

인생에 있어서 중요한 것은 차(茶, 車)의 등급이 아닙니다. 중요한 것은 차를 마시고, 차를 타는 사람의 기분이죠. 아무리 좋은 차를 가지고 있다 하더라도 감당할 수 없는 압박감에 괴로워하고 있다면 그것들이 다 무슨 소용이 있을까요.

돈과 성공이 인생의 행복을 보장해 주지는 않습니다. 불필요한 것을 위해 당신의 행복을 희생시키지 마세요.

1025 나를 발전시키는 생각

나는 세상의 모든 사물이 지닌
고유의 아름다움을 발견하고 즐긴다.

아름다움을 발견하자

세상 모든 것에는 고유한 아름다움이 깃들어 있습니다. 또한 어느 누구에게나 그 사람만이 가지고 있는 고유의 아름다움이 있죠. 그 아름다움을 발견하고자 노력하는 사람에게는 세상이 아름다워 보일 수밖에 없을 것입니다.

아름다움을 발견하세요. 세상에 존재하는 모든 것들이 가진 각각의 아름다움, 그들만이 가진 고유한 아름다움을 발견하세요.

실패로 잃는 것은 없다.
나는 내 인생의 게임들을 다시 시작한다.

실패로 잃는 것은 없다

아무것도 하지 않는 것과 실패를 했다는 것은, 결과적으로는 실상 같은 것입니다. 아니, 아무것도 하지 않는 것은 원래의 자리에 그대로 있는 것이라고 할 수 있으니 실패한 것이 훨씬 큰 타격일 수 있죠. 그렇지만 실패 역시 실패로 인해 잃는 것은 없습니다. 다만 원래의 자리로 돌아가는 것이 조금 힘들 뿐이죠.

그래도 아무것도 하지 않은 것과 실패의 차이점이 있다면 무언가를 시도해 보았다는 것입니다. 무언가를 시도한다는 것 자체가 새로운 변화의 가능성을 내포하고 있기 때문입니다. 아무것도 하지 않는 것은 절대적으로 'NO' 외에는 다른 답이 나올 수 없습니다. 적어도 무언가를 시도한다면 'YES'를 얻을 수 있는 가능성이 생긴 것이죠.

두려움 때문에 인생이 던져주는 게임들을 포기하지 마세요. 실패로 인해 잃는 것은 없습니다. 다시 또 자신을 믿고 게임을 시작해 보세요.

나는 내가 원하는 것을 얻기 위해
기꺼이 대가를 지불한다.

무엇을 내어 줄 것인가

귀한 것은 쉽게 얻어지지 않습니다. 진심으로 원하는 것이 있다면, 그것을 얻기 위해 자신의 무엇을 대가로 지불해야 될지 반드시 생각해야 하죠. 자신이 얻고 싶은 그 무엇의 가치가 크면 클수록 자신 또한 그만큼의 가치를 가진 것을 내어 놓아야 합니다. 그것을 '대가 지불의 법칙'이라고 합니다.

당신은 원하는 것을 얻기 위해 그 대가로 무엇을 내어 놓을 수 있습니까?

대가 지불에 대한 각오가 견고할수록 오히려 더 평안함을 가질 수 있답니다.

나는 타인의 입체적인 상황을 숙고한 후에
비로소 그를 판단한다.

타인을 쉽게 판단하지 말자

단편적인 모습만을 보고 누군가를 판단하는 것은 경솔한 일이 아닐 수 있습니다. 누구나 현재 처해 있는 상황은 모든 상황이 혼합되어 있기 때문에 복잡하고 입체적입니다. 따라서 그의 입장이 되어 보지 않고서는 그의 행동을 쉽게 이해하기가 어려울 수 있습니다.

누군가의 행동이 거슬릴지라도 당신 역시 그와 같은 입장에 서라면 그와 같은 행동을 할 수도 있을 것입니다.

다른 사람을 너무 쉽게 판단하지 마세요. 스스로 그 자리에 서보지 않고서는 결코 그 자리에 서 있는 사람의 마음을 알 수 없습니다. 그의 행동을 모두 이해할 수 없을지라도 그가 처해 있는 입장을 고려해서 생각해 본다면 적어도 그를 섣부르게 판단하는 일은 생기지 않게 될 것입니다.

나는 어려움과 장애물들에 부딪혔을 때
침착하고 태연하게 대응한다.

어려움이 없을 리가 없잖아

"세상일이란 게 다 그런 거야. 이 멍청아, 네가 생각하고 바라는 대로 세상이 아주 달콤하게 돌아갈 줄 알았어."

당신이 무엇을 이루고자 할 때, 어려움 없이 저절로 이루어지는 일은 없습니다. 순진하게 모든 것이 자신의 뜻대로 될 것이라는 생각은 하지 않아야 합니다. 오히려 당연히 어려움이 있을 거로 생각해야 하죠.

당신이 벽에 부딪혔을 때 자신에게 다음과 같이 말하세요.

"이 정도 어려움이 없을 리가 없잖아. 이 정도는 당연한 거잖아"

나는 내 마음에 귀를 기울인다.
내 마음은 나에게 해답을 들려 줄 것이다.

가장 지혜로운 조언자

언제나 문제의 해답은 자기 자신 스스로 가장 잘 알고 있습니다. 자기 자신보다 자신의 상황에 대해 잘 이해하고 있는 사람은 없기 때문이죠. 주변 사람들의 조언은 결국 자기 안에서 정답을 찾기 위한 힌트에 불과할 뿐 정답 그 자체는 아닙니다.

당신이 가장 귀 기울여 조언을 구해야 할 사람은 바로 자기 자신입니다. 세상에서 가장 지혜로운 조언자는 자기 자신이죠.

어떤 문제에 대한 답을 찾기 어려울 땐, 자신 스스로의 마음에 물어보세요. 당신의 마음이 정답을 말해 줄 것입니다. 성공하는 사람은 남의 충고를 귀 기울여 들을 뿐만 아니라 자기 자신의 마음의 소리에도 귀를 기울여 들을 줄 아는 사람입니다.

나는 외로운 사람과 함께 있어 줌으로써
나의 외로움 또한 달랜다.

외로운 사람과 함께 있어 주라

"누군가 당신의 뒷모습이 멀어질 때까지 바라보는 사람은 당신이 옆에 있어주기를 바라는 사람입니다."

당신의 외로움을 슬퍼하기 전에 혹시 당신이 누군가를 외롭게 혼자 두지는 않았는지 생각해 보세요. 당신의 뒷모습을 멀어질 때까지 바라본 사람은 없었는지 기억해 보세요.

누군가 당신을 위해 함께 있어 주는 것도 좋은 일이지만, 당신이 누군가의 외로움을 덜어내 주려고 함께 있어 주는 것 또한 의미 있는 일입니다.

나는 안전지대에서 벗어나
새로운 나의 영역을 넓혀 나갈 것이다.

자신의 영역을 벗어나라

누구에게나 자신만의 영역이 있습니다. 하지만 대개의 경우 이러한 기본적인 영역은 부모의 영역을 물려받는 일이 많죠. 영역이 넓은 부모를 만난 사람은 다른 사람보다 넓은 영역을 이미 소유함으로써 스스로 자신이 성장하기에 유리한 조건을 가질 수 있습니다. 하지만 그러한 영역을 소유하지 못한 사람들은 매우 좁은 영역 속에서 스스로를 성장시킬 재료를 얻지 못하는 경우가 많을 것입니다.

당신에게 주어진 영역이 좁다고 느낀다면 자신의 영역 밖으로 발을 뻗으세요. 스스로 자신의 영역을 개척하세요. 물론 새로운 영역으로의 도전은 두려움을 느끼게 할 것입니다. 하지만 좁은 영역 안에서 무사안일하게 머무르기만 한다면 당신이 원하는 만큼의 성장은 결코 얻을 수 없습니다. 당신이 머물고 있는 영역 밖으로 나가세요. 그래서 당신의 발길이 닿는 곳을 모두 당신의 영역으로 만드세요.

나는 다시 시작한다.
나는 다시 시작할 용기가 있다.

다시 시작하기

모든 걸 다 버리고 처음부터 다시 시작해야만 한다는 생각이 들 때가 있습니다. 그러나 지금까지 해온 것을 모두 버리고 처음부터 다시 시작한다는 것은 무척이나 괴롭고 두려운 일이죠. 지금까지 해온 모든 노력이 허사가 되어버리는 것 같은 두려운 마음이 있기 때문입니다.

하지만 자기 스스로는 이미 알고 있습니다. 다시 시작해야 할지도 모른다는 생각이 든 순간, 다시 시작하는 것이 답이라는 것을 말이죠.

다시 시작한다고 해서 지금까지 당신이 경험했던 그것들은 사라지지 않을 것입니다. 지난 경험 속에서 우리가 배우고 느껴온 것들은 결코 사라지지 않죠. 두려워하지 말고 다시 시작하세요.

나는 조용한 절망에서 벗어나
진짜 절망을 느껴볼 것이다.

조용한 절망과 진짜 절망

사람들은 언제나 괴로운 표정을 지으며 입으로는 허무와 절망 속에 살고 있다고 말을 하죠. 하지만 진짜 절망이 무엇인지를 알기 위해서는 엄청난 용기가 필요합니다.

허무와 공허함 속에서 삶을 살고 있는 사람들의 절망은 조용한 절망입니다. 그들이 허무함과 공허함을 느끼는 것은 스스로 의미 있고 가치 있다고 생각되는 일을 하지 않기 때문이죠. 그러면서 그들은 마음속으로는 절규하며 오늘도 살고 있습니다. '세상은 너무 불공평하다'고 느끼면서 말이죠.

그런 그들이 조용한 절망을 깨치고 용기 있는 한 걸음을 내딛으면 그들은 진짜 절망이 무엇인지를 깨닫게 됩니다.

조용한 절망과는 달리 진짜 절망에는 끝이 있으며, 그 안에는 희망이 담겨 있습니다. 의미 없는 조용한 절망에서 벗어나세요. 큰 용기를 내어 진짜 절망이 무엇인지 느껴볼 기회를 스스로 자신에게 주세요. 절망의 끝에서 새로운 삶을 발견할 수 있을 것입니다.

고개를 들어 내 위의 사람들을 보라.
나는 언젠가 그들을 넘어설 것이다.

열등감도 좋은 자극이 된다

"인간은 자기가 못난 놈이라는 걸 웬만해선 인정하지 않는 존재야. 인터넷에 악플이 그렇게 쏟아지는 것도 다 그것 때문이지. 주변에 자기보다 못난 사람을 찾지 못한 못난 녀석들이 만난 적도 없는 누군가에게 폐인의 낙인을 찍고, 자신은 그보다 잘났다고 우쭐대고 싶어 하기 때문이지."

나보다 잘난 사람, 나보다 뛰어난 사람을 바라보는 것은 사실 무척이나 괴로운 일입니다. 그런 사람들 앞에서는 스스로 자기 자신이 얼마나 부족하고 못난 사람인지를 새삼 깨닫기 때문이죠. 하지만 항상 자기보다 못한 사람만 보며 애써 안심하고 산다면 그런 사람에게 무슨 발전이 있겠습니까.

때로는 열등감도 좋은 자극이 될 수 있습니다. 힘들겠지만 고개를 들어 당신의 위를 보세요. 당신보다 뛰어난 사람들을 보세요. 언젠가 그들을 따라잡아 보겠다고 결심하세요.

나는 올바르게 설득하여
내게 필요한 도움들을 얻는다.

설득의 기본

설득에는 두 가지 기본 원칙이 있습니다.

첫째, 설득해야 할 대상을 제대로 정해야 하죠. 아무런 결정권도 없는 사람을 설득해 봐야 제대로 된 도움을 받을 수 없을 것입니다.

두 번째는 그 사람이 필요로 하는 것에 대해 이야기해야 한다는 것이죠. 대개 사람들은 설득할 대상에게 자신이 원하는 것만 강조하며 말할 때가 많습니다. 하지만 원하는 것을 얻기 위해서는 무엇을 요구하기에 앞서 우선 그 사람의 필요를 자신이 채워 줄 수 있다는 가능성을 보여주어야 합니다. 상대가 필요로 하는 것을 찾아 그것에 당신이 도움이 될 수 있음을 이야기하세요.

그리고 설득해야 하는 가장 중요한 이유는 자신의 이익이라는 것을 잊지 마세요.

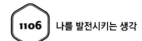

나는 많은 것을 시도하는
다채로운 삶을 살 것이다.

건조한 삶에서 벗어나자

이별과 좌절의 고통을 겪고 있는 사람보다 더 외로운 사람은 단 한 번의 이별도, 단 한 번의 좌절도 겪어 보지 못한 사람입니다. 그가 단 한 번의 이별이나 좌절을 경험하지 못한 것은 아무것도 시작해 보지 못했다는 말이니까요.

아무것도 시도하지 않는 삶은 평화로울 수 있지만 무척이나 외롭고 건조한 삶입니다. 그런 삶 속에서는 소소한 삶의 행복, 그리고 뜨거운 열정의 희열을 맛볼 수 없죠.

사랑의 아픔을 겪는 삶, 꿈을 향한 열정에서 좌절을 맛보는 삶은 건조한 삶보다 더 많은 감정과 행복을 느낄 수 있습니다.

건조한 삶에서 벗어나세요. 사랑에 목말라하고 꿈에 좌절해 보세요. 실연의 아픔을 느끼고 자신의 한계에 도전해 보세요.

나는 내가 사랑하는 일,
진짜 하고 싶은 일을 한다.

다시 태어나도 하고 싶은 일을 하라

당신의 인생을 걸고 하고 싶은 일은 무엇입니까?

당신은 남들이 뭐라 하건, 세상이 뭐라 하건, 상관하지 말고 당신이 사랑하는, 진짜 원하는 일을 하세요. 다시 태어나도 하고 싶은 일을 하세요.

소중한 경험들은 나를 성장시키고
더 나은 선택을 할 수 있게 만든다.

내 안의 흔적들

눈을 감아도 세상이 사라지지 않는 것처럼 지금의 기억에서 멀어졌다고 해서 자신이 한 경험은 없어지는 것이 아닙니다. 그 경험들은 무의식 속에 여전히 그 흔적들을 남기죠. 또한 그 흔적들은 자신도 모르는 사이에 마음과 행동에 영향을 미칩니다. 아름다운 경험들은 아름다운 흔적들을 당신 안에 남길 것이며 또한 그 경험의 흔적들은 당신을 더 나은 선택을 할 수 있는 사람으로 만들죠. 아름답고 좋은 경험들을 당신의 인생에 많이많이 쌓으세요.

내가 무엇을 원하는지
알고 있는 것은 축복이다.

원하는 것이 있다는 것만으로도
축복받은 인생이다

"자신이 무엇을 원하는지 알면서 사는 인생은 이미 절반은 성공한 삶이야. 사람들은 대개 평생 동안 자신이 진정 원하는 게 뭔지도 모르면서 살아가고 있지."

자신이 무언가를 원하는 것이 있는 삶은 그 자체로 살아야 할 충분한 이유가 됩니다. 당신이 인생을 살면서 원하는 것을 쟁취하기 위한 삶을 살고 있다면 축복받은 삶입니다. 무언가를 간절히 원하는 마음이 있음으로써 가슴 졸이고 답답한 상황들을 인내할 수 있으며 또한 짜릿한 성취감과 온몸을 감싸는 희열을 느낄 수 있죠. 아무것도 원하지 않는 삶은 허무하고 피폐한 삶일 뿐입니다.

당신이 무엇을 원하는지 알고 있음에 감사하세요. 당신을 힘들게 하는 당신의 소망들이 꼭 당신의 삶을 풍요롭게 만들어 줄 것입니다.

나는 내가 할 수 있는 모든 것을
다 할 때까지 포기하지 않는다.

진정으로 포기할 순간

당신이 배워야 할 것을 다 배웠나요? 당신이 할 수 있는 모든 것을 다 했나요? 당신이 설득해 볼 수 있는 사람을 모두 설득해 보았나요?

당신이 할 수 있는 모든 것을 시도해 보지 않았다면 아직은 포기할 순간이 아닙니다. 당신이 진정으로 포기할 순간은 더 이상 당신이 할 수 있는 것이 아무것도 없고, 더 배워야 할 것이 없으며, 설득할 수 있는 사람이 아무도 없을 때뿐입니다.

아직 배워야 할 것이 남았다면 더 배우세요. 아직 할 수 있는 것이 남아 있다면 그것을 시도하세요. 아직 설득해 볼 수 있는 사람이 남아 있다면 그를 설득하세요. 지금은 당신이 운명에 체념할 때가 아닙니다.

가장 비싼 인생은,
가장 높은 인격을 가진 사람의 인생이다.

비싼 인생을 살자

사람의 가치는 인격으로 결정됩니다. 아무리 많은 것을 소유한 사람이라 할지라도 그의 인격이 비참하다면 그의 인생 또한 비참한 인생입니다. 왜냐하면 인간의 가치는 인격으로 결정되는 것이지 사회적 성공으로 결정되는 것이 아니기 때문입니다. 사회적 성공은 그저 한 인간의 영향력을 결정지을 뿐이죠.

인격이 비천한 인간이 큰 영향력을 가진다는 것은 사회적 비극입니다. 그런 인간의 가치는 성공할수록 오히려 낮다고 할 수 있습니다. 사실상 싸구려 인간인 셈이죠.

가치 있는 삶을 살고 싶다면, 정말로 값비싼 인간이 되고 싶다면 인격의 수준을 끌어올리세요. 사람들이 당신이 성공하기를 진정으로 바라는 그런 사람이 되세요.

내가 언젠가 죽는다는 사실은
나의 삶에 더할 수 없는 용기를 준다.

죽음을 기억하라

친한 사람의 죽음이나 혹은 유명한 사람의 죽음은 우리로 하여금 죽음에 대한 생각을 환기시킵니다. 특히 젊은 나이에 요절한 경우일수록 더욱 그러하죠. 그들의 죽음은 우리에게 죽음이 그리 멀지 않다는 사실을 새삼 깨닫게 합니다.

죽음이 언제 우리에게 다가올지는 아무도 알 수 없습니다. 자신의 죽음을 수용하고 준비할 시간조차 주어지지 않을 수도 있죠. 당신이 진정으로 원하는 것을 해볼 시간이 그리 많지 않을 수도 있다는 것입니다.

죽음을 잊지 마세요. 당신에게 주어진 시간이 점점 줄어들고 있다는 것을 기억하세요.

나는 스스로 새로운 규칙을 만들어
내 인생을 풍성하게 한다.

내 인생의 변수를 만들어라

누구의 삶이라도 일정한 삶의 패턴이 있습니다. 그래서 사람들은 대개 같은 선택을 반복하면서 살아가죠.

당신의 삶이 너무 단조롭고 변화가 없는 삶이라면 그것은 당신의 삶의 선택들이 매우 정형화되어 있다는 것을 의미하는 것입니다. 자신의 인생에 새로운 변수를 만들어 보고 싶다면 지금까지의 삶의 패턴을 깨뜨려야 합니다. 현재의 규칙이 아닌, 당신이 예외라고 생각했던 것들을 시도해 보세요. 지금까지와는 다른 새로운 규칙을 만들어 보세요. 당신이 만들어 낸 새로운 변수가 인생의 폭을 더 넓혀 줄 것입니다.

나는 인간으로서의 본능을 거스르지 않고
내가 원하는 것을 얻어낸다.

인간의 본능

"사람들은 대개 남의 일엔 무관심한 경향이 있지. 성추행을 당할 때도 도와달라고 울부짖을 게 아니라 "불이야"라고 큰 소리로 외쳐야 해. 대개 사람들은 도와달라는 소린 무시하고 불났다는 소리엔 달려오게 돼있거든."

인간관계에서 우리가 자주 잊는 것은 인간이라는 존재가 가진 타고난 본능입니다. 인간은 자신의 생존, 자신의 번식, 자신의 안녕을 최우선으로 생각하는 존재입니다. 그래서 이기적인 존재라고 말하지만 사실 그런 것이 모든 생명이 가진 본능입니다. 그러나 우리는 때때로 인간관계에서 이러한 기본적인 상식을 잊어버립니다. 그래서 사람들의 태도에 실망하거나 혹은 사람들을 설득하는 데 실패하죠.

사람들의 본능을 존중하세요. 그리고 이용하세요. 도와달라는 말보다 불났다는 말이 왜 효과적인지를 생각해보세요. 사람들의 본능을 이용할 수 있다면 자신이 원하는 것을 획득하기가 더 수월해질 것입니다.

내 인생이 어떤 모양이 될지는
아무도 모른다.

인생은 정글짐이다

인생은 입체적으로 연결되어 있습니다. 과거의 경험이 미래의 어느 시점과 이어져 있거나 혹은 현재의 우연이 과거의 우연과 만나 미래의 필연을 만들어 내기도 하죠.

인생은 정글짐처럼 가로와 세로, 종과 횡이 이리저리 엮이며 모양을 만들어 갑니다. 지금의 행복 혹은 고통이 다른 세세한 사건들과 섞여 어떤 무늬를 띄는 인생이 될지, 아직은 알 수 없습니다. 그렇기에 자신의 인생을 너무 쉽게 속단하지 마세요. 아직 당신의 무늬, 당신의 정글짐은 완성되지 않았습니다. 어떤 정교한 무늬가 완성될지, 어떤 형태의 정글짐이 될지 유심히 지켜보세요.

내 인생의 배는 언제나
새로운 바람이 부는 곳으로 간다.

Calm Belt를 벗어나라

"살면서 돌이킬 수 없는 후회를 하거나 감당할 수 없는 나쁜 일이 많이 생기는 인생이 슬픈 인생이 아닙니다. 후회할 일이 생기면 교훈을 얻을 수 있고, 나쁜 일이 생기면 좋은 일의 소중함이라도 느낄 수 있으니까요. 제가 생각하는 진짜 슬픈 인생은 살면서 아무 일도 일어나지 않는 인생입니다."

Calm belt란 바람이 거의 불지 않는 지대를 말합니다. 지구상에 대표적인 무풍대로는 적도지역이 있죠. 현대 시대에는 바람이 없는 적도 지대를 지나는 일이 큰 문제가 되지 않지만 바람의 힘에 의존하던 고대와 중세 시대에는 무풍대를 지나는 것이 무척 힘들고 곤욕스러운 일이었습니다.

당신은 무풍대와 같은 아무런 자극도 없는 지루함을 버티면서 살고 있지는 않나요?

당신이 그런 인생의 Calm Belt 속에 있다면 이제 인생의 무풍대에서 벗어나세요. 바람이 세차게 부는 곳으로 노를 저어 가세요. 모험 가득한 세계로 떠나세요.

1117 나를 발전시키는 생각

나는 내 힘을 자각할 것이다.
또한 스스로 기적이 될 것이다.

스스로 기적이 되라

"그들은 내가 자신들을 위해 일을 해주기를 원하지만, 그들은 내가 가지고 있는 힘을 자신들 또한 지니고 있다는 사실을 자각하지 못하고 있지. 기적이 보고 싶나? 스스로 기적을 일으키게."

스스로 기적이 되세요.
누구도 당신에게 기적을 베풀어 주지 않습니다.
스스로 당신을 위한 기적을 창조해 내세요.
당신에게 꿈이 있다는 것, 당신에게 소망이 있다는 것은 이미 당신 안에 그 꿈과 소망을 이룰 능력이 있다는 것입니다. 스스로 당신이 보고 싶은 기적을 창출하세요.

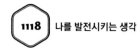

나는 충분히 성장하여 언젠가
천재들과 어깨를 나란히 할 것이다.

자신에게 성장할 시간을 주라

타고난 재능은 일정 수준에 이르기까지의 노력을 단축시킵니다. 즉 타고난 재능을 가진 사람들은 어느 수준까지 남보다 빠르게 도달하지요. 하지만 그들 또한 일정 수준에 도달하고 나면 결국 벽에 부딪힙니다.

당신이 평범한 재능을 가지고 있다고 해서 포기할 필요는 없습니다. 당신에게 필요한 것은 그저 시간일 뿐이니까요. 당신에게 성장할 충분한 시간을 주세요. 당신을 앞서 가는 천재들을 보며 한탄할 필요 없습니다.

당신이 부러워하던 재능 많던 그들 역시 빨강 신호등 앞에 서면 정지할 것입니다. 뒤따르던 당신도 머지않아 그와 같은 빨강 신호등 앞에 나란히 서게 될 것입니다. 그리고 깨닫게 될 것입니다. 이제부터는 시련과 경험을 더 많이 쌓은 자신이 앞서 갈 것이라는 것을.

나는 어둠 안에 있을지라도
빛을 바라볼 것이다.

어둠 속에서도 빛을 보라

"난 당신이 세상을 원망하는 걸 탓하지 않아요. 하지만 어둠에 갇혀 있으면 어두운 꿈밖에 꿀 수 없어요. 어둠 속에선 당신이 행복할 수 없어요."

세상은 절대적 선(善)도, 절대적 악(惡)도 아닙니다. 세상은 빛과 어둠이 모두 공존하고 있는 곳입니다.

당신이 사는 세상은 빛의 세계인가요? 어둠의 세계인가요?

당신이 어둠 속에 속해 있다면 당신의 마음은 세상에 대한 원망으로 가득 차 있을 것입니다. 그리고 당신은 당신의 그러한 마음을 당연하다 여길 것입니다. 하지만 어둠만을 보고 자신의 운명을 원망만 하고 산다면 평생 그 어둠을 벗어나지 못할 것입니다.

어둠 속에서도 빛을 바라보세요. 당신이 속한 세계가 아닌, 당신이 속하고 싶은 세계를 보세요. 당신이 살고 싶은 세계를 상상하세요. 당신이 꿈꾸던 세상에서 살아가는 당신의 모습을 그려보세요.

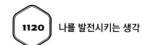

나는 인생이라는 게임이 얼마나 유쾌한지,
엔딩은 어떤 모습인지 모두 지켜볼 것이다.

인생이라는 게임을 즐기자

"이 세상을 산다는 건 게임이다. 졌다고 생각하고 도중에 그만두는 녀석은 바보다. 결국 마지막까지 살아남아서 게임을 맘껏 즐기는 녀석이 승리자가 되겠지. 아마도 이런 게임의 룰은 영원히 지속될 것이다."

인생은 소중한 것입니다. 단 한 번밖에 얻지 못하는 유일한 기회죠. 하지만 너무 소중하다는 생각에 당신의 몸과 마음이 움츠러든다면 오히려 인생을 제대로 살아보지 못할 것입니다. 오히려 인생을 가볍게 생각할 때 모든 역량이 제대로 발휘될 수 있습니다.

인생을 최선을 다해 즐겨볼 만한 가치가 있는 게임이라고 생각하세요. 그리고 이 게임이 얼마나 섬세하고 정교한지, 이 게임의 엔딩은 어떻게 될 것인지 포기하지 말고 끝까지 즐겨보세요.

나는 어떤 상황에서도 나를 믿는다.
나는 가장 큰 절망 속에서도 나를 믿는다.

자신을 믿어라

"인기 작가가 돼서 계속 히트작을 내는 것보다, 인기 배우가 돼서 매일 밤무대에서 갈채를 받는 것보다 아무도 나한테 희망을 걸지 않을 때 나를 믿고 버티는 게 진짜 빛나는 거야."

내 꿈이, 내 소망이 이루어질 거란 가능성이 조금도 보이지 않을 때 자신을 자신의 꿈과 소망이 이루어질 것이라는 굳은 믿음을 가진 사람은 그 자체로 위대하다 말할 수 있습니다. 어쩌면 믿을 수 없는 상황에서 자신을 믿는 그 순간이 우리의 인생에서 가장 큰 기적이 일어난 순간일지도 모릅니다.

스스로를 믿으세요. 이루어질 수 있다는 그 어떤 근거도, 가능성도 보이지 않더라도 믿으세요. 스스로 자신의 인생을 믿으세요.

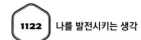

나는 나에게 주어진 시간을
성실함과 노력으로 채운다.

시간의 실수를 범하지 말자

수능 날이 다가오면 인터넷에는 수능까지 남은 시간을 보여주는 글들이 많이 올라옵니다. 어느 고등학교에서는 수능 날까지 남은 날짜를 교문 입구에 세워두기도 하죠.

그렇게 줄어드는 시간을 보면서 학생들은 시간의 소중함을 깨닫습니다. 그러나 대개의 경우 시간이 부족하다는 사실을 깨닫는 순간, 자신의 지난 행동을 후회합니다. 그것은 시간의 복수를 당한 후에야 자신에게 주어진 시간을 게으름으로 채운 것을 알게 되었기 때문입니다. 자신이 흘려보낸 시간의 결정체가 지금 자신의 삶의 모습입니다.

시간의 실수를 범하지 마세요. 시간은 반드시 당신이 보낸 시간의 대가를 되돌려 줄 것입니다. 행복이든, 불행이든 반드시 말이죠.

나는 내 마음을
편안하게 하는 일을 한다.

마음이 편안한 일을 하라

가슴 뛰는 것만이 사랑은 아닙니다. 함께 할 때 편안함을 느낄 수 있는 연인과 꿈도 모두 사랑입니다. 어쩌면 가슴이 뛰는 것보다 편안함을 느낄 수 있는 것이 더 깊은 사랑일지도 모르겠습니다. 왜냐하면 가슴이 뛰는 것은 언젠가 사그라지지만 편안함은 없어지지 않기 때문이죠.

가슴 뛰는 감정, 들끓는 감정에만 집착하지 마세요. 당신에게 편안함을 주는 사람, 평안함을 주는 일이 있다면 고민하지 말고 쟁취하세요. 당신에게 안정감과 편안함을 주는 삶 또한 당신이 정말 원하는 인생이 아닌가요.

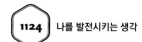

1124 나를 발전시키는 생각

나는 무슨 일을 하건
완벽하게 해내려고 노력한다.

결과를 결정짓는 것

명품을 모방해서 만든 모조품은 겉으로 보기에는 진품과 거의 차이가 없습니다. 하지만 섬세히 비교해 보면 아주 작은 면에서 품질의 차이가 드러나죠. 명품뿐만 아니라 그 무엇이라도 결국 차이는 아주 작은 것에서 드러나기 마련입니다.

99%와 100%는 단 1%의 차이밖에 나지 않지만, 별것 아닌 것 같은 1%가 완성을 결정짓습니다. 우리가 이룬 결과물 또한 아주 사소한 것에서 성패를 결정짓게 되는데 결국 아주 사소한 것을 소홀히 함으로써 가장 중요한 것을 놓치게 되는 것입니다. 1%의 오류 때문에 99%의 노력이 헛될 수도 있다는 말이죠. 무슨 일을 하건 '적당히'는 옳지 않습니다. 적당히 해서 잘할 수 있는 것은 이 세상엔 없으니까요. 모든 일에 정교함과 섬세함 그리고 정성을 더하세요.

당신이 놓친 1%를 채워 100%를 완성하세요.

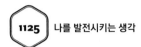

나는 넘어져도 다시 일어나 끝까지 싸울 것이다.

다시 일어서는 힘

종종 부모들은 '내 아이만큼은 자신처럼 고생을 하지 않고 순탄한 삶을 살 수 있도록 키워야지.'라는 생각에 자식들을 과보호하며 나약하게 키웁니다. 하지만 그러한 생각은 부모들의 착각입니다. 자식들이 아무 부족함 없이 성장하는 것과 나약하게 키우는 것은 전혀 다른 것인데 말이죠.

부모들이 착각에 빠지는 이유는 자신의 자식만큼은 인생이 날리는 강펀치에 맞지 않기를 바라는 마음에서 그렇습니다. 하지만 누구도 인생의 강펀치를 피할 수 없습니다. 성장과정의 곳곳에는 어쩔 수 없이 거쳐야만 하는 통과의례와 같은 아픔의 과정이 있습니다. 자식을 사랑한다면 카운트 펀치를 맞지 않기 위한 방법보다 다운을 당했을 때 다시 일어설 수 있는 믿음을 심어주는 것이 중요합니다. 다리가 후들거리고 눈앞이 깜깜하지만 아픔을 딛고 일어나면 상대방을 쓰러트릴 기회를 잡을 수 있다는 믿음이 바로 다시 일어설 수 있는 힘입니다.

다시 일어나세요. 다시 일어나서 파이팅 포즈를 취하세요. 두 발끝에 힘을 주고 상대방을 노려보세요. 상대방을 쓰러뜨릴 기회는 반드시 찾아올 것입니다.

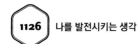

1126 나를 발전시키는 생각

나는 올바른 현실적 판단으로
포기해야 할 것은 포기할 줄 안다.

올바른 현실적 판단을 하라

완벽한 이상형을 원하는 사람들의 말을 들어 보면 서로 상반되는 특성이라도 모두 갖추기를 원할 때가 있습니다. 완벽함이란 이름으로 서로 공존할 수 없는 것을 소유하길 원하는 것이죠. 하지만 올바른 현실적인 판단이란 서로 공존할 수 없는 것을 인정하는 것입니다.

내가 무슨 짓을 해도 모든 것을 이해하고 사랑해 줄 그런 연인은 없습니다. 세상에 완벽한 남자, 완벽한 여자는 없기 때문이죠. 다만 부족한 남자와 부족한 여자가 만들어가는 배려하는 사랑이 있을 뿐입니다.

나는 절망적일수록
더 크고 위대한 꿈을 꾼다.

어려울수록 큰 꿈을 가져라

사람들은 상황이 어려울수록 현재의 생존에만 집착하게 됩니다. 그래서 안정적인 생존을 얻은 다음에 꿈을 가지려고 하죠. 하지만 현재의 재정적인 상황이 어렵다고 해서 꿈도 가난해야 하는 것은 아닙니다. 재정적인 형편이 여의치 않을수록, 상황이 절망적일수록 더 큰 꿈을 가져야 합니다.

어중간하게 꾸는 꿈으로는 인생을 획기적으로 바꾸기는 부족합니다.

가난에 흔들리지 마세요. 상황에 겁먹지 마세요. 더 대담하게 나아가세요. 그리고 위대한 꿈을 품으세요. 현재의 가난함이, 현실의 곤란한 상황이 당신이 더 위대한 꿈을 꾸어야 할 이유입니다.

나는 세상에 긍정적인 영향과
사람들의 행복에 기여할 수 있는 사람이다.

꿈꾸는 자가 세상을 변화시킨다

꿈의 실현은 고통을 동반하고 때때로 사람을 괴롭게 합니다. 그럼에도 내가 밝은 미래를 장담할 수 있는 것은 자신의 꿈에 열정을 쏟는 인간의 힘이 있기 때문이라고 생각합니다.

인간이라면 누구나 누릴 수 있도록 보편화된 정치 사회적인 제도와 문화 그리고 인간 생활의 불편함을 물리친 문명의 기기 등 인간의 삶의 질을 한층 높인 과학 기술들은 한때 미치광이 취급받던 사람들의 열정적인 꿈이 이루어져서 우리의 현실이 된 것들입니다. 세상 사람들에게 이상한 사람이라며 손가락질 받던 사람들이 자신들의 꿈을 땀으로 이루어 낸 것들이죠. 그래서 꿈꾸지 않는 사람들은 꿈꾸는 사람들에게 빚을 지고 있는 것과 같습니다.

당신도 세상을 변화시키는 사람이 되세요. 세상의 미래에 영향력을 끼치고 사람들의 행복에 기여할 수 있는 사람이 되세요.

나는 내가 원하는 것을 명료하게 알고 있다.
나는 나 자신의 욕망에 완전히 정직하다.

때로는 사이코패스처럼

사이코패스 성향을 가진 사람들 중에는 크게 성공한 사람이 많습니다. 그들은 자신이 원하는 것을 위해서 자신을 가로막는 장애물들을 제거하거나 극복하는데 망설이거나 주저하지 않는 특징을 보입니다. 자신이 원하는 것을 정확히 아는 사람은 무서운 집중력을 보입니다. 그들이 그렇게 할 수 있는 이유는, 자신이 무엇을 원하는지 스스로 명확하게 인지하고 있기 때문입니다.

우리 역시 자신의 욕망에 온전히 정직해져서 자신이 무엇을 원하고 있는지 명확히 알아야할 필요가 있습니다. 때로는 사이코패스처럼 명료한 사람이 되세요. 당신의 꿈이 명료해질 때 당신의 인생도 명료해질 것입니다.

나는 약한 면을 극복하고
진정 강한 사람이 될 것이다.

어른이 되는 순간

'정말 내가 철이 없었구나', '내가 그때 왜 그랬을까?' 하는 후회와 자신의 어리석음을 깨닫는 순간, 스스로의 약함과 부족함을 깨달을 때마다 우리는 좀 더 성숙하게 됩니다.

스스로의 부족함을 자책할 필요는 없습니다. 어른이기에 지난 어린 시절의 부족함을 알게 된 것뿐이니까요. 당신이 아직도 어린아이였다면 여전히 스스로에 대해 모른 체 '난 어른이야.'라고 말하고 다녔을 테죠.

진정한 강함, 진정한 성숙함은 자신의 부족함과 약함을 깨닫게 되면서 생겨납니다.

당신은 스스로의 부족함과 약함을 깨닫게 되었으니 이제 진정한 강함 또한 알게 될 것입니다.

내 인생에 후회를 남기지 않도록
포기하지 않고 끝까지 싸울 것이다.

아무도 원망하지 않도록

이런저런 핑계를 대며 자신이 원하는 것을 포기해 버린 사람
은 언젠가 누군가를 원망하게 됩니다. 신이든, 자신이든, 혹은
이 세상이든 말이죠. 끝까지 싸워보지 않은 사람은 자신이 꼭
가고 싶었으나 가보지 못한 길에 대한 지워지지 않는 미련 때
문에 평생 괴로워하며 인생을 보내게 됩니다.

자신을 믿고 끝까지 싸우세요. 설령 비참한 패배를 맞게 된
다 하더라도 상관없습니다. 승리와 패배, 어느 것이든 명확하
게 확인될 때까지 싸우세요. 끝까지 싸워낸 사람에게는 가슴
시원한 후련함이 있을 것입니다. 가보지 못한 길에 대해서 후
회하는 일이 없기 때문이죠.

후회와 원망은 끝까지 싸워보지 않은 사람에게 주어지는 페
널티입니다. 아무도 원망하지 않도록 끝까지 싸우세요. 이 길
의 끝에 무엇이 있는지 당신의 두 눈으로 확실하게 확인할 때
까지 싸우세요.

나는 나를 믿는다.
나는 나를 끝까지 믿는다.

결국 믿음의 싸움이다

모든 일에는 굳은 신념과 열정이 필요합니다. 그리고 가장 중요한 것이 바로 자신을 믿어야 한다는 것이죠. 결국 세상의 모든 경쟁은 믿음의 싸움입니다. 더 굳건한 믿음을 가진 사람이 결국 최후의 승자가 되죠.

믿음만이 당신의 삶을 변화시킬 수 있습니다.

자신을 믿으세요. 이 믿음의 싸움에서 승리하세요.

당신의 믿음은 최후의 승자가 될 수 있을 만큼 강한가요?.

1203 나를 발전시키는 생각

끝나지 않는 시련은 없다.
언제가 희망의 무지개가 뜰 것이다.

반드시 무지개가 나타날 것이다

성서에 따르면 무지개는 종말의 끝을 의미합니다. 즉 시련의 끝을 의미하죠. 그래서 우리는 본능적으로 무지개를 좋아하는 것 같습니다.

비바람을 견디지 못한다면 무지개는 볼 수 없을 것입니다. 분명히 시련은 끝나고 무지개는 뜰 것입니다. 조금만 더 인내하세요. 얼마 지나지 않아 곧 무지개를 보며 환하게 웃을 날이 올 것입니다.

1204 나를 발전시키는 생각

나는 단순하게 결단하고
내가 원하는 것에 집중한다.

'내가 어떻게'라는 생각을 버려라

'내가 어떻게'라는 생각을 버리세요. '내가 어떻게'라는 생각은 나는 원하는 것을 가질 자격조차 없다는 말과 같습니다.

이런저런 조건을 내걸며 자신의 결단을 망설이게 만들지 마세요. 당신은 원하는 것을 가질 충분한 자격이 있습니다. 단순하게 결단하세요. 그리고 아무 일도 아닌 것처럼 '내가 어떻게'라는 장애물을 넘어서 원하는 것을 가지도록 하세요.

나는 나의 믿음을 지킨다.
또한 나의 선택을 믿는다.

믿음은 언제나 위협받는다

믿음은 언제나 갖가지 위협에 시달리게 됩니다. 냉혹한 현실을 통해서든, 당신의 가능성을 보지 못하는 그 누군가를 통해서든 믿음은 항상 그 무언가로부터 위협에 시달리게 되죠.

그러나 당신의 믿음을 가장 위협하는 상대는 바로 자기 자신입니다.

'내가 과연 옳은 일을 선택한 것일까?', '혹시 내가 너무 과신한 것은 아닐까?', '혹시 내가 교만했던 것은 아닐까?', '처음부터 운명적으로 나는 아무것도 할 수 없는 사람이 아니었을까?'

그런 의문들을 자기스스로에게 던지면서 자신이 만든 믿음을 스스로 부수려 하죠.

당신의 믿음과 선택을 스스로 지켜내세요. 스스로 자신의 믿음을 위협하지 마세요. 당신만은 언제나 자기 자신을 믿어주어야 합니다.

 **나를 발전시키는 생각**

나는 내가 가진 본래의 내 모습을
결코 잃지 않을 것이다.

악몽 속에서도 희망을 놓지 말자

밝은 표정으로 언제나 긍정적인 희망을 말하던 사람일지라도 가혹한 시련의 시기를 겪고 나면 본래의 모습을 잃어버리게 됩니다. 하지만 희망의 끈을 놓치지 않는다면 악몽과 같은 시련의 시기를 벗어나게 될 날이 반드시 올 것입니다.

악몽 속에서도 자신을 지키세요. 당신의 원래 모습을 잃어버리지 마세요. 악몽은 곧 끝날 것입니다. 언젠가는 다시 힘들었던 시절을 웃으며 추억할 날이 찾아올 것입니다.

1207 나를 발전시키는 생각

내 꿈, 내 미래, 내 희망,
내 가능성은 여전히 살아 있다.

아직 살아 있다

끝날 때까지는 끝난 것이 아닙니다.
끝난 것이 아니라면 아무것도 포기하지 마세요.
당신의 꿈, 당신의 희망, 당신의 가능성,
당신의 미래는 아직 살아 있습니다.

우선 간단한 조깅부터라도
나는 규칙적으로 운동을 한다.

정신적 고통도 체력으로 이겨내는 것이다

"네가 그를 이기고 싶다면 먼저 체력부터 길러라. 네가 종종 후반에 무너지는 이유, 회복이 더딘 이유는 다 체력이 약하기 때문이야. 체력이 약하면 빨리 편안함을 찾게 되고, 그러면 인내심이 떨어지고, 그리고 그 피로감을 견디지 못하면 승부 따위는 어찌되어도 상관없다는 체념의 지경에 이르게 되지. 이기고 싶다면 우선 체력부터 키워. 체력이 뒷받침되지 않는 정신력은 공허한 오기를 부리는 것 밖에 안 돼."

'건강한 육체에 건전한 정신이 깃든다.'라는 말은 진리입니다. 육체가 강건해야 강건한 정신력이 생깁니다. 정신력을 기르고 싶다면, 더 강해지고 싶다면, 정신적 고통에서 해방되고 싶다면 체력부터 기르세요.

우선 시간을 내어 운동을 시작하세요. 강한 정신력은 강한 체력에서 나온다는 것을 명심하세요.

나는 내 인생 전부를 바쳐
성공적인 인생을 만들 것이다.

성공한 인생

　사랑이든 꿈이든 혹은 자신을 위한 그 무엇이든 열렬히 사랑하고 자신의 전부를 바쳐 본 사람은 행복한 사람이며 자신의 인생을 성공적으로 살아낸 사람입니다. 또한 인생이라는 기회를 완전히 활용한 사람이기에 후회할 일조차 없을 것입니다. 이기적인 삶으로 인생이라는 기회를 모두 날려 버리는 사람은 되지 마세요.

　당신의 사랑, 당신의 꿈, 당신의 소망을 위해 당신의 모든 것을 바치세요. 당신에게 주어진 인생이라는 기회를 조금도 남김없이 사용하세요.

내 노력은 때가 되면
성장으로 보답할 것이다.

계단식 성장에 적응하라

성장은 계단식으로 이루어집니다. 그래서 성장한 모습이 겉으로 확연하게 드러나기 전까지는 마치 아무 일도 일어나지 않는 것처럼 생각될 때가 있죠. 예를 들어 당신이 무언가를 배우고 익히는 데 필요한 시간이 10시간이라면 8~9시간 동안은 스스로 성장한 모습을 확인하기는 어렵다는 것입니다. 심지어 10시간이 지나도 자신이 기대하는 성과가 보이지 않을 때가 있죠. 왜냐하면 10시간의 배움이 내 안에서 완전히 구조화되어 무르익기까지 다시 시간이 필요하기 때문입니다. 그래서 오늘 이해하지 못했던 것을 다음날 이해하게 되거나 오늘 해내지 못했던 동작을 다음날 할 수 있게 되는 일이 생기는 것입니다.

계단식 성장에 적응하고 익숙해지세요. 아직 눈에 보이지 않을지라도 당신의 노력은 당신을 성장시키고 있습니다.

나는 내 분야에서
존경받는 사람이 된다.

장인이 되는 법

일본에는 오노 지로라는 초밥의 장인이 있습니다. 그의 코스 요리를 먹기 위해서는 무려 50~60만 원의 금액을 지불해야 되죠. 예약제로 운영되는 그의 식당을 예약하려면 한 달이나 기다려야 합니다.

오노 지로는 장인이 되는 법에 대해서 이렇게 말합니다.

"장인이 되는 것은 아주 간단합니다. 자신이 좋아하는 일을 매일 꾸준히, 진득하게 하다 보니 나도 모르는 사이에 사람들이 나를 장인으로 불러주더군요."

당신도 장인이 되세요. 당신이 좋아하는 일에서 최고의 전문가라 불릴 수 있는 사람이 되세요.

1212 나를 발전시키는 생각

일상 속에 숨어 있는
소소한 행복들을 느껴보자.

일상 속의 작은 행복들을 누려라

당신의 일상 속에서 당신의 기분을 상쾌하게 하는 소소한 행복들을 찾아보세요.

잘 말린 빨래의 상쾌한 섬유 유연제 냄새, 힘든 하루를 끝내고 따뜻한 물에 몸을 담그는 것, 좋아하는 반찬으로 맛있게 식사하는 것 등 무엇이든 좋습니다.

당신의 일상에 숨은 당신만의 행복들을 찾아보세요. 새삼 당신의 삶 속에 얼마나 많은 축복들이 숨어 있었는지 알 수 있게 될 것입니다.

나에게 실패는
'다시 도전하는 것'이란 뜻이다.

불가능을 잊어라

당신이 불가능이라는 단어를 몰랐다면 어떻게 불가능하다는 생각을 했을까요?

실패라는 단어의 의미가 모든 사람에게 똑같이 받아들여지는 것은 아닙니다. 누군가에게는 '그것은 불가능한 일이야'라는 뜻으로 해석되겠지만, 누군가에게는 '그렇다면 다시 도전할 일'라는 의미로 해석될 수도 있습니다.

불가능이라는 단어를 모르는 사람은 불가능이 무엇인지 모릅니다. 모르기 때문에 계속해서 시도하고 또 시도하겠죠. 불가능이라는 단어의 뜻을 자신의 머리에서 싹 잊어버리세요.

이제부터 당신에게 실패의 의미는 '다시 도전하는 것'입니다.

1214 나를 발전시키는 생각

내 삶의 모든 것이 기회다.
나는 그 기회들을 잡을 것이다.

삶의 모든 것이 기회다

인생에서 일어나는 모든 일은 당신이 어떤 존재가 되기 위한 기회입니다. 당신이 무언가가 되고자 한다면 세상은 당신에게 그 무언가가 되기 위한 기회를 줄 것입니다.

하지만 그 기회는 언제나 당신의 입에서 불평불만을 터트릴 만한 모습으로 나타나죠.

"도대체 이런 일을 어떻게 할 수 있어."

"어떻게 이런 말도 안 되는 상황이 있어."

당신이 어떤 훌륭한 존재가 되려고 하면 할수록 기회는 더욱더 흉악한 모습으로 나타날 것입니다.

당신의 삶에 보기 싫은 모습의 무언가가 나타난다면 그것은 당신이 무언가 굉장히 훌륭한 존재가 될 거라는 신호입니다. 그 신호에 귀를 기울이세요. 흉악한 모습의 포장지 속에 당신을 성장시킬 중요한 선물이 담겨있을 테니까요.

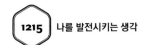

오늘 그것을 못하면,
내일은 어떻게 할 수 있겠는가.

시간은 멈추지 않는다

인간의 삶은 끊임없이 오늘이라는 강물에 노를 담그고 앞으로 저어갈 뿐입니다. 어제는 이미 우리 곁을 스쳐 지나간 흘러간 강물처럼 다시는 되돌아오지 않을 것입니다. 또한 내일은 아직 오지 않은, 어떤 모습으로 나타날지 알 수 없는 세상입니다. 이렇듯 우리는 영원히 오늘이라는 강물만을 만날 수 있고, 오늘이라는 강물에 노를 담고 온 힘을 다해 앞으로 저어갈 뿐입니다.

하지만 사람들은 이미 지나간 어제를 생각하며 아쉬워하고 그리워하며 아직 오지 않은 내일을 아무런 대책 없이 의미 없게 보내며 인생의 모든 성패가 결정되는 오늘을 아무 생각도 없이 그냥 흘려보냅니다. 그러나 시간은 당신이 어제의 슬픔으로 슬프게 오늘을 보낼지라도, 허황된 꿈을 꾸며 오늘을 의미 없이 보낼지라도 당신의 슬픔과 꿈을 외면한 채 그 흐름을 멈추지 않을 것입니다. 때문에 오늘 해야 할 일은 결코 내일로 미루어서는 안 됩니다. 이미 때를 놓친 상태에서는 아무리 발버둥을 쳐도 인간의 힘으로는 어쩔 수 없는 것이 시간의 흐름입니다.

나는 신중하게 생각하고
나의 행동을 결정한다.

생각에도 가드레일이 필요하다

인간의 삶은 자신의 생각을 스스로 어떻게 컨트롤 하는가에
따라 어떤 일들이 일어나는 것입니다. 생각은 누구나 자유롭게
마음껏 선택할 수 있는 것이지만 깊은 생각 없이 당장의 상황
에 따른 즉흥적인 선택으로 삶을 이어간다면 어느 순간, 자신
을 방어할 대책도 세울 겨를도 없이 자신의 인생에 돌이킬 수
없는 불행이 닥칠 수도 있습니다. 어느 누구라도 자신의 인생
이 불행해지기를 바라는 사람은 없을 것입니다. 누구나 자신의
인생이 행복하길 바라죠. 그렇지만 왜 많은 사람들이 행복하지
않은 삶을 살아가고 있는 것일까요?

나는 나의 인생을
알차게 꾸며 나갈 것이다.

인생은 스토리 있는 한 권의 책이다

작가는 한 권의 작품을 집필하기 위해 어떤 부분을 살리고 어떤 부분을 첨가하고 삭제할지를 고민합니다. 이러한 과정을 통해 명작이 탄생합니다. 우리는 인생을 한 권의 책으로 비유하곤 합니다. 이렇듯 책과 인생은 비슷한 과정을 통해 완성이 됩니다.

책을 소중히 여기는 사람은 함부로 책장을 넘기지 않습니다. 그는 매우 정성스럽게 책의 내용을 음미하며 책장을 넘기죠. 자신의 삶에 충실한 사람은 정성스럽게 자신의 삶을 꾸며 나갑니다. 이렇듯 우리는 오늘도 자신만의 스토리를 만들어 가고 있습니다.

1218 나를 발전시키는 생각

나는 일상의 현상을 주목한다.
나는 내 선택을 믿는다.

일상에서 기회를 찾다

글로벌 프랜차이즈 기업인 맥도날드 창업주 레이 크록(Ray Kroc)은 '사람들은 자신에 대한 믿음이 부족하기 때문에 도전하기를 두려워하지만 나는 나 자신을 믿는다.'고 했습니다.

그는 어린 시절부터 온갖 사물에 대해 갖가지 상황을 설정하고 그 상황에서 어떻게 대처할 지를 상상하고는 좋은 계획이 떠오르면 자신의 상상을 즉각 행동으로 옮겼습니다.

레이 크록은 50살이 넘은 나이에 믹서기 회사 판매원으로 일하고 있었는데, 어느 날 믹서기를 주문한 햄버거 가게를 방문하게 되었습니다. 그는 그 곳에서 햄버거와 밀크셰이크를 사기 위해 길게 줄을 서서 기다리는 사람들을 보고 기발한 아이디어가 떠올랐습니다.

'바쁜 사람들에게 즉석에서 식사를 해결할 수 있는 판매시스템을 갖춘 햄버거 가게를 만들자'

그는 자신이 모을 수 있는 자금을 모두 투자하여 시카고 거리에 맥도널드 1호점을 개점합니다.

오늘날 세계적인 프랜차이즈 기업 맥도날드는 우리가 소홀히 보고 넘기는 세상의 일상적인 현상에서 기회를 찾아낸 레이 크록의 현상에 대한 냉철한 판단과 자기 자신의 믿음에서 시작되었습니다.

나는 유한한 일생을 통해
영원히 사는 길을 택한다.

영원히 사는 길

스웨덴의 화학자이며 다이너마이트 발명가인 노벨은 어느 날 신문에 실린 '파괴의 발명가 노벨, 사고로 죽다.'라는 자신에 대한 기사를 보게 됩니다.

"아니, 내가 죽었단 말인가?"

노벨은 신문사에 전화를 걸어 항의했습니다. 노벨의 항의에 신문사는 사건 내용을 확인한 결과 노벨 이름을 사용하는 다른 사람의 교통사고를 특종에 눈이 먼 기자의 실수로 밝혀 졌습니다.

이렇게 사건은 해프닝으로 끝나는 듯 했습니다. 하지만 신문 기사를 통해 다이너마이트 발명가 노벨이 죽었다는 소식을 접한 사람들은 마치 그의 죽음을 반기는 듯이 비웃고 떠들었습니다.

"다이너마이트를 발명하여 수많은 사람을 죽게 한 노벨이 죽었다는군. 하늘이 벌을 내린 거야."

노벨은 자신이 죽은 후에 사람들에게 파괴의 발명가로 역사에 남겨진다는 사실에 괴로워했습니다.

'내 인생에 아무리 많은 재물을 모으고 부귀영화를 누려본들 그것이 무슨 소용이란 말인가. 그런 오명으로 후세의 사람들에게 나의 이름이 전해진다면 지금의 이 호사스런 삶이 무슨 의미가 있겠는가.'

그는 자신의 다이너마이트 발명이 인류의 번영과 평화를 위한 일이었음을 알리고 싶었습니다. 그래서 노벨은 자신의 엄청난 재산을 인류평화를 위해 공헌한 인물에게 쓰일 수 있도록 사회에 환원하였습니다. 그렇게 '노벨상'이 제정되었고 그로 인해 그의 이름은 인류의 가슴에 영원히 기억되게 되었습니다. 노벨은 영원히 사는 길을 선택했던 것입니다.

나는 꾸준한 독서를 통해 견문을 넓히고
높은 지성을 쌓을 것이다.

책을 벗과 같이 하라

독서는 깊고 넓게 사고의 범위를 넓혀주는 가장 효과적인 방법입니다. 지금 우리의 청소년들을 보며 안타까운 마음이 드는 것은 책을 접하는 시간보다 취업을 위한 스펙 쌓기나 스마트폰을 이용하여 수박 겉핥기와 같은 단편적인 지식을 선호하는 습관이 보편화되고 있다는 것입니다. 그래서 요즘의 청소년들에게 독서의 중요성을 강조하는 것이 마치 시대착오적인 발상일지도 모른다는 생각이 들 때가 있습니다. 하지만 책을 통해 습득된 지식이 쌓이면 누구도 빼앗아 갈 수 없는 부의 원천이 될 수 있으며 감히 범접할 수 없는 지성인이 될 수 있습니다.

나는 어떤 괴로운 상황에서도
긍정적으로 생각한다.

진실하면 방법이 보인다

누구나의 가슴속엔 꿈과 희망을 담고 있으며 또한 미래에 대한 불안으로 부정적인 마음을 동시에 지니고 있습니다. 그렇기에 어떤 마음을 더 강하게 작용하느냐에 따라 상황은 매우 다르게 나타나죠. 즉 긍정적인 사고를 지니고 있는 사람에게는 어려운 문제 앞에서도 그것을 해결할 방법이 보이고 부정적인 사고를 지니고 있는 사람은 이런저런 이유를 대며 귀찮게 생각하는 일을 하지 않을 방법을 찾습니다.

긍정적으로 생각하는 사람은 문제를 진솔하게 직선적으로 바라보기 때문에 어렵지 않게 문제를 해결할 방법을 찾아냅니다. 그러나 부정적인 사람은 시간과 수고를 하지 않고 일을 이루려 하기 때문에 조금만 힘들어도 쉽게 포기하죠.

문제해결의 가장 손쉬운 방법은 진솔하고 적극적인 자세로 사물을 바라보고 생각하는 것입니다.

나는 실패를 교훈으로 삼아
다시 시작할 용기가 있다.

다시 시작하라

인생을 살다보면 자신이 온 힘을 기울여서 시도한 일이 스스로의 힘으로는 회복되기 어려운 힘든 상황에 처하기도 하고, 실패를 만회할 수 있는 길이 끊겨 일이 멈추게 되는 경우가 있습니다. 이러한 상황에서 그대로 주저앉아버리면 지금까지 기울였던 모든 열정과 희망은 거기에서 머물게 되고, 회복할 수 있는 기회는 더욱 멀어지게 됩니다. 하지만 새로운 관점으로 상황을 판단할 수 있다면 그곳에서부터 새롭게 새판을 짤 수 있습니다.

새롭게 다시 시작한다는 것은 실패의 공포, 체력, 나이 등에 대한 두려움이 몰려올 수도 있습니다. 그러나 실패의 원인 파악, 신중함, 숙련도 등 지난 시간의 소중한 경험이 있으니 막상 다시 시작하면 좀 더 수월하게 일을 해나갈 수 있죠.

우리의 인생이 새롭게 리뉴얼 될 수 있다는 사실은 얼마나 다행한 일인지 모르겠습니다.

사랑은 보는 것이 아니라
느끼는 것이다.

사랑을 느껴라

사랑은 바람과 같아서 눈으로 확인할 수 있는 것이 아닙니다. 사랑은 보이는 것이 아니라 느끼는 것이기 때문입니다. 하지만 사람들은 사랑의 실체를 확인하고 싶어서 무리한 요구를 합니다. 나를 얼마나 사랑하느냐고, '왜 나의 사랑을 믿지 못하느냐'고 말이죠.

사랑은 서로 얼마나 잘 어울리는지에 있는 것이 아니라 서로의 다른 점과 부족함을 얼마나 잘 조절하고 채워주느냐에 있습니다.

사랑에 빠진 연인들은 사랑하는 사람에게 자신의 가슴을 열어 애절한 사랑을 보여줄 수만 있다면 보여주고 싶어 합니다.

'보이지 않나요? 내 안에 당신을 향한 사랑이 얼마나 많이 들어있는지, 내 마음엔 당신밖에 있지 않은 것을요.'

사랑은 눈으론 확인할 순 없지만 마음으로 보면 보입니다. 당신을 향한 그의 사랑을 잔잔한 미소로 답해주세요.

나는 내가 가진 것들에
언제나 정성을 다할 것이다.

바쁜 시대를 사는 사람들

철길을 따라 고속으로 달리는 KTX를 타고 창밖을 바라보면 속도가 너무 빠르기 때문에 바깥풍경을 제대로 감상할 여유도 없이 스쳐나 버립니다. 이렇듯 우리의 삶 또한 너무 바쁜 나머지 소소한 일상에서 느끼는 감정들을 곰곰이 생각할 겨를도 없이 지나는 것 같다는 생각이 들 때가 있습니다. 이러한 느낌이 들 때, 우리는 무심히 흘러간 삶에 허무한 감정을 느낍니다.

중국 전국 시대, 공자가 여러 나라를 여행하고 귀국한 후 태수인 애공에게 자신의 여행담을 들려주었습니다.

공자의 여행담을 흥미롭게 듣고 있던 태수가 갑자기 생각이 났다는 듯 웃으며 말했습니다.

"스승님께서 안 계시는 동안에 먼 지방의 관리관으로 제수되어 근무지로 떠난 신하가 있었습니다. 그는 건망증이 무척 심했는데 부임지로 가는 도중 부인이 동행하지 않은 사실을 알고 다시 되돌아오는 일이 있었습니다."

애공의 말을 들은 공자는 조금도 웃질 않고 자세를 고쳐 앉으며 말했습니다.

"자신의 아내를 집에 두고 갔을지라도 그것은 반드시 생각이 나서 돌아올 수 있는 일이니 크게 마음 쓸 일이 아닙니다. 그러나 가장 소중한 자기 자신을 어딘가에 버려둔 채 까맣게 잊고 방치해 두고 사는 것이 이 시대 우리의 모습이 아니겠습니까?"

 **나를 발전시키는 생각**

시련은 허들경기와 같아서
단순히 넘기만 하면 된다.

시련이란 허들경기와 같다

스웨덴 남부도시 헬싱보리에는 '실패작 박물관'이 있습니다. 그 곳에 전시되어 있는 것들에는 할리 데이비슨 향수, 베타맥스 플레이어, 여성 전용 펜 등 세계 각국의 기업들이 야심차게 출시했지만 기대한 만큼 성과를 내지 못했던 '실패한 제품'을 전시하고 있습니다.

그 곳에서는 매일 세계 각 나라의 기업인, 회사원, 학생 등이 방문하여 치열한 토론의 장이 열립니다. 그들은 '왜 실패했는지?', '무엇을 보완해야 하는지?'를 분석하여 다음 제품에 대한 성공요인을 찾아냅니다.

중요한 사실은 이곳에 '실패한 제품'을 전시하고 있는 대부분의 회사들은 현재 건실한 기업으로 지속적으로 발전을 거듭하고 있다는 것입니다. 그 중 한 회사의 사훈은 다음과 같습니다.

'시련은 허들경기와 같아서 단순히 넘기만 하면 된다.'

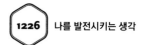

내가 가진 현재의 부와 명예는
그동안 내가 쌓은 노력의 집합체다.

나의 현재를 대변하는 것

사람의 일생이 한 500년쯤 된다면 이 분야에서 한 50년쯤 일해보고 저 분야에서 한 100년쯤 관심을 가지고 일해 봐도 되겠지만 이것저것 모두 다 해보기엔 인간의 생의 주기가 너무 짧습니다. 그래서 자신의 인생에서 무엇에 관심을 가지고 노력한다는 것은 그 사람의 인생을 결정짓는 정말 중요한 일입니다. 사람의 일생을 서론, 본론, 결론으로 나눈다면 어떤 일에 대해 관심을 갖고 그 일을 시작하는 것은 서론, 노력하는 과정은 본론이 됩니다. 서론과 본론의 과정을 착실하게 거치면 경제적인 자립과 함께 인간관계에서도 안정감을 찾을 수 있고 행복의 결실을 맺는 결론의 날을 맞이할 수 있습니다.

현재 자신의 부, 명예 또는 사회적인 위치는 많은 시행착오를 거치면서 쌓은 노력의 집합체입니다. 현재 당신의 인생의 과정은 서론 혹은 본론 과정을 지나고 있지 않습니까?

나는 항상 스스로 나아갈 방향과
현재 나의 위치를 파악하고 있다.

인생 항해

　넓은 바다를 항해하는 배와 같이 인간의 일생 또한 인생이
라는 항해를 하기 위해서 필요한 것이 나아갈 방향을 잡아주는
'나침반'과 '현재 나의 위치 정보'입니다. 나침반이 없으면 막막
한 넓은 바다에서 항해할 방향을 잡을 수 없으며 목표가 명확
하게 설정되어 있지 않으면 나아갈 방향을 잡지 못하고 방황할
수 있습니다. 또한 중요한 것이 자신의 현재 위치를 명확히 깨
닫는 것입니다. 객관적인 관점에서 내가 누구인지, 내가 원하
는 것이 무엇인지를 알아야 자신의 진로를 가로막는 장애물 앞
에서도 두려움을 떨쳐내고 의연하게 나아갈 수 있습니다.

1228 나를 발전시키는 생각

나는 긍정적인 생각으로
부정적인 생각들을 물리칠 것이다.

생각의 중요성과 유용성

자신의 인생을 긍정적으로 생각하며 산다는 것은 단순히 부정적인 삶을 산다는 것의 반대개념이 아니라 행복한 인생, 그 자체입니다. 긍정적인 생각은 불가능하다고 생각하던 일을 가능하게 만듭니다. 최악의 상황에서 전혀 가망이 없다고 생각하던 일조차도 긍정적 생각을 바탕으로 현재의 위기 상황을 풀어나가다 보면 수월하게 일이 풀리는 경우가 많습니다. 이처럼 긍정적인 생각은 절망을 희망으로 바꾸며, 눈물을 웃음으로 승화시키는 최고의 인생 비법이 아닐 수 없습니다. 때문에 삶이 아무리 힘겹고 고통스러울지라도 긍정적인 생각을 선택해야 합니다. 당신이 긍정적인 생각을 선택한 순간부터 당신의 삶은 점차 희망의 길, 행복이 기다리고 있는 그 곳을 향할 것입니다.

나는 이 세상이 사랑으로
이루어졌다는 것을 믿는다.

사랑할 수 있는 행복

당신은 인생의 가장 큰 목표가 무엇입니까?

많은 사람들이 이 질문에 대하여 이렇게 답합니다.

"행복하게 삶을 사는 거죠."

행복하게 사는 것이 딱히 어떤 것이라고 단정 지어 말을 할 수는 없지만 그렇게 대답을 하면 왠지 질문에 대한 답으로 적합한 것 같아 마음이 놓입니다.

"그렇다면 행복하게 사는 것이 구체적으로 무엇이라고 생각하십니까?"

이 질문에 사람들은 큰 불행한 일을 겪지 않고 남에게 뒤처지지 않고 사는 것이 행복이라고 생각하는 사람도 있을 것이고, 자신이 바라는 목표를 이루는 것이 행복이라고 말하는 사람도 있을 것입니다.

'사랑하며 살 수 있다는 것이 행복이다'라고 생각하며 살아가는 사람은 얼마나 될까요?

우리는 사랑하며 산다는 것이 진정 행복한 삶임을 잊고 삽니다. 하물며 매일 보는 사람들, 매일 가는 학교, 매일 출근하는 회사, 지금 자신의 처지와 상황을 대변하는 외면하고 싶은 풍경 등은 너무 익숙해서 권태롭기도 하고 벗어나고 싶은 충동을 느낄 때가 있습니다. 이렇듯 우리는 그들이, 혹은 그것들이 삶의 의미를 부여하는 존재임을 까맣게 망각하고 오늘도 살아가고 있습니다.

나에게는 끊임없이
사랑의 열정이 흐르고 있다.

사랑은 끊임없이 교류한다

숨결 하나만으로도 따뜻함을 느끼는 존재, 말 한마디에도 심장이 통통 뛰게 하고 아무 말 없이 함께하는 것만으로도 위안이 되는 사람. 그런 사람이 있다면 당신은 그 사람을 사랑하고 있는 중입니다.

사랑은 끊임없이 교류하고 있기에 길고 장황한 설명이 필요하지 않으며 시공간 또한 초월합니다. 나는 이곳에 머물고 있고 그 사람은 멀리 타국에 있다고 해도, 심지어 한 사람은 생존해 있고 한 사람은 이 세상을 떠났다고 해서 사랑의 감정은 사라지지 않습니다. 그것은 사랑의 감정은 끊임없이 교류하고 있기 때문입니다. 그러므로 우리는 이러한 사랑의 감정을 무한히 넓혀 나가야 합니다. 당신이 사랑하는 사람뿐 아니라 주위의 사람들에게도 사랑의 마음을 교류하도록 노력하세요.

1231 나를 발전시키는 생각

내 인생의 가장 소중한 날은
바로 오늘이다.

오늘이 삶의 전부다

어제는 이미 지나가버린 오늘, 내일은 앞으로 다가올 오늘입니다. 그러므로 우리는 오늘을 삶의 전부라 여기며 살아야 합니다.

우리에게는 매일 같은 24시간의 오늘이라는 기회가 주어져 있습니다. 따라서 자신의 오늘을 미리 계획하고 실천하며 삶의 모든 순간을 소중히 보내세요.

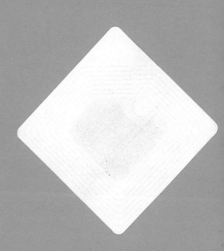

365일 희망 메시지

나를 위한
저녁기도

365일 희망 메시지

나를위한
저녁
기도

신영란 지음

함께
BOOKS

PART01

신념, 언제나 늦지 않은 출발을 위하여

신은 어딘가 하늘 아래 그대만이 할 수 있는 일을 마련해 놓았다.

– 호러스 부쉬엘

기분좋게 잠들기

오늘 그대의 모습이 마음에 들지 않는다고
너무 우울해하지는 마세요.
슬픈 풍경들은 이미 모두 지나가 버렸잖아요.
내일 아침이면 새로운 열차가 올 것입니다.

길이 보이지 않는다고,
골방에 주저앉아 탄식만 하지 마세요.
앉은 자리에서 조금만 더 몸을 일으켜 보세요.
애타게 그리던 풍경이 한층 더 가깝게 느껴지지 않나요?

성난 기분으로 잠들지 마세요.
아직 갈 길이 조금 더 남아 있을 뿐이에요.
나쁜 생각들이 당신의 꿈을 갉아먹지 못하게 하세요.
툭하면 한숨 쉬는 버릇을
다른 습관으로 바꾸는 건 어떨까요?

내가 먼저 내 편 되어주기

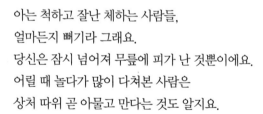

울고 싶을 땐
그럴 수 있어, 라고
마음으로 고개를 끄덕여 보세요.
자신에게 조금만 더 시간을 주세요.
힘들지만 혼자 힘으로 여기까지 왔잖아요.

아는 척하고 잘난 체하는 사람들,
얼마든지 뻐기라 그래요.
당신은 잠시 넘어져 무릎에 피가 난 것뿐이에요.
어릴 때 놀다가 많이 다쳐본 사람은
상처 따위 곧 아물고 만다는 것도 알지요.

지쳤어, 난 이젠 더 이상 아무것도 할 힘이 없어!
생각하는 대신
'이제부터 난 뭘 하면 더 잘할 수 있을까?'
라고 생각하는 건 어떨까요.

겁내지 않기

아침에 창문을 여는 순간 상쾌했던 기분을 떠올리며
잠자리에 드세요.
오늘의 실망이나 좌절 따위가
내일 하루를 망쳐버릴 원인이 되지 못하게 하세요.
오늘은 우리가 살아갈 수없이 많은 날 중의
한 순간일 뿐이잖아요. 창문을 열고 하늘을 보세요.

별이 없으면 어때요.
힘들 때 그저 곁에서 날 바라보는 친구의 눈빛이
열 마디 말보다 위로가 되는 것처럼
침묵으로 당신을 응원하는 어둠의 숨소리를 느껴보세요.
한결 마음이 고요해지지 않나요?

이미 놓쳐버린 일에 너무 마음 쓰지 마세요.
내일은 더 잘할 수 있잖아요.
남보다 앞서거나 뒤처지거나 하는 건
삶이라는 긴 경주의 한 과정에 불과하답니다.

자책하지 않기

세상 일이 다 생각처럼 되진 않습니다.
오늘 당신의 하루가 그랬나요?
마음과는 달리 실수할 때도 있는 거잖아요.
어쩌다 보니 속이 상해서 생각지도 않은 엉뚱한 말이
튀어나오기도 하고,
더 잘하려다 오히려 가까운 사람을 실망시키기도 하고요.
그렇다고 너무 자책하진 마세요.

사랑은 의외로 인내심이 강하답니다.
본심이 아니라면 그 사랑을 믿어보세요.
반성이나 후회가 지나치면 독이 됩니다.

당신은 지금 휴식이 필요한 사람
이제 그만 생각을 멈추고 눈을 감아 보세요.
그리고 마지막으로 딱 한 번만 가슴으로 말해요.
미안하지만 그건 내 진심이 아니었다고.
그 사람의 미소 짓는 얼굴이 보이나요?

급할수록 돌아가기

하루 종일 해결하기 어려운 일로 골머리를 앓았다면
일단 푹 자두세요.
머리로 해결할 수 없는 일들을
시간이 해결해주기도 합니다.
억지로 서둘러서 끝을 보려고 하진 마세요.
날이 밝으면 상황이 달라질 수도 있습니다.

"너무 마음 졸이지 말고 내일까지 기다려 보렴."
어른들은 이렇게 말합니다.
그들은 시간의 비밀을 알고 있기 때문입니다.

당장 이럴 수도 없고 저럴 수도 없다면
한숨 푹 자고 내일 다시 생각하세요.
조급한 마음이 더 큰 실수를 초래할 수도 있습니다.
한 걸음 물러서서 냉정하게 상황을 바라보세요.
어려운 문제일수록 느긋하게 볼 줄 아는 여유가 필요합니다.

아껴주고 더 사랑해주기

소중한 사람이 이유 없이 화를 낸다고 생각되면
먼저 자신을 돌아보세요.
당신은 믿었던 사람한테 상처받은 적 있나요?
그 아픔이 그 어떤 일보다
몇 배 더 크게 느껴진 적 없나요?
가까우니까, 사랑하니까, 믿으니까
잘못한 일이 있어도 용서해주고
다른 사람보다 당신을 더 많이 이해해줄 줄 알았는데
상대방이 무심코 던진 한 마디가 아픈 가시가 되어
마음에 와 박힌 적은 없나요?

어쩌면 오늘 당신의 소중한 그 사람도
그때의 당신과 똑같은 심정 아니었을까요?
모든 사람이 당신의 고통에
동참할 것이라고 믿지 마세요.
당신이 슬플 때 그 사람이 같이 울어주길

기대하지도 마세요.
인간이란 어쩔 수 없이
남의 고뿔보다 내 손톱 밑에 박힌 가시가
더 아프게 느껴지는 법이랍니다.
내가 힘들면 상대방은 더 힘들 거라 생각하세요.
나의 어려움을 누가 덜어주길 바라지 마세요.
소중한 사람을 위해,
내가 좀 더 무거운 짐을 진다고 해서 나쁠 건 없잖아요.

미루지 않고 돌려주기

삶의 피로가 게으른 사랑의 변명이 될 순 없습니다.
가족, 친구, 연인, 동료들
언제나 변함없이 당신을 아끼고 사랑하는
사람들을 기억하세요.
오늘 그들에게 당신은 어떤 의미였을까요?
그들도 위로가 필요한데 당신은 바쁘다는 이유로
너무 무심했던 건 아닐까요?

사랑, 위로, 격려, 아낌 없는 헌신
살면서 그들로 인해 기뻤던 일을 떠올려 보세요.
'나중에, 내 상황이 좋아지면…….'
혹시 그러면서 너무 오랜 시간 마음을 접어둔 채
지내진 않았나요?
생각을 그저 생각만으로 끝나게 하지 마세요.
자꾸 미뤄두면 당신이 기다리는 '좋은 때'는
영원히 오지 않을지도 모릅니다.

손으로 쓴 편지를 숨긴 들꽃 한 다발,
손수 만든 도시락은
어떨까요?
어쩌면 전화 한 통이 그들이 원하는 전부일 수도 있습니다.
줄 수 있는 게 많지 않다고 부끄러워하지 마세요.
오늘 조금 모자라면 좋은 날 더 많이 채워주면 되잖아요.

화내지 않기

어리석은 사람은 상대와 싸우고
현명한 사람은 자신의 분노와 싸운다고 합니다.
당신을 혼란에 빠뜨리는 모든 일들을 무시하세요.
가슴이 하는 일에 최대한 냉정해지세요.
분노를 가지고 해결할 수 있는 일은 뭐가 있을까요?

자제력을 잃게 만드는 상황에 골몰하지 말아요.

어리석은 마부가 말굽에 채입니다.
말이 순해질 때까지 기다리지 못했기 때문이지요.

노여움이나 분노는 폭발력이 강해서
쉽게 터뜨릴수록 무시무시하게 커지는
괴물과 같습니다.
화가 치밀어 오를 땐 재빨리 그 감정으로부터
벗어나는 게 상책입니다.

물질이든 사람이든 억지로 가지려고 하지 마세요.
무언가에 매료되면 그 하나만 가져도
행복해질 것이라 믿기 쉽지요.
그렇지만 그런 행복은 유통기한이 아주 짧답니다.
부질없는 욕망의 사다리에서
한 단계만 아래로 내려와 보세요.
세상이 한 뼘 더 가깝게 느껴지지 않나요?

두려움과 맞서기

축구 골대 앞에 선 골키퍼를 가장 두렵게 하는 건
상대편 선수도, 날아오는 축구공도 아닌
행여 공에 맞을까봐 겁을 내는 자기 자신이라고 합니다.
선수들은 골키퍼의 급소를 피해 가며 공을 날리는
호의 따윈 베풀 여유가 없습니다.
피하고 싶지만 이것은 어쩔 수 없는 골키퍼의 숙명입니다.

살다보면 캄캄한 밤중에
골문 앞으로 떠밀려 나간 골키퍼처럼
황당하고 두렵고 고독한 순간이 있습니다.
앞이 보이지 않으니
누가 왜 나를 여기 세워놓고
공을 날리는지 알 수 없습니다.
어디 가서 하소연할 수도 없습니다.
더 많이 터지고 깨지기 전에 날아오는 공부터 잡아야 합니다.
그렇게 온몸으로 선방을 했지만

멋진 세리머니를 펼칠 기회도 없습니다.
재빨리 일어나 또 다른 슈팅에 대비해야만 하니까요.
힘들지만 이것이 인생입니다.

공에 맞으면 얼얼하지만 그렇다고 죽지는 않습니다.
아픔 따위 두려워하지 말아요.
시련에 무릎 꿇지도 말아요.
당신의 인생을 지켜줄 유일한 골키퍼는 바로 당신입니다.

남 탓하지 않기

아는 게 많다고 잘난 체하는 사람 때문에
상처받지 말아요.
남보다 많이 알지 못하는 건 부끄러운 일이 아닙니다.
정말로 부끄러운 건
두꺼운 지식의 책장 속에 갇혀서
삶의 깊은 우물을 들여다보지 못하는 것입니다.

지식의 참된 가치는
지극히 유용하거나, 혹은 유쾌하거나
둘 중 하나는 만족시킬 수 있어야 합니다.
그렇지 않으면 많이 안다는 게 무슨 의미가 있을까요.

남과 비교해서 자신을 열등생의 자리에 놓지 말아요.
남에게 무언가를 보여주려고 하지 말고
오직 자신을 위해서만 뜨거워지세요.

세상 일이 뜻대로 안 된다고 투덜대지 말아요.
무엇무엇 때문에 인생을 망쳤다고 한탄하지도 말아요.
모든 일의 결과는, 결국 자기 자신 때문입니다.

나의 삶을 살아가기

오로지 당신 자신의 삶을 살아가십시오.
의도가 선하다고 해서
모든 게 용납되는 건 아닙니다.
가령 어떤 사람이 당신을 억지로 산에 데려가려고 합니다.
등산이 건강에 좋은 건 누구나 아는 사실입니다.
그렇다고 모두가 힘들게 산에 오를 필요는 없습니다.
단지 해롭지 않다는 이유만으로
설득을 강요당할 이유는 없습니다.
아무리 몸에 좋은 보약도
어떤 사람에겐 독이 될 수 있으니까요.

옳은 뜻으로 하는 일이
모두를 행복하게 해주진 않습니다.
세상이 내 뜻대로 움직여주지 않는 건
내가 너무 앞서거나 뒤처져 있기 때문입니다.
다른 사람의 삶에 대해서는

그 나름의 방식을 존중해줄 줄 알아야 합니다.
나만 옳으면 모든 게 괜찮다는 생각을 바꾸지 않으면
결국 모든 사람에게 배척당합니다.
누구도 타인의 삶을 좌지우지할 권리 따윈
가지고 있지 않습니다.
강요하거나 강요당하는 삶을
치욕스럽게 여겨야 합니다.
열 사람이면 열 사람, 백 사람이면 백 사람의 생각이
따로 있습니다.
바보도 생각은 있습니다.
다만 때때로 그 결과가 어리석을 뿐.
가장 가련한 이는 자신이 어떤 생각을 하는지
모르고 사는 사람입니다.

잘못된 지식 남발하지 않기

오늘 하루 당신은 무엇을 배웠나요?
세상은 우리가 알아야 할 지식들로 가득 차 있습니다.
지식은 우리의 삶을 풍요롭게 합니다.
그러나 한 가지라도 온전히 깨우치지 못하면
차라리 배우지 않은 것만 못합니다.
삶에 해악을 끼치는 것은
그릇된 지식이라는 걸 기억하세요.

무지보다 무서운 것은 잘못된 지식입니다.
조금 아는 것을 가지고
전체를 다 아는 것처럼 말하는 사람은
가까이 하지 마세요.
헛된 지식을 남발하는 사람은
남의 인생까지 망칠 수 있습니다.
한 푼 두 푼 재물을 모으듯

착실히 배움을 쌓아 나가도록 하세요.
재물은 언제든 날아갈 수 있지만
지식에는 날개가 없습니다.
무지한 사람의 재물은
방향을 모르고 날아가는 풍선 같습니다.
풍선은 아주 미세한 충격에도 구멍이 뚫려 터지고 맙니다.

하루가 공허한 것은 아쉬움이 남았기 때문입니다.
웃어도 즐겁지가 않고 울어도 속이 후련하지 않습니다.
내일 당신은 무엇으로 답답한 가슴을 채우렵니까?

나쁜 인연 고리 끊기

이미 실패한 관계로 인해 괴로워하지 마세요.
그동안 당신도 충분히 힘들었잖아요.
독(毒)은 독으로 풀어야 상처가 덧나지 않습니다.
흘러간 인연은 그냥 지나가게 내버려두세요.

실연당하고 우는 사람에게 한 철학자가 말했답니다.
"그대는 그대를 사랑하지 않는 사람을 잃었을 뿐이다.
하지만 상대방은 이토록 저 자신을 사랑하는
사람을 잃었다.
그렇다면 둘 중 누가 더 불행한가?
진짜로 울어야 할 사람은 누구인가?"

원망에 바치는 시간을 아껴 자신에게 투자하세요.
당신을 아프게 한 사람이 떠오를 때마다
자신을 더 많이 사랑하세요.
미움 받는 사람보다 더 불행한 사람은

미움을 버리지 못하는 사람입니다.
당신의 영혼을 황폐하게 만드는 모든 것들과 결별할 때입니다.
악연의 고리 따위 가차 없이 끊어버리고
좋은 일만 생각하세요.
옛날로 돌아갈 수 없다면 추억도 묻어버리세요.
더 이상 돌이킬 수 없는 일이나 시간 때문에
전전긍긍하지 마세요.
오늘 그토록 당신을 힘들게 하는 인연도 일도 다 지나갑니다.

좋은 말 전하기

오늘 하루 당신은 몇 번이나 남을 칭찬해주었나요?
좋은 말은 좋은 기운을 퍼뜨립니다.
남에게 찡그린 얼굴로 기억되지 않도록 하세요.
혹여 남을 심판하거나 비난하는 말로
상처를 준 일은 없나요?
마음에 걸리는 사람이 있다면

내일 당장 사과하는 것도 잊지 마세요.

다른 사람을 비방하는 말을 듣거든
섣불리 반응하지 마세요.
남을 심판하기 좋아하면
언젠가는 자신도 심판받는 날이 옵니다.
품격 있는 사람은
쓸데없는 일에 마음을 허비하지 않습니다.
타인의 말이나 행동은 냉정하게 받아들이세요.
실수는 관대하게 포용하고
설령 다른 사람이 누군가를 비방하더라도
드러내놓고 동조하지 마세요.

좋지 않은 일에 함부로
남의 이름을 거론하지 않도록 주의하세요.
생각 없이 뱉은 말이
오늘 밤 누군가를 잠 못 들게 하는 이유가 됩니다.

아낌없이 베풀기

남에게 선행을 베풀면
기분이 좋아지는 건 무슨 까닭일까요?
그건 바로 본능이 시키는 일을 했기 때문입니다.
사람은 누구나 덕성이라는 본능을 가지고 있습니다.
그런데 어떤 사람은 평생 그것이
자기 안에 있는지도 모르고 살아갑니다.

덕성이란 눈에 보이지 않는 보석 같아서
주인이 상자를 열어야만 빛이 나기 때문입니다.

남을 돕고자 하는 마음도 덕성이 시키는 일입니다.
어려움에 처한 이웃을 보고도 그냥 지나쳤을 때
왠지 마음이 불편한 건 본능에 역행했기 때문입니다.

새는 죽는 순간에 슬픈 울음소리를 내지만,
인간은 가장 착한 말을 한다고 합니다.
어떤 철학자는 이것이 바로
사람은 원래부터 선하게 살도록 되어 있는
증거라고 했습니다.
선행을 베풀어야 할 대상 앞에서
일부러 냉정한 척하거나
인색하게 굴지 마세요.
당신은 착하게 타고났는데
왜 구태여 불편함을 자초하나요?

스스로를 토닥여주기

때로 우리는 자기 자신에 대해
너무 가혹한 잣대를 들이댑니다.
지금의 모습이 마음에 들지 않더라도
따뜻한 시선으로 자신을 바라보세요.
여기까지 오기 위해 많이 노력했잖아요.
수고했다고, 그동안 고생 많았다고
스스로를 보듬어주세요.

우리는 있는 그대로의 자신을 받아들이기가
왜 그렇게 힘든 걸까요?
욕망의 탑에는 꼭대기가 없기 때문입니다.
위만 보지 말고
자신을 향해 눈높이를 맞춰보세요.
현재 자신의 위치를 받아들이는 것이야말로
힐링의 시작입니다.

지금까지도 잘해냈으니 앞으로도 잘할 거라고
진심으로 자신을 격려하세요.

욕망이란 구멍 뚫린 술잔과도 같다고 합니다.
몹시 술에 취한 사람은
잔이 새는지도 모르고 자꾸만 술을 찾습니다.
부질없는 허상에 취해 비틀거리다
언제 어떻게 무너질지 모르는 게 욕망입니다.
구멍 난 술잔은 치워버리고
더 이상 몸과 마음을 지치게 하지 말아요.
도무지 끝이 보이지 않을 땐
잠시 쉬어가는 지혜도 필요합니다.

자신의 부족함을 알기

흔히 남에게 칭찬을 듣는 사람의 반응은
두 가지로 나뉩니다.
우쭐한 마음에 교만해지는 사람,
자신을 너무 과대평가한다며 얼굴 붉히는 사람.
누구나 칭찬을 듣게 되면 기분이 좋아집니다.
하지만 딱 여기까지입니다.
칭찬의 의미를 확대해석하다 보면
자기중심적인 착각에 빠져들게 됩니다.
이때의 칭찬은 그대로 독이 됩니다.

사람은 자신의 내면을 깊이 파고들수록
부족한 게 많다는 걸 알게 됩니다.
자신의 부족함을 아는 사람은
겸손함을 아는 사람입니다.
그는 자신이 완벽하지 않음을 알기에
구태여 남들 위에 서려고 하지 않습니다.

칭찬을 들어도 더욱 더 분발하라는 의미로 받아들여
마음을 단속할 줄 압니다.

스스로 완벽하다고 생각할수록
남보다 모자라는 게 많은 사람입니다.
지혜로운 사람은 자만하지 않습니다.
남을 가르치려 들지도 않습니다.
자신의 모자람을 깨우치지 못한 사람이
남을 훈계하기 좋아합니다.

우리가 진정으로 두려워해야 할 것은
남에게 과소평가되는 게 아니라
실제보다 과장되게 보이는 것입니다.

단순해지기

단순이란 말의 사전적 의미는
'복잡하지 않고 간단하다'는 뜻입니다.
뭔가를 억지로 꾸미거나
자연 그대로의 모습을 벗어난 것은
단순하다고 하지 않습니다.
단순한 것은 그 자체만으로도
사람을 매혹시키는 힘이 있습니다.
어린아이가 무조건적인 사랑을 받는 이유는
단순하기 때문입니다.
동물이 사랑스러운 것도
자연을 닮은 그 단순성 때문입니다.

가장 위대한 진리는 단순한 데 있다고 성현들은 말합니다.
단순하다는 것은 솔직하고 공평한 성질을 갖고 있습니다.
상황에 따라서 교묘하게 말을 바꾸는 사람의 머릿속은
잔꾀로 가득 차 있습니다.

상대방의 허점을 틈타
자신의 이익을 취하려는 사람도 마찬가지입니다.
지나치게 말이 많은 사람을 경계하세요.

말주변이 없다고 부끄러워할 필요는 없습니다.
멋진 말, 화려한 말로 자신을 포장하는 건
진실하지 못한 사람들의 특징입니다.
간단하게 생각하세요.
진실한 말에는 꾸밈이 없습니다.

강하게 밀고 나가기

프랑스의 언론인 베르나르 올리비에[*]는
62세에 실크로드를 횡단한 기적의 주인공입니다.
"사람들은 내가 대단한 일이라도 한 줄 아는데,
사실 별일 아닙니다. 그 정도야 한쪽 발이 앞으로 나간 다음에
다른 발을 움직이기를 1,500만 번쯤 되풀이하면 되는
간단한 일이거든요."
장장 1만 2,000km에 이르는 길을 4년 동안
도보로 여행한 소감을 물었을 때
그는 이렇게 대답했습니다.

의지는 모든 위대한 성과의 원천기술입니다.
육체적으로 아무리 강한 사람도 의지가 약하면
작은 역경에도 흔들릴 수 있습니다.
의지는 노력의 어머니, 힘의 근원입니다.
세상의 그 어떤 의무감도 의지를 이길 순 없습니다.
62세의 베르나르 올리비에[*]를 걷게 만든 건
기필코 그 일을 하고 말겠다는 의지였습니다.

목표를 향해 가는 길이 험난해도 포기하지 마십시오.
누군가는 말합니다, 정상은 더 높은 언덕에 불과하다고.
의심하지 말아요, 당신에겐 분명 가능합니다.
겁내지 말아요, 장애물은 넘으라고 있는 것입니다.
꾸준한 노력의 결과가 어떤 것인지는
우리 모두 잘 알고 있습니다.
그런데 당신은 무엇을 망설이나요?

＊ 베르나르 올리비에 : 프랑스 망슈 출생, 고독한 도보여행자.

유산 만들기

가진 것이 많을수록 앞으로 잃을 것이 많습니다.
사람이 영원히 소유할 수 있는 것은
아무것도 없습니다.
명예나 권세도 바람 앞의 나뭇잎 같은 것
이 세상에서 뜻대로 할 수 있는 것은 자신뿐입니다.

유혹에 흔들리지 않도록 스스로를 단련하세요.
남에게 보여지는 것에 의미를 두지 말고
혹여 양심에 어긋나는 일이 일어나지 않도록
항상 자신을 돌아보세요.
자연의 눈으로 세상을 대하면
부정한 것이 가까이 있어도 물들 일이 없습니다.
권모술수를 모르는 것보다 더 순수한 건
이를 알면서도 쓰지 않는 것입니다.

비겁한 자는 일확천금을 꿈꾸면서 잠이 들고

용기 있는 사람은 차근차근
자신의 운명을 열고 나갈 방법을
구상하며 잠이 듭니다.
아무리 간절히 원해도 유산상속 문서 따위가
하늘에서 뚝 떨어지는 경우는 없습니다.
그보단 스스로 유산을 만드는 게 더 빠를지도 모릅니다.

게으른 친구 멀리하기

노동의 가치를 알려고 하지 않는 사람을
친구로 두지 마십시오.
일하기 싫어하는 사람 곁에 있으면
아무리 부지런한 사람도 흔들리기 마련입니다.
게으름이라는 몹쓸 병에 전염되지 않으려면
놀고먹는 사람을 피하는 게 상책입니다.

지나치게 웃음에 인색한 사람과는
적당히 거리를 두십시오.
사람이 도무지 웃지 않는다는 건
기뻐도 기뻐할 줄 모르기 때문입니다.
행복이나 불행의 기운은 전염성이 강합니다.
기쁨을 알지 못하는 사람에게서
무슨 위안을 얻을 수 있을까요.

인생은 하루하루를 흘려보내는 것이 아니라,
자신이 가진 무언가로
하루하루를 채워 나가는 과정입니다.

불성실하고 매사에 부정적인 사람과
가까이 지내지 마세요.
친구는 곧 당신의 얼굴입니다.

사람 사귀는 일은 인생의 꽃밭을 가꾸는 일과 같습니다.
늦기 전에 당신의 아름다운 꽃밭을 어지럽히는
불순물들은 모두 거둬내세요.

떼쓰지 않기

소포클레스*는 말합니다.
"늙어가는 사람만큼 인생을 사랑하는 사람은 없다"고.
지금 자기 앞에 주어진 이 순간이
생의 마지막이라고 생각한다면
사는 게 생각처럼 되지 않는다고 한탄할 시간이 없습니다.
그럴 시간에 좋은 일이라도 하나 더 하려고 합니다.

세네카*는 말합니다.
"운명은 사람을 차별하지 않는다.
운명이 무거운 것이 아니라
나 자신이 약한 것이다"라고.
그는 또 말합니다.
"내가 약하면 운명은 그만큼 강해진다.
그러므로 비겁한 자는
늘 운명이란 갈퀴에 걸리고 만다"고.
툭하면 절망을 이야기하는 낙오자병 환자들이
스스로의 삶을 무겁게 합니다.

운명을 만드는 건 성격이고 습관입니다.
운명의 신은 냉정한 귀를 갖고 있다고 합니다.
열심히 기도했는데 소망이 이루어지지 않는다고
탄식하지 마십시오.
일이 뜻대로 되지 않는 건
기도가 부족해서가 아니라
노력이 부족하기 때문입니다.

* 소포클레스(Sophocles) : 고대 그리스 3대 비극시인.
* 세네카(Lucius Annaeus Seneca) : 후기 스토아 철학을 대표하는 로마 제정시대 정치가.

말하기 전에 한 번 더 생각하기

진실이 항상 유쾌한 것만은 아닙니다.
웃으면서 나눈 대화가 반드시 진실한 건 아닌 것처럼.
서양의 격언에도 이런 말이 있습니다.
"침묵보다 가치 있는 말이 아니라면 차라리 모르는 척하라."

말의 결과를 가지고 후회하는 건 어리석은 사람입니다.
타인의 단점이나 잘못에 대해선 조금 무뎌져도 괜찮습니다.
자기 자신을 아끼듯 말을 아끼세요.

우리는 그렇게 남에게 인정받길 원하면서
다른 사람에 대한 평가에는 왜 그리도 인색한 걸까요.

나쁜 습관과 결별하기

나방이 불을 향해 날아드는 것이나,
물고기가 낚시 바늘을 무는 건
그로 인해 죽음에 이르게 될 줄 모르기 때문입니다.

당신은 나방이나 물고기처럼 무지하지 않습니다.
그런데 어째서 매일
그토록 어리석은 행동을 되풀이하고 있나요?
오늘 하루 시시한 즐거움에 취해
정작 소중한 것들을 외면하진 않았나요?

파스칼*은 말합니다.
"고뇌에 복종하는 것은 치욕이 아니다.
인간의 가장 큰 치욕은 쾌락에 복종하는 것이다."
오늘 당장, 바로 지금부터 나쁜 습관을 떨쳐버리세요.
더 이상 불행해지지 않기 위해
'내일부터'란 말은 잊어버려야 합니다.

* 블레즈 파스칼(Blaise Pascal) : 프랑스의 수학자 · 물리학자 · 철학자 · 종교사상가.

범사에 감사하기

세네카는 말합니다.
"가난하다는 말은 너무 적게 가진 사람을 두고 하는 말이 아니라,
너무 많은 것을 바라는 사람을 두고 하는 말이다."
욕심을 줄이면 줄인 만큼 인생이 행복해집니다.

어떤 사람은 또 이렇게 말합니다.
"사람이 부(富)를 얻는 길은 노동, 구걸, 도둑질,
이 세 가지뿐이다."
그러자 옆에 있던 사람이 이렇게 덧붙입니다.
"노동으로 거칠어진 손은 썩지 않는다."

부와 행복이 반드시 한데 붙어 다니진 않습니다.
더 많은 것을 바라는 욕심 때문에
내 앞에 놓인 진짜 행복을 놓치고 있지는 않은지
곰곰 생각해보십시오.

PART02
사랑, 그 고귀한 만남을 위하여

가까이 있는 사람에게 잘해야
멀리 있는 사람을 얻을 수 있다(近者悅 遠者來)

- 공자

사랑의 독

산다는 게 참 불공평하게 느껴질 때가 있습니다.
남들만큼 사랑했는데 어째서 남들만큼 행복하지 못했던 걸까요?

누군가는 사랑을 '고뇌와 계약을 맺는 것'이라고 했습니다.
지금보다 자주, 더 많이 사랑은 당신을 고뇌하게 만들 것입니다.
때때로 사랑 때문에 밑도 끝도 없는 외로움에
시달리기도 할 것입니다.
그것이 사랑의 독(獨)입니다.

당신은 많이 힘들고 많이 외로웠습니다.
그것은 사랑이라는 환상이 만들어낸 독입니다.

어떻게 사랑이 변하냐고 자신을 탓하지 말아요.
어떤 독을 치유하려면 다른 독을 써야 하는 것처럼
사랑의 상처를 다스릴 수 있는 건 사랑뿐이라는 말,
고뇌하는 당신께 드립니다.

사랑도 중독

'해치워버리는 것만으로 그것이 끝난다면
당장 해치워버리는 게 좋다.'
셰익스피어*가 한 말입니다.
헛된 만남에 매달려 자신을 괴롭히지 마세요.
어쩌면 당신은 누군가를 사랑한다고 믿는 마음에
중독되어 있는지도 모릅니다.

가치 없는 일에 스스로를 희생시키지 말아요.
세상에 나쁜 사람은 없을지 몰라도
나쁜 인연은 있습니다.
누구든 먼저 고리를 끊어내지 않으면
고통은 사라지지 않습니다.

일방적인 이별은 너무 이기적이라고
자책하지 말아요.
행복하지 않은 사랑은
그저 못난 습관일 뿐입니다.

사람은 자기를 용서하는 법을 통해서 성숙해집니다.

당신도 많이 울었잖아요.

토닥토닥

더 늦기 전에 잘한 일이라고 자신을 격려해주세요.

우리 모두는 스스로에게 가장 영향력 있는 응원군입니다.

* 윌리엄 셰익스피어(William Shakespeare) : 영국이 낳은 세계 최고 시인 겸 극작가.

성장통

빙동삼척 비일일지(氷凍三尺 非一日之).
'한겨울 얼음 석 자가 한나절 추위에 굳어진 건 아니다'는
말이 있습니다.
어떤 결실을 얻기 위해선
말 못할 고통과 노력이 따른다는 뜻이지요.

사랑 때문에 겪는 아픔도 우리가 열매 맺기 위한 과정입니다.
성장통을 두려워하지 마세요.
안 아픈 척, 센 척하느라 자신을 몰아세우지도 마세요.
겨울이 너무 길게 느껴지면 가끔은 펑펑 울어도 괜찮아요.

사랑은 철이 없어 막무가내로 우릴 울고 웃게 합니다.
하물며 양심도 없지요.

그러니 어쩌겠습니까.
슬픔마저 얼음처럼 단단해지길 기다리는 수밖에요.

사랑 싸움

연인들 사이에 다툼이 이는 건 대부분
생각을 나타내는 방법의 차이 때문입니다.
둘이서 한 곳을 보고 있어도
표현하는 방법이 다를 수 있지요.
나타나는 방법이 마음에 들지 않는다고
진실을 외면할 때 다툼이 생깁니다.

모든 사람이 다 내 마음 같지 않다는 건 당신도 압니다.
어쩌면 당신이 틀릴 수 있다는 것도 압니다.
그런데 당신은 무엇 때문에 그렇게 화가 치미나요?
혹 상대방이 당신 뜻대로 움직여주지 않는 것만
탓하고 있지는 않은지요?

현자들은 말합니다.
자기 자신을 위해 싸우지 말고
진실을 알기 위해 싸우라고.

사랑 싸움에 이기지 못한 건
절대 부끄러운 일이 아닙니다.

참된 사랑을 하려거든
빈 들판에서 서로의 등을 핥아주는
소 두 마리처럼 하세요.
서로를 가꿔주는 만큼
더 빛나고 아름다워지는 게 사랑입니다.

갈등은 차분하게

언어는 인간성의 사원(寺院)이라고 합니다.
그 언어를 사용하는 사람의 혼이
그곳에 안치되어 있기 때문입니다.

생각이란 남에게는 보이지도 않고 만질 수도 없는
혼자만의 것입니다.
갈등이 생겼을 땐
최대한 차분해져야지 합니다.
사랑한다는 이유만으로 자신의 입술을 흉기로 만들지 말아요.
속상해도 조금만 더 참아주는 건 어떨까요?

릴케*의 말입니다.
"한 사람이 다른 사람을 온전히 사랑한다는 건
가장 어렵고 힘든 일"이라고.
연애는 그 어렵고 힘든 일의 시작에 불과합니다.

* 라이너 마리아 릴케(Rainer Maria Rilke) : 독일의 시인

사랑의 속성

'키스는 짠물을 들이키는 것과 같다.
마실수록 갈증은 더해만 간다.'
작자 미상의 글입니다.
지금껏 사랑의 속성을 이토록 절절하게 표현한 글을
나는 보지 못했습니다.

누군가와 사랑에 빠진다는 건
수렁에 빠지는 것에 비유됩니다.
한 번 발이 빠지면 허리까지 잠기고
허리가 빠지면 머리까지 끌려들어 가는 마법의 수렁.

인간은 나약한 존재라
어떤 감정에 너무 취하면
본성을 잃어버리기도 한다지요.
좋은 느낌이 좋은 감정, 좋은 행동을 만듭니다.
사랑을 할 때만큼은 누구나 시인이 된다고 하는 것도

그런 까닭일테지요.
좋은 관계를 유지하는 유일한 방법은
항상 선한 느낌을 갖도록 노력하는 것입니다.

사랑은 조심조심

얼굴은 누구나 볼 수 있지만
마음은 누구에게도 보이지 않습니다.
섣불리 그 사람의 마음을 판단하려고 들지 마세요.

남을 평가하기 좋아하는 사람은 아집에 빠지기 쉽습니다.
매사를 남과 비교하기 좋아하는 사람은
열등감이나 교만에 빠지기 쉽습니다.
모든 선택이나 행동은 각자의 양심에 속한다는 걸 잊지 마세요.

사랑도 어린아이 같아서 잘 보살피지 않으면
엇나가는 수가 있습니다.
다만 지나친 어른 노릇은 절대 금물입니다.

물이 거침없이 흐르기 위해서는
골짜기보다 몸을 낮춰야 합니다.
가장 깊은 사랑은 스스로 완벽하다고 믿는 게 아니라
자신의 부족함을 아는 것입니다.

맹목과 집착

사랑은 많은 걸 변하게 만듭니다.
누군가에 대한 마음이 커져가면서
전에는 감히 상상도 못했던 말이나 행동을 하게 됩니다.
생각보다 자신이 훨씬 옹졸한 존재란 사실을
느낄 때도 있습니다.

속으론 이건 아닌데, 하면서도
맹목적인 의심의 싹을 키우기도 합니다.
방법이 옳지 않다는 걸 알면서도
'사랑하니까!' 손바닥으로 하늘을 가리려고 합니다.
그러면서 내 안에 이런 무서운 것들이 숨어 있는지
정말 몰랐다고 탄식합니다.

집착은 시간이 갈수록 이성을 무디게 하고
잡념의 덩치만 키우는 괴물입니다.
사랑이라는 미명하에 자꾸만 어리석어지는 건

얼마나 슬픈 일인가요.
집착을 버리기 위한 가장 좋은 방법은 자신의 내부세계에
관심을 갖는 것입니다.

내일이 아니라 오늘, 나중이 아니라 지금 당장
자신을 불행하게 만드는
나쁜 습관들과 결별해야만 합니다.

의심이 모락모락

우리는 행복해지기 위해 사랑을 합니다.
상대방에게 사랑을 베푸는 것도
그렇게 해야만 내 마음이 행복하기 때문입니다.

받는 사랑보다 주는 사랑이 더 크다고 느껴질 수도 있습니다.
가끔 사소한 일에 상처받고 혼자 속을 태우기도 합니다.
상대방의 마음이 변한 건 아닐까?
혼자서만 안달복달하는 건 아닐까?
어느 한쪽이 손해 본다고 느낄 때 갈등은 시작됩니다.

변한 건 아무것도 없는데
일방적인 상상만으로 서로를 괴롭히고 있는 건 아닐까요?

너그러움은 사랑의 본질 가운데 하나입니다.
간혹 연애의 상식과 어긋나는 행동을 해도
'당신이니까 그럴 수 있다'고 용납해주는 것입니다.

사랑의 복병, 권태기

사랑하는 사람과 행복한 고민만 하며 살 수 있다면
얼마나 좋을까요.
눈에 콩깍지가 씌었다고 하는
절대적이고 맹목적인 시간은 영원하지 않습니다.
순간을 영원처럼 사랑한 연인들에게도
권태기는 복병처럼 다가옵니다.

이 세상에 영원한 건 없다는 사실을 받아들이기가
왜 그렇게 힘이 들까요?
연인관계에 치명적인 위기가 찾아오는 것도
이 무렵입니다.

조급함은 권태기의 적입니다.
조금만 여유를 가지세요.
사랑도 가끔은 휴식이 필요하다잖아요.
서운한 점들만 보지 말고

긍정적인 것들에 집중하면 어떨까요.

원망이나 미움으로
소중한 시간을 흘려버리지 말아요.
속박당한 영혼에게 인생은
백년도 하루같이 짧게 지나갑니다.

사랑의 표현

사랑하고 사랑받는 사람들의 공통점은
호기심이 많다는 것입니다.
무관심은 열정을 식게 만드는 제일 빠른 방법입니다.

사랑은, 발견하는 것이고 표현하는 것입니다.
만남이 아니면 얻지 못했을 기쁨,
달라진 일상의 즐거움들을
말로 표현해 보세요.
사랑한다면 상대방의 장점을 발견하는 일만큼은
선수가 되어야 합니다.

사랑의 역사는 관심의 역사, 마음 보여주기의 역사입니다.
표현에 인색한 사랑은 수명이 짧을 수밖에 없습니다.
가슴에 품은 진심만으론 부족합니다.

사랑하는 이가 바라는 것

사람들이 어떤 성자에게 물었습니다.
"행복한 인생을 살아가기 위해 평생 지켜야 할 규범은
무엇입니까?"
성자가 말했습니다.
"자기가 바라지 않는 것을 타인에게 바라지 않으면 됩니다."

사람의 마음이란 비슷합니다.
힘들 때 당신이 바라는 걸 먼저 선물하는 건 어떨까요?

사랑은 일방적인 조공(朝貢)이 아닙니다.
연인을 노예로 만들진 마세요.

한 걸음 떨어져서

아무리 사랑하는 연인끼리도
포용이 지나치면 희생이 되고
관심이 지나치면 간섭이 됩니다.
조금 불안해 보이더라도
한 걸음만 떨어져서 지켜보세요.
좋아하는 사람에게 인정받고 싶은 건
인간의 본능입니다.

사랑한다고 모든 걸 나눠가지려는 건 과욕입니다.
상대방이 내키지 않아 할 땐 모르는 척해주는 게
진정한 배려입니다.
위로나 격려를 굳이 행동으로 표현할 필요는 없습니다.

상대방이 예민하게 굴 땐 쿨하게 자리를 비켜주세요.
당신은 언제든 그가 기댈 수 있도록
어깨를 비워놓기만 하면 돼요.

일체의 희망을 버리고

'일체의 희망을 버려라.'
단테*가 쓴 《신곡》에서 지옥의 문에 내걸린 구절입니다.

때론 사랑에 지쳐서
모든 희망을 버리고 싶을 때가 있습니다.
세상을 다 가지겠다는 것도 아닌데
사람 하나 마음에 두기가 왜 이토록 힘든 걸까요.

시인 T. S. 엘리엇*이 당신에게 묻습니다.
"모든 기쁨을 함께 나누며, 무언의 기억 속에서 두 사람의 영혼
이 함께 한다는 것을 느끼는 순간보다 더 강한 것이 있을까?"

마음이 보이지 않는 사랑은 진짜 사랑이 아닙니다.
슬프지만 일체의 희망을 버려야 할 때입니다.
가망 없는 사랑 때문에
자신을 더 이상 남루하게 만들지 마세요.

* 알리기에리 단테(Alighieri Dante) : 13세기 이탈리아의 시인 예언자, 신앙인.
* T. S. 엘리엇(Thomas Stearns Eliot) : 미국계 영국 시인 겸 극작가이자 비평가.

적당한 선에서

현자들은 말합니다.
"원하는 것을 소유할 수 있다는 것은 커다란 행복이다.
그보다 더 좋은 것은 우리가 갖고 있지 않는 것을
원하지 않는 것이다."

현명한 사람은 적당한 선에서 마음을 비우는 방법을
알고 있습니다.
갖고 싶다고 해서 다 가질 수 없다는 것을 알기 때문입니다.

절제하는 삶의 가장 큰 혜택은 만족하는 법을 배우는 것입니다.
욕망과 열정은 구별되어야 합니다.
탐욕에는 반드시 대가가 따릅니다.

당신은 무엇을 위해 오늘 하루를 살았나요?

나쁜 말은 아웃

심사가 사나운 날일수록 입에서 나오는 말이 거칠어집니다.
어쩔 수 없어요. 그게 사람이니까!
그런데 이런 날은 되도록 혼자만의 시간을 가져보는 건 어떨까요?

남을 쉽게 평가하는 건 절대 올바른 태도가 아닙니다.
다른 사람의 나쁜 행실을 발견하더라도 함부로 말하지 마세요.
사실이든 아니든 당신은 누군가의 눈에
단지 험담하기 좋아하는 사람으로 비쳐질 뿐입니다.

누가 남을 비난하더라도 섣불리 동조하지 말아요.
타인의 단점이나 결점을 찾아내기 좋아하는 사람과는
가까이하지 않는 게 좋습니다.
내일은 그 대상이 당신 자신일 수도 있으니까요.

누군가에게 좋은 사람으로 기억되고 싶으면
나쁜 말을 입에 올리지 않는 것만으로도 충분합니다.

지켜주는 사랑

사랑이란, 다른 사람의 행복이 궁극적으로
내 것이 되는 것이라고 합니다.
그렇다고 처음부터 끝까지 행복하기만 한 건 아닙니다.
모든 관계와 마찬가지로 사랑 또한
시간과 인내가 필요한 소통의 과정입니다.

아무리 사랑하는 사이라도
종종 불협화음이 일어날 수 있습니다.
혼자서 감당하기엔 너무 큰 상처를 받고
깊은 고민에 빠지기도 합니다.
상대방이 생전 처음 보는 사람처럼 생각되어
혼란스러워질 때도 있습니다.
차라리 모든 걸 놓아버리고 싶다는 회의가 들 수도 있습니다.

모든 현상에는 원인이 있습니다.
혹시 너무 많은 걸 기대했던 건 아닐까요?

스스로 최선을 다하지도 않고 상대방에 대한 원망만
쌓아두고 있었던 건 아닐까요?

순수하게 열정을 바친 일에는 후회가 남지 않는 법입니다.
남과 비교하지 말고 그 사람의 가능성에 집중해 보십시오.
사랑은 포기하는 게 아니라 지켜주는 것입니다.

사랑의 황금률

일방적으로 받기만 하면 사랑은 영양실조에 빠집니다.
당신이 원하는 건
상대방도 간절히 바라고 있다는 걸 기억하십시오.

순수한 사랑은 때로 사람을 바보로 만들기도 합니다.
진짜 바보라서가 아니라
그만큼 상대방을 소중히 여기기 때문입니다.
세상 그 어떤 이가 그토록 마음을 써줄 수 있을까요.

사랑에도 의무가 있습니다.
가끔은 너무 받는 것에만 익숙해져 있지 않나 자신을 돌아보세요.
가능하다면 지금이라도 자신이 누리는 행복을
그에게 나눠주세요.

사랑은 서로에게만 특혜를 주는 축복입니다.
나를 아껴주는 사람일수록 귀하게 여길 줄 알아야 합니다.
착한 사람을 노예로 만들진 마세요.

반창고

아무리 진지한 사람도 연인 앞에선 망가진 모습을
보일 수 있는 게 사랑입니다.
사랑하는 사람에겐 다소 과장된 행동을 해도 흠이 되지 않습니다.
시름에 빠진 연인을 위해
한 번쯤 다른 모습을 보여주는 건 어떨까요?

현자들은 말합니다.
"어리석은 사람은 인생의 기쁨을 경멸하는 것이 대단히 심오한
철학인 줄 알고, 마치 자기는 그보다 더 나은 것을 가지고 있다는
듯이 행동한다."

행복하고 즐거운 인생을 살고 싶은 건 인간의 본성입니다.
때론 백 마디 말보다 웃음을 주는 행동 하나가
확실한 사랑의 반창고 역할을 합니다.

그 사람이 웃으면 당신이 더 행복하지 않나요?

현실 속의 사랑

죽음이 눈앞에 닥쳐온 사람에게는
평화롭게 죽는 것이 유일한 희망이라고 합니다.
사랑에 빠진 당신의 희망은 무엇입니까?

우리는 어제와 마찬가지로
오늘도 내일도 변치 않을 것이란
믿음으로 사랑을 합니다.
하지만 마음과는 달리 늘 소란스럽고
때때로 상처를 주고받는 게 사랑의 현실입니다.
그 사람 때문에 행복했던 일상들이
그 사람 때문에 힘든 시간이 되기도 합니다.
어쩌다 희망이 절망으로 변했는지
그저 혼란스러울 따름입니다.

절망을 희망으로 바꾸는 가장 좋은 방법은
더 많이 아껴주고 사랑하는 것입니다.

당장 내일 헤어져도 후회가 남지 않을 만큼
오늘 그를 사랑하세요.

이제껏 다 주지 못한 사랑이 있다면
아직은 이별을 생각할 때가 아닙니다.

내가 먼저 낮추기

현자들은 말합니다.
"자기에게는 엄격하게 대하고 벗들에게는 겸손하게 대하라.
그러면 그대의 적은 사라질 것이다."

팽팽한 줄을 양쪽에서 끌어당기면 결국 줄은 끊어지고 맙니다.
당신이 먼저 손목의 힘을 풀어보세요.
싸움에서 승리하고 싶으면 자신의 분노부터 다스려야 합니다.

갈등을 해결하는 최고의 무기는 자신을 낮추는 겸손함입니다.
상대방이 옳지 않은 말을 하더라도
흥분하거나 언성을 높이면 안 됩니다.
생각이 다를 수도 있다고 고개를 끄덕여주는 것만으로도
분쟁을 멈출 수 있습니다.

겸손은 모든 인간관계의 미덕입니다.
자기를 낮추는 것만으로 우정을 살 수 있다면
세상에 그보다 좋은 협상이 없습니다.

진정한 용서

용서는 누군가를 사랑하는 동안에만 할 수 있는 일이라고 합니다.
이미 용서했다면 잊어버리는 게 맞습니다.
지나간 일을 마음에 두면 남는 건 상처뿐입니다.

가슴에 박힌 상처가 아주 없었던 일처럼
영원히 사라질 수는 없습니다.
그러나 상대방을 용서했다는 사실조차 잊어주는 게 사랑입니다.
피해의식은 서로를 가해자로 만들고 관계를 망치는
치명적인 독이 됩니다.

상대방이 잘못을 뉘우치고 달라졌다면
깨끗하게 잊으세요.
진정한 용서는
조그만 앙금도 남기지 않는 것입니다.

행복의 느낌

신은 만족을 모르는 인간을 위해 '느낌'이라는 구원을
선사했다고 합니다.
행복은 주관적인 것입니다.
스스로 좋은 느낌을 갖지 않으면
온통 불만으로 가득 찬 인생이 됩니다.

현자들은 말합니다.
"완전이라는 것은 아무것도 보탤 게 없는 상태가 아니라
더 이상 아무것도 바라지 않는 상태를 말한다."

자신이 행복한 사람인지 아닌지를 느낄 수 있는 건
오직 자기 자신뿐입니다.
세상 꼭대기에 앉아 있어도 아래를 볼 줄 모른다면
그는 여전히 불행한 사람입니다.

지금 당신의 느낌은 어떤가요?

시들해진 사랑을 위한 마법

사랑은 행복한 설레임입니다.
설레임은 사랑을 지속시키는 가장 큰 에너지입니다.
그런데 이 에너지는 수명이 짧다는 흠이 있습니다.

설레임을 잃어버린 만남은 사람을 게으르게 합니다.
이제 당신의 사랑을 점검해볼 시간입니다.

연애에 활력소가 필요하다고 생각되면
초심으로 돌아갈 때입니다.
추억은 우리가 생각하는 것보다 훨씬 힘이 셉니다.

열정을 되살리기 위한 또 다른 방법은
스스로에게 마법을 거는 것입니다.
부정적인 생각은 떨쳐버리고 멋진 그림을 떠올려 보세요.
그리고 마음속으로 크게 외치는 겁니다.
"지금이 참 좋다!"
"그 사람이 있어 참 좋다!"

쓸쓸한 당신의 저녁을 위하여

이별이 슬픈 이유는
더 이상 추억을 공유할 상대가
없어졌다는 사실 때문입니다.

미치도록 사랑하지 않아서 사랑이 떠났다고
죽도록 그리워하지 않아서 결국은 혼자라고
어차피 되돌릴 수 없는 상황을 두고
지나치게 자신을 몰아세우지 마세요.
이미 건너온 강 너머 세상에
미련을 두지 말아요.

새로운 추억으로 지나간 추억의 페이지를 묻어버리세요.
그리고 더 멋지고 아름다운 사랑의 역사를 만들어 가세요.
당신은 더 많이 강해져야 합니다.

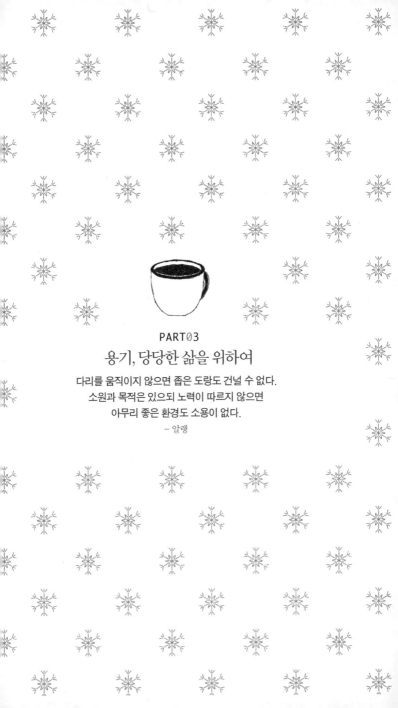

PART03

용기, 당당한 삶을 위하여

다리를 움직이지 않으면 좁은 도랑도 건널 수 없다.
소원과 목적은 있으되 노력이 따르지 않으면
아무리 좋은 환경도 소용이 없다.

— 알랭

나의 램프

핀란드 속담에 이런 말이 있습니다.
'아침이 오지 않을 만큼 긴 밤은 없다.'
핀란드는 백야(白夜)와 흑야(黑夜)가 공존하는 나라입니다.
여름은 백야가, 겨울엔 흑야가 지배합니다.

백야가 되면 하루 3시간 정도만 어두워지고
흑야가 되면 하루 3시간 정도밖에 해를 볼 수 없습니다.
여름이 깊어질수록 해는 더 길어지고
겨울이 깊어질수록 밤은 더 길어집니다.

낮이 길다고 계속 깨어 있을 수도 없고
밤이 길다고 잠만 잘 수도 없습니다.
핀란드 사람들이 생각해낸 건
인위적으로 낮과 밤을 구분하는 것입니다.
백야의 계절이 오면 두터운 커튼으로
완벽하게 빛을 차단하고

흑야가 시작되면 집집마다
거실이나 부엌 창가에
램프를 매달아 놓습니다.

그들이 키르카스발로람프라고 부르는 램프는
우울증을 예방하기 위한 것이랍니다.
램프를 쬐고 있으면 모자란 햇빛으로 인해
가라앉았던 마음이 한결 밝아진다고 하네요.
우리도 자신만의 램프를 가져보는 건 어떨까요?

노동과 휴식

평생 일하지 않고도 풍족하게 살아가는 사람이 있을까요?
목표가 없는 인생만큼 따분한 삶이 또 있을까요?
육체는 열심히 움직이길 원하고
영혼은 재능을 인정받을 때 즐거움을 느낍니다.
우리는 누구나 일할 수 있는 몸과 재능을 가졌습니다.
그리고 달콤한 휴식과 안정을 원합니다.
일하지 않는 사람에게 애당초 휴식이란 없습니다.
그에겐 다만 주체할 수 없을 만큼 무료한 시간이 있을 뿐입니다.

현자들은 말합니다.
"불행은 불가항력적인 현상은 아니다.
그것은 어디까지나 인간이 만들어 내는 현상이다."

'인생은 마음이 비추는 거울'이라는 말도 있습니다.
스스로 자신을 어떻게 보느냐에 따라서
인생의 그림이 달라지는 것입니다.

인생의 역경

역경이 닥치면 '왜'냐고 묻기 전에 '어떻게'를 생각하세요.
왜 하필 이런 일이 나에게 생겼는지 한탄하지 말고
위기를 벗어날 방법부터 찾아야 합니다.
그리고 이보다 더 괴로운 일을
행복해 보이는 저 사람도 겪었다는 걸 기억하세요.

고난의 최대 적수는 자신감입니다.
생각만으로 스스로를 절벽으로 몰아가진 말아요.
인생이 위태로운 건
자신의 능력을 신뢰하지 않기 때문입니다.
두려움 때문에 당신은
상황을 더욱 불리하게 만들고 있지는 않나요?

물이 얕은지 깊은지는
직접 그 물에 발을 담가본 사람만이 알 수 있습니다.
물이 너무 깊다면 잠시 멈춰서서 방법을 찾아보세요.

사람들은 어떤 식으로든
그 길을 건너갔을 것입니다.

'할 수 있다'는 마음만으로 부족할 땐
'해야 한다'로 바꿔야 합니다.

관용

미움을 미움으로 갚으려면
얼마나 많은 에너지가 필요할까요?
살면서 제일 괴로운 일이
미워하는 사람을 마음에 두는 일입니다.
미움이란 놈은 우리가 생각하는 것 이상으로
끈질기고 꼬리가 깁니다.

사람의 본성은 남을 미워하는 것보다
사랑하는 감정에 더 익숙해져 있습니다.
아무리 미워해도
괴로웠던 사건 자체는 절대로 사라지지 않습니다.
스스로 그 사슬을 끊어버리지 않는 한
마음은 언제까지나 분노로 가득 차 있지요.
상대가 눈에 보이지 않는다고 해서
미움의 감정도 사라지는 건 아닙니다.

미움으로 병든 마음을 치유할 수 있는 길은
관용뿐입니다.
마음을 잘 다스려 자신을 분노로부터 구하는 것입니다.

미워하는 사람을 갖지 않는 것만으로도
인생은 훨씬 풍요로워집니다.

섣부른 판단은 금물

성경은 말합니다.
"제 눈의 들보는 보지 못하면서 어떻게
형제의 눈 속에 있는 티를 빼내주겠다 하느냐?"

우리가 가장 범하기 쉬운 과오는
타인에 대해 이러쿵저러쿵 평가하는 것입니다.
그러나 아무리 가까운 사이라 하더라도
다른 사람의 마음속에 일어난 일에 대해선
잘 알지 못합니다.

상대방이 지금 어떤 모습을 하고 있더라도
그것이 전부는 아닙니다.
당신 역시, 누군가 당신의 한 단면만을 보고 평가한다면
억울하잖아요.
남들도 똑같습니다.

멀리서 보면 늘 잔잔히 고여 있는 것 같지만
강물은 쉴 새 없이 흐릅니다.
강물이 그런 것처럼
사람도 언제나 한결같을 순 없습니다.
그 입장에 서보기 전에는
남의 일에 대해 함부로 판단하면 안 됩니다.

완전한 선

현자들은 말합니다.
"완전한 선은 이미 그 행위 속에 보답이 내포되어 있다.
보답을 바라고 행하는 선은 그 의미가 말살된 것이다."

산타클로스*는 세상에 많은 기쁨을 선사했지만
아무도 진짜 그의 이름을 모릅니다.
그가 어떤 보답을 바라고 선행을 베푼 것이
아니라는 사실만은 분명합니다.
남에게 도움이 되는 인생을 살 수 있다면 축복 받은 것입니다.
진정한 삶의 가치를 실현했기 때문이지요.

열심히 노력하면 누구나 부자가 될 수는 있습니다.
그러나 부자라고 해서 모두 축복 받은 인생은 아닙니다.
심지어 남에게 좋은 일을 하고도
초라해지는 부자도 있습니다.

어떤 사람은 말합니다.
"굳이 보답을 바라지는 않았지만 최소한 내 마음만은
알아주기를 원했어요."
말은 그럴듯하지만 결국 그 진심은
자신을 드러내고 싶었던 것이지요.

* 산타클로스(Santa Claus) : 어린이들의 수호 성인인 성 니콜라스의 별칭.

자화자찬

현자들은 말합니다.

"인간은 자기의 육체를 스스로 들어올릴 수 없듯이 스스로 자기를 높일 수 없다. 자신을 높이기 위해 수단을 쓰면 쓸수록 사람들 앞에 자기의 허물이 탄로나기 마련이다. 겸손하다고 스스로 말하는 자는 결코 겸손한 자가 아니다. 자신에 대해 침묵하는 자가 사실은 제일 현명하다."

지혜로운 사람은 자신에 대한 말을 아낄 줄 압니다.
남의 말에 더 많이 귀를 기울입니다.
부정적인 평가를 받으면 원인을 찾아볼 줄도 압니다.

가장 좋은 방법은 자기에 대해 아무 말도 하지 않는 것입니다.

남에게 호감을 얻기 원한다면 자화자찬을 삼가야 합니다.
사실이든 아니든 너무 잘난 사람은
남들에게 거부감을 일으키기 쉽기 때문입니다.

후회하기 전에

'후회하기엔 이미 때가 늦었다'는 말은
반은 맞고 반은 틀린 말입니다.
그 상황을 되돌릴 수는 없습니다.
깨진 유리컵을 붙잡고 있으면 상처만 커질 뿐입니다.
당신이 마음먹기에 따라서
상황을 더 악화시키지 않을 방법은 있습니다.
그러니 이미 때가 늦었다는 말은 옳지 않습니다.

깨진 컵일랑 얼른 치우고 흔적을 남기지 마세요.
상처가 덧나지 않게 하려면 스스로 자신을 돌봐야 합니다.
후회는 사람을 좀 더 나은 길로 인도하는 영혼의 자극제입니다.

실수를 인정하고 자신의 한계를 깨우친 사람은
뒷걸음질 치지 않습니다. 후회하는 순간 기회는 다시 열립니다.
늦었다고 생각하는 상황에서도 앞으로 나아가는 사람이
결국은 성공합니다.

알고도 저지르는 잘못

삶의 중요한 덕목 중 하나는
인간의 기본적인 도리를 지키는 것입니다.
사람들 사이에 일어나는 분란의 대부분은
이러한 도리를 하찮게 여기기 때문입니다.

바보들은 몰라서 잘못을 저지르기 쉽습니다.

사람들은 모르고 한 일에 대해선
비교적 관대한 편입니다.
모르는 부분을 가르치려고 할지언정
정의롭지 않다고 비난하지는 않습니다.

문제는 알면서도 하는 행동입니다.
인간의 도리나 약속을 일일이 지키면서 산다는 게
피곤한 일이기는 합니다.
사소한 것들은 무시해버리고 싶기도 합니다.
정의롭지 못하다는 건
잘못되었다는 걸 알면서도 바르게 살지 못하는 것입니다.

바른 생활이 인간다운 삶을 위한
최고의 조건은 아닐 수도 있습니다.
그러나 이것은 최초의 조건에 해당됩니다.
기본만 지키고 살아도
남에게 손가락질 받을 이유가 없습니다.

고뇌 가운데

이렇게 사는 게 과연 옳은 일일까?
10년, 20년 후의 나는
지금의 선택을 후회하지 않을까?
성공적인 인생이란 어떤 것일까.
이 순간 나는 정말 행복한가?

자기 삶의 진정성에 대해
한 번쯤 고민해보지 않은 사람은 없을 것입니다.
때론 자기 자신을 돌아보는 것이
견디기 힘든 일이 될 수도 있습니다.
현실은 마음에 들지 않고 과거는 돌이킬 수 없습니다.
어떻든 그대로 짊어지고 가야 할 인생입니다.

삶은 무수한 갈림길의 연속입니다.
수없이 고뇌하는 가운데 우리는
자기 인생을 책임지는 방법을 배웁니다.

성공과 실패의 확률은 반반입니다.
고뇌하고 또 충분히 고뇌하십시오.
많은 걸 잃어버릴 수도 있지만
또 얻을 수도 있는 게 인생입니다.

고뇌를 모르는 사람은
남의 인생에 묻어가는 것 말고는
아무것도 깨우치지 못합니다.

당나귀의 고집

현자들은 말합니다.
"사람은 의지가 강해서라기보다 무능함을 가장하기 위해
고집을 피울 때가 많다. 그런 고집쟁이와는 다툴 일만 생길 뿐
결코 변화시키지는 못한다."

어떤 사람이 고집 센 당나귀를 몰고
산을 오르는 중이었습니다.
당나귀는 큰길을 놔두고 낭떠러지 쪽으로 가려고 했습니다.
놀란 주인이 당나귀를 끌어올리려고 꼬리를 잡아당겼습니다.
그러나 당나귀는 계속 고집을 부리며 뻗댔습니다.
한동안 그렇게 잡아당기고 내빼고 하는 씨름이 계속되었습니다.
힘이 빠진 주인은 당나귀의 꼬리를 놓아버렸습니다.
당나귀는 낭떠러지에 떨어져 다리가 부러졌습니다.

자기주장이 강한 사람은 이런 당나귀의 모습같습니다.
무슨 말을 해도 낭떠러지로 가는 그의 발길을

되돌릴 수 없습니다.
고집을 꺾으려 할수록 더욱 더 흥분해서
목청을 높이는 게 이들의 특징입니다.

힘에 부치도록 모든 사람을
다 끌어안을 필요는 없습니다.
현자들은 말합니다.
"바보와 죽은 사람만이 결코 자기의 의견을 바꾸지 않는다."

호의는 물론 중요하지만

우리는 어떤 식으로든 남과 협력하며 살아갑니다.
남을 도와줄 때도 있고 신세를 져야 할 때도 있습니다.
일방적으로 도움을 주거나 받기만 하는 관계는
오래 유지될 수 없습니다.

살면서 가장 경계해야 할 것은 정신의 게으름입니다.
게으름이 습관이 되면 자존심마저 잃게 됩니다.
오늘만, 오늘만, 하는 타성에 젖은 생활에
양심은 무뎌집니다.

내가 하기 싫은 일은 남들도 하기 싫은 법입니다.
타인의 마음이나 일을 존중하지 못하는 사람은
도와줄 이유가 없습니다.
동정이나 연민으로
자신을 희생시키진 말아야 합니다.

호의로 시작되어 악연으로 끝나는 것만큼
슬픈 일도 없습니다.

설득하기 쉬운 상대

현자들은 말합니다.
"사람은 같은 강물 속에 두 번 몸을 담글 수는 없다.
두 번째는 이미 다른 강물이기 때문이다."

누군가가 나를 힘들게 할 때
우리는 상대방이 먼저 바뀌기를 기대합니다.
하지만 사람의 마음이란 그리 쉽게 바뀌지 않습니다.
가장 빠르고 효과적인 변화는
자기 자신을 먼저 바꾸는 데서 시작됩니다.

항상 같은 문제로 다투는 부부가 있습니다.
아내는 남편의 무관심을 질타하고
남편은 늘 화만 내는 아내를 이해할 수 없었습니다.
어느 날 아내가 남편에게 물었습니다.
"당신은 날 사랑하나요?"
아내의 물음에 남편은 고개를 끄덕였습니다.

"날 사랑한다면서 왜 내가 원하는 대로 해주지 않는 거죠?"
그러자 남편이 반문합니다.
"당신은 날 사랑한다면서 왜 내 성격이 이런 걸
이해해주지 못하는 거지?"

세상에서 제일 설득하기 쉬운 상대는 자기 자신입니다.

이 세상 곤란 속에서

최후의 승자는 곤란 속에서
자신의 진가를 발견해 내는 사람입니다.
그는 어떤 역경이 닥쳐도
자신에 대한 기대를 저버리지 않습니다.
높은 곳에서 추락했다면 다시 올라가도록 노력하십시오.
시련은 항상 문제와 답을 함께 들고 나타납니다.

겸손하게 지나온 길을 되돌아보십시오.
당신은 어딘가에서 방향을 잘못 잡은 것뿐입니다.

길이 아닌 것처럼 보이는 곳에도 길은 있습니다.
가지 않은 길에 답이 있을 수도 있습니다.
과감하게 두려움의 문을 열어젖히고 앞으로 나아가세요.
때때로 직감은 그 어떤 상식보다
영험한 힘을 발휘합니다.

아무것도 가진 게 없는 사람은
누구보다 강한 에너지를 갖고 있습니다.
그에게는 부족한 것을 채울 일만 남았으니까요.

절제

현자들은 말합니다.
"전쟁에 승리한 장수보다 더 큰 승리를 거둔 사람은
자신의 욕망을 극복한 사람이다."

나쁜 습관을 버려야 한다는 생각은 누구나 합니다.
생각났을 때 당장 그것을 버리는 사람과
결심만으로 끝난다는 차이가 존재할 뿐입니다.
안 좋다는 걸 알면서도 멈추지 못하는 건
습관에 길이 들었기 때문입니다.

그렇다고 너무 자신을 나무라진 마세요.
현명한 마부는 아무리 속 썩이는 말도 포기하지 않습니다.
사나운 말을 길들이려면
더욱 세게 고삐를 잡아당겨야 합니다.
절제란 나쁜 욕망에 길들여지지 않도록
스스로를 엄격하게 단속하는 것입니다.

유혹에 빠진 자신에게
격려와 용기를 주십시오.
이제 그 고삐를 단단히 쥘 차례입니다.

최소한의 싸움

옛날 어떤 왕이 투계사에게
닭 한 마리를 훈련시켜보라고 했습니다.
열흘이 지나자 이 닭은 다른 닭이 가까이 오면
무조건 달려들어 싸우려고 했습니다.
투계사는 쌈닭으로 쓰려면 아직 멀었다고
왕에게 보고했습니다.

다시 열흘이 지났습니다.
닭은 전처럼 공격적이진 않아도 상대를 노려보며
호시탐탐 싸울 기회를 엿보았습니다.
투계사는 여전히 이 닭이 쌈닭으론 적합지 않다고 했습니다.
그렇게 한 달이 지난 후에야 왕은
모든 훈련이 끝났다는 보고를 듣게 되었습니다.
왕이 그 연유를 물었더니 투계사는
다음과 같이 대답했습니다.
"이 닭은 이제 다른 놈들이 싸움을 걸어와도
꼼짝도 하지 않습니다. 이 정도면 어떤 상대와 대적해도 이길 자신이 있습니다."

어리석은 자는 다른 사람을 굴복시키기 위해 싸웁니다.
그러나 지혜로운 사람은 남에게 부끄럽지 않은
자기 자신을 위해 싸웁니다.

감정노

다른 사람들과 잘 지내기 위해
억지로 웃음을 보일 필요는 없습니다.
그렇다고 감정을 있는 그대로 내비칠 필요도 없습니다.
이왕 자리를 함께 했다면
웃는 낯으로 악수를 청할 정도의 여유는 있어야죠.
다음번 만남의 선택은
악수가 끝난 뒤에 해도 늦지 않습니다.

의외로 사람들은 사소한 감정의 흔들림에
쉽게 자신을 드러냅니다.
인간관계에서 크게 틈이 벌어지는 것은 대부분
이런 감정을 잘 컨트롤하지 못하기 때문입니다.
조금만 이해하면 지나칠 수 있는 일도
감정이 어느 한쪽으로 급하게 기울면
중심을 잃게 됩니다.

좋은 기분으로 상대를 대할 수 없다면
한 발 물러서는 게 상책입니다.
멀찍이 떨어져 있는데도 그 감정이 사라지지 않는다면
시간이 더 필요하다는 증거입니다.
감정이란 그릇이 기울면 엎질러지는 물과 같아서
한 번 쏟아지면 그만입니다.

해야만 하는 일

해야만 한다.
하기 싫다.
할 수 없다.
하지 말자.
인생은 이 네 가지 마음의 상태를 둘러싼
갈등의 연속입니다.

무슨 말이 필요할까요?
그것은 하기 싫어도 해야만 하는 일이고
불가능해 보이지만 할 수 있는 일이라는 건
우리 자신 스스로가 잘 알고 있습니다.

살아가는 일이 지치고 힘겨울 땐 가만히 눈을 감고
오늘이 아닌 내일을 그려보세요.
목표가 있는 삶은 결코 외롭지 않습니다.

첫눈의 희열

현자들은 말합니다.
"이 세상 어디에 기쁨이 있느냐고 묻지 마라.
인생은 끊임없는 기쁨이어야 하며,
또 인생 자체가 기쁨이 될 수 있어야 한다."

스스로 기쁨을 느끼지 못하는 사람에게
삶은 그저 하나의 습관일 뿐입니다.
반면 일상의 소소한 변화 속에서 행복을 찾는 사람에게
세상은 즐거운 놀이터가 됩니다.
겨울에 내리는 첫눈이 사람들을 들뜨게 만드는 건
신선함 때문입니다.
두 번째, 세 번째 눈이 아무리 풍성해도
첫눈 내리던 날의 감동에 미치진 못합니다.
폭설이 계속되면
하루 빨리 봄이 오기를 기다리게 됩니다.

만족을 모르는 사람에게 인생은
겨우내 쉬지 않고 내리는 눈처럼 지루할 뿐입니다.
지루한 인생에도 가끔 기쁨이라는 손님이 찾아오지만
첫눈처럼 곧 잊혀져버리고 맙니다.

인생이라는 무대

인생은 종종 연극무대에 비유됩니다.
우리 모두는 자기가 맡은 역을
어떻게 연기할 것인가를 결정해야 합니다.

주연이든 조연이든 엑스트라든
어떤 배역이든 잘할 수 있다고
믿고 노력하는 사람의 무대는 빛이 납니다.
그러나 '나는 이것밖에 못해'라고 생각하는 사람의 무대는
초라할 수밖에 없습니다.
인생은 자신이 생각하는 대로 바라는 대로
이루어집니다.

자신의 능력에 한계를 그어놓고
'작은 일에 만족할 줄 안다'고 둘러대는 사람도 있습니다.
그런 사람에게 성공은 너무 높은 나무에 매달린
여우의 신 포도에 불과합니다.

세상에는 할 수 있는 일과 할 수 없는 일로
매사를 나누는 사람이 너무 많습니다.
달리 표현하면 노력하는 사람과
노력조차 하지 않으려는 사람입니다.
당신은 어디에 속합니까?

살아가는 이유

현자들은 말합니다.
"희망이 가라앉는 것은, 해가 지는 것과 같이
인생의 빛이 사라지는 것이다."

유능한 경영자는 중요한 임무를 맡기기 전에
담당자의 이력을 꼼꼼히 살핀다고 합니다.
그는 특히 어떤 면을 눈여겨볼까요?
경영자들이 가장 염두에 두는 것은
'그가 살아가는 이유'라고 합니다.

일, 가족, 사랑
우리가 소중히 여기는 모든 것들은
세상을 살아가는 희망이 됩니다.
아직은 채워야 할 게 많은 인생이지만
삶의 목표가 분명한 사람에겐 비전이 있습니다.
누군가는 말합니다.

"나는 가진 것도 없고 사랑해주는 사람도 없으니
살아갈 희망이 없다."
삶을 포기하고 싶은 이 순간이
죽은 사람에게는 마지막 희망이었음을
몰라서 하는 말입니다.

부족함의 인식

현자들은 말합니다.
"삶은 인식이다. 내가 어떤 한계 안에 있는가,
아니면 자유에 속해 있는가를 인식하는 것이다."

기적은 신이 내리는 게 아니라
인간의 신념이 만들어내는 것입니다.
기적이란 걸 선사할 만큼 신이 인간을 사랑했다면
시련이나 고난 따위는 이 세상에 없어야 하지 않나요?
세상 그 누구도 다른 이에게
본인이 원치 않는 삶을 살아가도록
죽을 때까지 발목을 잡을 수는 없습니다.
절망도 포기도 사람의 마음속에서 이루어지는 일입니다.

인생은 때로 수학공식처럼 확실한 결론을 요구합니다.
오늘 내가 이렇게 살 수밖에 없는 것은
분명 이유가 있습니다.

이유가 없는 상태에서 노력을 기대할 수 없고
노력이 없으면 아무것도 이루지 못합니다.
투자한 만큼 거두는 게 인생입니다.
열정이든 끈기든 스스로 부족함을 인식하지 못하면
평생이 공허합니다.

가까운 사이일수록

방심하면 편한 자리일수록 긴장이 풀어지기 쉽습니다.
결점이나 단점이 가장 드러나기 쉬운 곳도
바로 그 익숙하고 편안한 자리에서입니다.
친밀한 사이라고 해서 모든 게 용서되리라 믿는 건 오산입니다.
가까운 사이일수록 갈등의 골이 더 깊게 파일 수 있습니다.

어떤 사람은 무슨 일 끝에 "피차 허물 없는 사이라
상처가 될 줄 몰랐다"며 서운해합니다.
가까운 사이가 오히려 마이너스가 된 것입니다.
친하니까, 사랑하니까 해도 좋은 실수는 없습니다.

부모와 자식도 상처를 주고받습니다.
자신에게 좋지 않은 버릇이 있다면 항상 조심하십시오.
고약한 습관 하나만 버리면 모든 것이 해결되기도 합니다.
다른 사람을 원망할 까닭도 없습니다.
완전한 기쁨을 줄 수 없다면
완전한 이해를 구하지도 말아야 합니다.

솔직하고 자연스럽게

현자들은 말합니다.

"단순하게 보이도록 꾸미는 사람은 누구보다도 단순하지 못하다.

계획적인 단순은 가장 불쾌한 기교이며 가장 큰 허식이다."

단순한 것은 자연스러운 것입니다.

천성이 소박하지 않은 사람이 소박한 사람 흉내를 내면

오히려 천박하게 보입니다.
무조건 남을 따라 하는 말이나 행동은
거부감을 갖게 합니다.

소박한 걸 좋아하는 사람은 소박한 대로,
화려한 걸 좋아하는 사람은 화려하게 사는 게
자연스러운 모습입니다.
가난한 사람이 허세를 부리든
화려한 생활에 길들여진 사람이 소박한 척하든
부자연스럽긴 마찬가지입니다.

필요에 따라서 이랬다저랬다 모습을 바꾸는 것은
가식이고 위선입니다.
지혜로운 사람은 남의 장점을 보고 배웁니다.
그러나 어리석은 사람은 자신이 갖지 못한 것도
있는 듯이 꾸미길 좋아합니다.

용기를 잃는다는 건

인생은 종종 거친 바다를 항해하는 것에 비유됩니다.
거센 물살을 헤치고 나아가
폭풍우와 맞서 싸운 경험 없이는
훌륭한 선장이 될 수 없습니다.
역경을 넘어설 준비가 되어 있는 사람에겐
고난도 소중한 경험이 됩니다.

한 병사가 헐레벌떡 사령관에게 달려와
중요한 요새를 적에게 빼앗겼다고 보고했습니다.
사령관의 얼굴엔 당황한 기색이 역력했습니다.
그러자 옆에 있던 그의 아내가 남편의 귀에 속삭였습니다.
"저는 지금 당신보다 더 놀랐어요."
사령관이 어리둥절한 표정을 짓자
아내는 다시 입을 열었습니다.
"조금 전 당신이 당황하는 모습에 가슴 철렁했어요.
잃어버린 요새는 다시 찾을 수 있어요.
하지만 용기를 잃는다는 것은 모든 건 잃는 거잖아요."

참된 용기는 인생의 가장 곤란한 순간에
비로소 모습을 드러냅니다.

PART04
우정, 성공의 푸른 문을 향하여

신은 어딘가 하늘 아래 그대만이 할 수 있는 일을 마련해 놓았다.

– 호러스 부쉬엘

양심과 유혹

양심과 행동이 일치하는 삶을 살아가는 사람은
어딜 가나 당당합니다.
인간의 마음은 나침반에 비유할 수 있습니다.
한쪽 끝은 옳은 것을 가리키고 다른 한쪽 끝은
그릇된 것을 가리킵니다.
옳은 쪽을 가리키는 것은 양심이고
그릇된 쪽을 가리키는 건 유혹입니다.

양심의 외침보다 유혹의 속삭임에 더 쉽게 반응하는 건
인간의 속성입니다.
유혹의 속삭임은 강렬하고 단순합니다.
양심처럼 번거롭고 성가신 일을 강요하지 않습니다.
'망설일 것 없어. 이번 한 번만이야!'
그물에 걸려든 순간, 두 번 세 번은 순식간입니다.

양심이 시키는 일은 대개 고리타분하고 재미없습니다.

인내를 요구하는 일에 매료되기란 힘듭니다.
옳지 않다는 걸 알면서도
우리가 간혹 흔들리는 이유입니다.

어떤 사람이 되고 싶은가

"넌 커서 뭐가 되고 싶니?"
자라면서 한 번쯤 이런 질문을 들어보았을 것입니다.
이런 질문은 어떨까요?
"넌 커서 어떤 사람이 되고 싶니?"

비슷한 말인 것 같지만
두 번째 질문은 더 많은 생각을 요구합니다.
'무엇'보다 중요한 건 '어떻게'입니다.
당신은 나중에 어떤 사람으로 기억되길 바랍니까?

부와 명예, 혹은 사회적 지위 같은 게
삶의 바로미터가 될 순 있습니다.
그런데 부자라거나 유명인이라고 해서
모두 성공한 것은 아닙니다.
사람의 가치는 재물이든 재능이든
그가 가진 것을 쓰는 방법에 따라 결정됩니다.

인생의 가치는 사람으로 향합니다.
세상에서 가장 불쌍한 이는
그를 친구로 원하는 사람이 아무도 없는
그런 사람입니다.

유익한 고난

살다보면 믿었던 사람에게 크게 실망할 때가 있습니다.
그럴 때 너무 자책하지 마십시오.
당신은 친구와 적을 구별할 수 있게 된 것입니다.
총명하지 못한 자신을 탓하지도 마십시오.
당신은 좀 더 신중한 성격을 갖게 된 것입니다.

악연을 딛고 더 높이 올라가십시오.
당신을 고뇌에 빠뜨린 그 사람이 잘 볼 수 있도록!
성공은 매맞은 자가 때린 자를 이길 수 있는
가장 유쾌한 방법입니다.
남에게 속기도 잘하지만 당신은 장점이 많은 사람입니다.
정직하기 때문에 남을 의심할 줄 모르고 계산적이지 않습니다.
그 장점을 가지고 크게 일어서십시오.

어떤 고난도 인간에게 무익한 것은 없습니다.

차이를 인정하는 것

부부든 친구든 사랑하는 사람들은
신기하게도 점점 얼굴이 닮아간다고 합니다.
서로 다른 환경에서 살아온 두 사람이
마음을 맞춰가는 과정에서 생긴 기적입니다.

생각의 차이가
미움이나 분노의 원인이 되어선 안 됩니다.
사람들이 모두 같은 생각을 가지고 있다면
세상이 얼마나 지루하겠습니까?
사람은 어차피 제각각 다르게 태어났습니다.

프랑스어로 생각이 다른 상대방을 존중하는 것을
똘레랑스(toléarnce)라고 합니다.
남에게 존중받고 싶으면
나부터 상대를 존중할 줄 알아야 합니다.

사람들 사이에 희망이

현자들은 말합니다.
"인간은 연약한 갈대에 지나지 않는다.
그런데 타인의 사랑이라는 혜택을 받은 갈대이다."

사는 일이 어둠처럼 캄캄하게 느껴질 땐
소중한 사람을 생각하며 용기를 내세요.
신은 사랑의 소중함을 알게 하려고
인간에게 고독을 선사했다고 합니다.
외로워도 당신은 결코 혼자가 아닙니다.
사람들 사이에 희망이 있습니다.

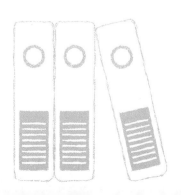

비밀의 공유

친한 사이라고 해서 모든 걸 공유할 필요는 없습니다.
누구나 자기만의 세계가 있습니다.
비밀을 가진 친구를 원망하지 마십시오.

인류는 오랜 세월 자연의 신비를 파헤치려 애써왔건만
그 면모를 결코 다 알지 못합니다.
그렇다고 자연을 원망할 수는 없습니다.
자신의 전부를 보여주지 않는다고 해서
진실을 의심할 순 없으니까요.
모든 것을 알고 싶어 파고드는 건 집착입니다.

공자*는 비밀에 대해 이렇게 말했습니다.
"아무리 가까운 친구일지라도 자신의 비밀을 털어놓지 말라.
그대가 그 친구에게 충실하지 못했는데
친구에게 무엇을 요구할 수 있겠는가."

* 공자(孔子) : 춘추시대의 사상가. 이름을 구(丘), 자를 중니(仲尼)라고 하며, 노나라에서 태어났다.

위로 청구

사람의 마음처럼 모순이 많은 것도 드물 것입니다.
마음 편할 땐 사람들과 잘 어울리다가
우울할 땐 고립을 자처합니다.
다른 사람의 도움을 필요로 할 땐
상황이 좋지 않은 때입니다.

좋은 기분은 혼자 간직해도 사라지지 않습니다.
슬픔을 가슴속에 가둬두면 병이 됩니다.
우울할 땐 조금 이기적인 사람이 돼도 괜찮습니다.
좋은 친구들에게 원하는 방식으로 위로를 청해보세요.

슬픔이나 분노 따위 반품시켜 버리세요.
때론 원치 않는 선물을 받기도 하는 게 인생입니다.

힐링 유어 셀프

미국의 현대화가 앤디 워홀[*]은 말했습니다.
"사람들은 영화 속에서 일어나는 일은 비현실적이라고 말한다.
그러나 때로는 현실에서 일어나는 일이 더 비현실적이다."

사람은 나이로 늙는 게 아니라 기분으로 늙는다고 합니다.
용서야말로 미움을 이기는 제일 좋은 습관입니다.
자신을 괴롭고 불행한 상태로 방치하지 마세요.

나를 괴롭힌 상대에게 연민의 마음을 가져보는 건 어떨까요?
그 사람도 사는 게 많이 힘들었을지 모릅니다.

* 앤디 워홀(Andy Warhol) : 미국의 미술가이자, 출력물 제작자, 그리고 영화 제작자. 팝 아트로 잘 알려진 인물이다.

더 멀리 뛰기 위해

영국 속담에 이런 말이 있습니다.
"평온한 바다는 결코 유능한 뱃사람을 만들 수 없다."

개구리가 주저앉는 것은 더 멀리 뛰기 위해서입니다.
몸을 굽히면 그림자도 따라 굽는 법입니다.
시련에 움츠러들지 않는 사람만이 앞으로 나갈 수 있습니다.

만족을 모르는 서글픈 인생은
다음 세 마디를 입에 달고 삽니다.
"나도 할 수 있었는데!"
"왕년에 할 뻔했는데!"
"그때 했어야 하는데!"

사람이 같은 강물에 두 번 빠지는 실수를 하는 이유는
망각 때문입니다.

성공의 첫걸음

영국의 철학자 버트란드 러셀*은 이렇게 말했습니다.
"당신이 잘하는 일이라면 무엇이든 행복에 도움이 된다."

포기하지 않는 한 삶은 계속됩니다.
되는 일이 아무것도 없다고 낙담하지 말고
찬찬히 자신을 돌아보세요.
당신은 할 수 없는 것보다 할 수 있는 게
더 많은 사람입니다.

모험을 두려워하지 마세요.
모든 위대한 성공의 첫걸음은
언제나 모험이었습니다.

* 버트란드 러셀(Bertrand Russell) : 영국의 논리학자, 철학자, 사회평론가.

보고 듣고 읽고 느끼기

철학자 케벨의 스승은 라틴어 책을 읽는 습관을
끝까지 버리지 못했습니다.
어느 날 케벨이 스승에게 물었습니다.
"선생님은 이제 연로하셔서 책 보기가 힘드실 텐데
그렇게 애쓰실 필요가 없지 않습니까?"
그러자 스승이 대답했습니다.
"쓸데없는 소리! 기억이라는 놈은 항상 감시를 하지 않으면
언제 멀리 달아날지 모른다네.
특히나 늙으면 그놈이 사람을 얕잡아보기도 한단 말일세."

기억의 창고에는 창의력의 자산이 될 만한 것들이
잔뜩 쌓여 있습니다.
다만 우리가 살면서 그것들을 잊고 있을 뿐입니다.

기억력을 유지하는 가장 확실한 방법은
보고 듣고 읽고 느끼기를 게을리하지 않는 것입니다.

또 하나의 고집

증기선이 처음 만들어져
공개적으로 바다에 배를 띄우는 날이었습니다.
한 의심 많은 사람이 군중들 속에서
큰 소리로 외쳤습니다.
"저 배는 절대 움직일 수 없어!"
그가 같은 말을 되풀이하고 있는 동안
배는 서서히 움직이기 시작했습니다.
그러자 당황한 사내는 이렇게 중얼거렸습니다.
"하지만 저 배는 절대로 멈출 수 없을 거야!"

부정적인 사고가 몸에 밴 사람은
심지어 자기 자신을 향해서도 생떼를 씁니다.
그는 희망을 부정하고 미래를 부정합니다.
확실한 사실 앞에서도 고집을 부립니다.
요지부동, 그것은 고집을 꺾지 않으려는
또 하나의 고집에 불과합니다.

남들이 다 "예스"라고 말할 때
"노"라고 말하면 튀기는 합니다.
그러나 주목받는 시간은 길지 않습니다.

비우는 자유

제아무리 재물을 탐하는 사람이라도
황금으로 된 족쇄는 원치 않습니다.
지금 당신은 무엇에 얽매여 있습니까?
인간은 본래 자유로운 존재지만
눈에 보이지 않는 갖가지 구속에 얽매여 살아갑니다.

삶을 부자유스럽게 하는 족쇄는
결국 우리 스스로 만들어내는 것입니다.
좋은 것이라면 뭐든 더 가지려고 애쓰는데
가지지 않으려고 애쓰는 경우는 거의 없습니다.

사람을 불행하게 만드는 것은
남이 가진 건 다 가지려고 하는 탐욕입니다.
무조건 가지려고 하기보다 욕심을 비워보세요.
비워진 마음의 자리가 클수록 더 좋은 걸 채울 수 있습니다.

도우려면 지금 당장

현자들은 말합니다.
"인간은 무한한 힘을 가졌다. 그런데 그 힘은
약한 자를 학대하기 위한 게 아니라 지원해주기 위한 것이다."

선행이란 여유가 있을 때 할 수 있는 것이 아닙니다.
인생에 그런 여유로운 때는 좀처럼 오지 않습니다.
좋은 일을 하기 위해 정해진 때는 없습니다.
"나중에 돕겠다"는 건 돕고 싶지 않다는 뜻입니다.
눈앞에서 죽어가는 이에게 여행 다녀올 때까지
기다려달라고 하는 것과 마찬가지입니다.

힘이 없어 돕지 못하는 것이라고 변명하지 마세요.
어느 누구도
우리가 가진 것을 모두 내놓으라고는 하지 않습니다.

함께 사는 법

현자들은 말합니다.
"함께 사는 법을 배우지 않으면 결국엔 함께 죽는 수밖에 없다."

누군가와 갈등이 생겼을 때
문제를 해결하는 가장 쉽고 빠른 방법은 무엇일까요?
그건 바로 상대방에게 책임을 전가하지 않는 것입니다.

원망하지 않을 때
진정한 화해와 협력이 이루어집니다.

사람은 본능적으로
자신의 이익을 추구하기 마련입니다.
그런데 인간관계에서 불협화음이 생기면
얻는 것보다 잃는 게 많습니다.
이른바 '자수성가'도 다른 사람과의 협력이 없으면
불가능합니다.
협력자가 많으면 많을수록 손에 쥐어지는 파이도 커집니다.

실패의 가능성을 줄이려고 노력하는 것보다
더 중요한 건 무엇일까요?
그건 바로 적을 만들지 않는 것입니다.

영혼의 거처

현자들은 말합니다.
"건전한 육체는 영혼의 거처가 되고,
병약한 육체는 정신의 감옥이 된다."

성장에는 반드시 노력이 따릅니다.
노력이 없으면
영혼도 육체도 성장할 수 없습니다.
육체는 스스로 섬겨야 할 대상입니다.
건강한 몸도 함부로 굴리다간
금방 망가집니다.
오늘 아픈 데가 없다고, 자만은 금물입니다.
눈 깜짝할 새 무너질 수 있는 게 건강입니다.

'육체는 인간의 어리석음이 가장 망치기 쉬운
거의 모든 것'이라는 말을 기억하세요.

입을 열기 전에

현자들은 말합니다.
"쓸데없이 입을 놀려서 초조함을 벗어나려는 사람은
침묵이 주는 혜택을 결코 알지 못한다."

수다만큼 공허한 것도 없습니다.
수다스러운 사람은 남에게 신뢰를 얻지도,
호감을 주기도 어렵습니다.
그들은 대부분 존재감이 결여되어 있거나
심적으로 불안한 사람들입니다.

자신의 의사를 말로 표현할 수 있는 건 축복받은 재능입니다.
무의미한 수다는 사람을 너무 가볍게 만듭니다.
경박한 인상을 주고 싶지 않으면
한 가지 방법밖엔 없습니다.
입을 열기 전 그게 꼭 필요한 말인지
생각해보는 것입니다.

자존감

마더 테레사 수녀*는 이렇게 말합니다.
"다른 사람을 평가하려고만 든다면
그들을 사랑할 시간이 없다."

《탈무드》엔 또 이렇게 적혀 있습니다.
"그대를 비난하는 친구를 가까이하고
칭찬만 하는 친구는 멀리하라."

누군가의 비난을 들을 땐 스스로 제3자가 되어보십시오.
이 세상에 타인을 함부로 비판할 권리를 가진 사람은
아무도 없습니다.
다시 생각해도 그것이 마음에서 우러난 충고라는
확신이 들 경우에만 입을 여십시오.
자기를 낮출 수 있는 사람은 오직 자기 자신뿐입니다.

모진 말을 들어도 상관없이

자존심을 접을 수 있는 상대라면
더 크게 가슴을 여세요.
단, 상대방의 마음이 굳게 닫혀 있으면
아무 소용 없을지도 모릅니다.

* 테레사 수녀(Mother Teresa of Calcutta) : 인도 콜카타에서 평생을 가난하고 병든 사람을 위해 봉사했다.

코끼리도 묶을 수 있는 지푸라기

《이솝 우화》에는 얼룩소와 검은 소,
그리고 붉은 소가 나오는 이야기가 있습니다.
사자가 그 소들을 잡아먹기 위해
호시탐탐 기회를 엿보았습니다.
사자가 소 한 마리쯤 잡아먹는 건
그리 어려운 일이 아닙니다.
하지만 아무리 사나운 사자라도
한꺼번에 소 세 마리를 상대하기는 어렵습니다.

하루는 얼룩소가 풀밭에 혼자 있는 걸 보고
사자가 말을 걸었습니다.
"붉은 소가 너희들 중 자기가 제일 힘이 세다고 하더라."
사자는 붉은 소와 검은 소에게 각각 같은 말을 했습니다.
"얼룩소는 자기가 제일 힘이 세다고 하던데 그게 정말이야?"
성질 급한 얼룩소와 붉은 소는 뿔이 빠지도록 싸웠고
관계는 완전히 틀어졌습니다.
사자는 회심의 미소를 지으며

세 마리의 소를 차례로 잡아먹었습니다.

영국 속담에 이런 말이 있습니다.
"지푸라기가 많으면 코끼리도 묶을 수 있다."

내 노동으로

많은 사람들이
돈이 인생의 목적은 아니라고 말합니다.
그러나 먹고 살기 위해선
최소한의 경제활동이 필요합니다.

자기 힘으로 살려고 하지 않는 사람에게
도덕이나 양심을 기대하기란 어려운 일입니다.
매일 먹는 밥 한 그릇에도
누군가의 눈물이 스며 있다는 걸
그들은 알려고 하지 않습니다.
그들에겐 타인의 도움조차
운이 좋아 얻어걸린 행운에 불과합니다.
아무리 성실하고 부지런한 사람도
그런 이들을 보면 무력해질 수밖에 없습니다.

천성이 게으른 사람과는 되도록 가까이하지 않는 게 좋습니다.
원하는 것을 얻으려면 그만한 노력이 따른다는 진리를
외면하는 인생은 희망이 없습니다.
자립심이 없다는 것은 결국 타인의 노동력을 착취해
연명하는 것이나 마찬가지입니다.

반드시 앞당겨야 할 실행

현자들은 말합니다.
"인생은 짧다. 우리가 생각하는 것처럼 시간이 많진 않다."

결심을 내일로 미룰 수는 있습니다.
그런데 실행을 몇 시간만 앞당겨보는 건 어떨까요?
우리가 어떤 모습으로 내일을 맞이할지는 아무도 모릅니다.
기회를 내 것으로 만들기 위한 최적의 시간은
오늘, 바로 이 순간입니다.
오늘 아무것도 하지 않는 사람이
내일 할 수 있는 건 후회뿐입니다.

누군가를 기쁘게 해줄 결심을 했다면
생각이 떠오른 즉시 실행에 옮기도록 하세요.
어쩌면 그는 '오늘까지만' 당신의 태만을
참아주기로 결심했는지도 모릅니다.

극도의 무신경

현자들은 말합니다.
"자신이 문제의 핵심에 있다는 사실도 모르고
남의 고뇌에 동정하는 사람이 많다."

사랑하는 사람이 슬퍼하는 모습을 보고
어리석은 사람은 이렇게 말합니다.
"난 최선을 다했는데, 도대체 뭘 더 바라지?"
그가 말하는 최선이란 일방적인 자기만족에 불과합니다.

어떤 사람은 이렇게 말합니다.
"힘든 일 있으면 바보같이 참지 말고 말을 해!"
그는 설마 자신이 문제의 당사자라고는
상상도 하지 못합니다.
그리고 또 어떤 사람들은 이렇게 말합니다.
"됐어, 이제 그만 해. 다 잘될 거야!"
애초부터 그는 상대방에 대해 아무것도 모르고
알려고도 하지 않았습니다.

올바른 사과

현자들은 말합니다.
"잘못을 하고도 의식하지 않는다는 건
더 큰 잘못을 저지를 수 있음을 의미한다."

실수를 하고도 사과하지 않는 상대에겐
분명하게 자신의 감정을 표현하세요.
그는 자신의 실수를 인정하지 않거나
반성할 필요가 없다고 생각하는지도 모릅니다.
그런 이는 보통 실수를 두세 번 저지르고도
부끄러움을 알지 못합니다.
부끄러움을 모르는 사람을 가까이하는 만큼
위험한 일은 없습니다.

상처를 치유하는 데는 방법이 있고 과정이 있습니다.
올바른 사과 한마디 없이
잘못을 대충 덮어두려고 하는 것은

상대에 대한 기만입니다.
이런 관계를 지속한다면
언젠가는 더 큰 피해를 입을 수 있습니다.

가장 치명적인 관계는
어느 한쪽의 일방적인 양보나 희생만으로
유지되는 관계입니다.

타인을 위한 기도

종교를 가진 지 얼마 안 되는 신도들은 대부분
처음엔 자신을 위해 기도한다고 합니다.
그 다음엔 부모를 위해, 남편이나 아내를 위해, 자식을 위해
기도합니다.

시간이 좀 더 흐르면 그들의 기도 내용도 달라집니다.
누가 시키지도 않았는데 나보다 우리를 위해,
타인과 이웃을 위해 기도한다는 것입니다.
인간의 본성이 선하다는 증거입니다.

영국의 계관시인 윌리엄 블레이크*는 말합니다.
"신은 자비와 사랑, 그리고 동정심이 있는 곳에만 존재한다."

사랑이 있는 한 신은 우리 곁을 떠나지 않을 것입니다.

* 윌리엄 블레이크(William Blake) : 영국 시인 겸 화가.

스스로에게 정직

현자들은 말합니다.
"인간은 자기보다 약한 상대에게는 강하고,
자기보다 강한 상대 앞에선 약하다."

스스로에게 정직하지 못한 삶은 슬프고 공허합니다.
심지어 우리는 사랑하는 사람보다 두려워하는 상대에게
더 관대한 경향이 있습니다.

세네카는 또 이렇게 말합니다.
"그대에게 해를 끼친 상대는 그대보다 강하거나 약하거나
둘 중 하나다. 만일 상대방이 그대보다 약하면 그를 용서하고,
그대보다 강하면 그대 자신을 용서하라."

불행한 인생을 살고 싶지 않으면
스스로 자신을 용서할 일은 만들지 않아야 합니다.

PART05

품격, 자유로운 영혼을 위하여

독서는 지혜의 바다에 던진 낚시와 같다.
책은 청년에게는 음식이 되고 노인에게는 오락이 된다.
부자일 때에는 지식이 되고 고통스러울 때는 위안이 된다.

— 키케로

힘들수록 천천히, 느긋하게

뤽 베송*의 영화 〈제5원소〉에는 이런 대사가 나옵니다.
"이길 때도 있고 질 수도 있죠. 아, 또 가끔은
비가 내리기도 해요."
조급함은 우리에게 주어진 더 많은 기회를
포기하게 만드는 주범입니다.

빙판길에 미끄러졌다고 주저앉아 있으면
끝내 웃음거리가 될 뿐입니다.
실패보다 더 삶을 힘들게 하는 건 냉소와 좌절입니다.
낙담하지 말고
오늘의 실패가 전하는 메시지에 주목하세요.

난관을 극복한 많은 사람들이 한결같이 증명합니다.
삶이 있는 한 희망은 유효하다는 것입니다.
힘들수록 천천히, 느긋하게
마음의 여유를 가져보는 건 어떨까요?

* 뤽 베송(Luc Besson) : 프랑스의 누벨이마주를 대표하는 영화감독으로 할리우드에서 활동하고 있다.

진정한 자유

현자들은 말합니다.
"우리가 날 때부터 세상에 가지고 왔지만
잘 모르고 살아가는 것 두 가지가 있다.
하나는 스스로 자유로운 존재라는 사실이고,
나머지 한 가지는 행복이다."

자유로운 삶의 원천은 분수를 지키며 사는 것입니다.
분별이 있는 삶에는 속박이 따르지 않습니다.
과도한 욕망에 휘둘려 상처받을 일도 없습니다.
불행은 가진 게 적기 때문이 아니라
남보다 많은 걸 갖지 못했다고 생각하는 데서 옵니다.

자유로운 삶은 거칠 것이 없습니다.
자신을 남과 비교하여 우월감에 빠지거나
열등감에 사로잡히지도 않습니다.
진정한 자유인은 가질 수 있는 범위 내에서만
심플하게 욕망을 추구하는 사람입니다.

시간은 약

현자들은 말합니다.
"시간은 도망자이다. 그 도망자는 줄행랑을 치면서
우리의 감정을 해치기도 하고 죽이기도 한다."

시간은 모든 것을 무력하게 만드는 힘이 있습니다.
특히 나쁜 감정을 없애는 데 시간만큼 좋은 약은 없습니다.
어두운 생각일랑 시간의 흐름에 맡겨두세요.

자신을 괴롭히는 감정에 몰입하면 할수록
상황은 더 악화될 따름입니다.
나쁜 감정들은 독성이 강해서 사람을 점점 초라하게 만듭니다.
그러므로 상황이 더 나빠지기 전에
현재를 다른 감정으로 채워야만 합니다.

현자들은 또 이렇게 말합니다.
"사람은 누구나 행복해지기를 원한다.

어두운 감정이 밝은 감정을 이기지 못하는 건 그 때문이다."

시간은 지금 우리의 눈앞에 있는 모든 것들을
조금씩 변하게 합니다.
인생은 그렇게 흘러가는 것입니다.

열심히 산다는 것

욕망은 흔히 동물적인 것에 비유되곤 합니다.
실제로 욕망은 동물성입니다.
욕망은 도무지 참을성이 없고 맹수처럼 사나운 면이 있습니다.

다행스럽게도 인간은 동물적인 존재인 동시에
정신적인 존재입니다.
숭고함을 지키려는 의지가 있기에
자기 안에서 미쳐 날뛰는 욕망을 잠재울 수 있습니다.
성공한 사람은 자신의 욕망을 다스릴 줄 아는 사람들입니다.

실패한 사람의 인생에는 예외없이
욕망의 꼬리표가 붙어 있습니다.
게으름의 욕망, 일확천금의 욕망,
자기를 부정하고 남의 것을 탐하는 욕망.
욕망이 이성을 압도하는 순간, 그는 이미 벼랑 끝에 내몰립니다.

열심히 산다는 것은 많이 참고 많이 생각하는 것입니다.

삶의 기준은 나

현자들은 말합니다.
"타인의 시선만 의식하고 자기 자신에 대해서는
무관심한 것만큼 위험한 인생은 없다."

사람은 자신의 본성에 맞지 않는 행동을 할 때
고독감을 느낍니다.
지나치게 남의 눈을 의식하는 사람일수록
내면은 외로움으로 가득 차 있습니다.
다른 사람들의 눈치를 보느라
정작 자신을 보살필 겨를이 없기 때문입니다.
자주성을 상실한 슬픈 인생입니다.

사회통념을 중시하는 태도는 대체로 현명하고
예의바른 처신에 속합니다.
삶의 기준은 어디까지나 자신을 향해 있어야 합니다.
타인을 자기 삶의 중심으로 삼지 말아야 한다는 말입니다.

세상 사람들은 누구나 자신을 위해 삽니다.
당신이 없으면 곧 죽을 것처럼 구는 그 사람마저도…….

마음먹기에 달린 일

인디언들은 어떤 말을 1만 번 이상 입에 올리면
그 일은 무조건 이루어진다고 믿는답니다.
어떤 불가능한 일도 "나는 할 수 있어!"라고
1만 번 이상 외치면 이루어진다는 것입니다.

"내일은 더 잘할 수 있어!"
잠자리에 들기 전 마음속으로 원하는 일을 되뇌어보세요.
결과가 당장 달라지진 않습니다.
내일 일은 내일에 맡겨두고
우울한 생각을 꿈속까지 끌고 가지 마세요.

긍정적인 생각은 긍정적인 결과를 부르고
부정적인 생각은 부정적인 결과를 부릅니다.
마음먹기에 따라서 결과가 이렇게 달라진다면
당신은 어느 쪽에 패를 던지겠습니까?

지독한 적막

현자들은 말합니다.
"인간은 혼자 있을 때 참다운 자기 자신을 느낀다.
그러나 고독을 사랑하는 자는 인간답게 살 수 없다."
깊은 사색은 건전한 생활 속에서 이루어집니다.

영화에 나오는 늑대인간을 떠올려보십시오.
그는 항상 혼자 있기를 좋아하고 사람들을 극도로 경계합니다.
이런 모습을 '사색적'이라고 할 수 있을까요?
그는 인간세계로 아직 돌아오지 못한 것뿐입니다.

사람들과 어울리기를 거부하면 결국 외톨이가 됩니다.
외톨이의 고독은 지극히 위험한 모습으로 나타나기도 합니다.
사람들은 그가 혼자라는 사실만으로도 두려움을 느낍니다.
때때로 삶은 지독하게 적막합니다.
사람은 혼자서는 그 적막을 결코 벗어날 수 없습니다.

열린 문

현자들은 말합니다.
"행운이 찾아왔을 때는 자만심을 두려워하고,
운명이 등을 돌렸다 생각될 땐 절망을 두려워하라."
사람들은 대부분 자기 인생은
스스로의 힘으로 개척한다고 생각합니다.
그러나 일이 잘못되면 운명을 탓합니다.
운명은 누구도 거역할 수 없다는 생각이
머릿속을 지배하기 때문입니다.
왜 우리는 불행을 운명 탓으로 돌리려는 걸까요?

헬렌 켈러*는 말합니다.
"행복의 문 하나가 닫히면 다른 문이 열린다.
그러나 우리는 대개 닫힌 문을 멍하니 바라보다가
열린 문을 보지 못한다."

우연히 찾아오는 행복이란 없습니다.
중요한 건 지금 바로 당신의 눈앞에 열린 문을 발견하는 것입니다.

* 헬렌 켈러(Helen Keller) : 미국의 작가, 교육자이자 사회주의 운동가. 인문계 학사를 받은 최초의 시각, 청각 중복 장애인.

내가 나의 주치의

우리는 때때로 의사가 되어야 합니다.
몸과 마음이 전하는 메시지에 귀를 기울여보세요.
제발 좀 구해달라고 아우성치는 소리가 들리지 않습니까?

번뇌는 육체를 망치고 피로는 영혼을 피폐하게 만듭니다.

마음이 괴로울 때 몸이 한가로우면
유혹에 휘말리기 쉽습니다.
나쁜 생각이 곁가지를 치지 못하게 하려면
일에 미치는 게 제일 좋은 방법입니다.
그렇다고 너무 일에만 열중하면
감성이 메말라 본성을 잃어버릴 수 있습니다.

과유불급(過猶不及)이라 했습니다.
일이든 휴식이든 어느 한쪽으로만 치우치면
반드시 부작용이 따릅니다.

적당한 승부욕

현자들은 말합니다.
"지나치게 세속적인 요구에 부응하려고 애쓰는 것도
보기 싫지만 또 너무 동떨어진 것도 좋지 않다."

승부욕은 인간의 본성입니다.
예술가의 경쟁 상대는 같은 예술에 종사하는 사람입니다.
마찬가지로 목수의 경쟁 상대 또한
자기보다 실력이 뛰어난 다른 목수입니다.
목수는 상대가 아무리 대단한 명성을 지닌 예술가라도
부러워하지 않습니다.
그러나 자기보다 목공 실력이 뛰어난 목수를 보면
승부욕을 느낍니다.
이럴 때 세속적인 욕망은 발전의 밑거름이 됩니다.

스스로 떳떳한 사람은 남이 자기를 중상하고 모략해도
쉽게 동요되지 않습니다.

그러나 이해나 관용으로 통하지 않는 상대라면
냉정하게 대응할 필요가 있습니다.
가벼워 보이지 않기 위해 지나치게 초연한 태도를
취하는 것도 인간적인 태도는 아닙니다.

태도와 습관과 성격

현자들은 말합니다.
"행동의 씨앗을 뿌리면 습관의 열매가 열리고
습관의 씨앗을 뿌리면 성격의 열매가 열리고
성격의 씨앗을 뿌리면 운명의 열매가 열린다."

성격 좋은 사람은 상대방을 편안하게 해줍니다.
언제나 긍정적인 생각으로
주변 사람을 즐겁게 만듭니다.
남을 피곤하게 하는 사람은
매사를 자기중심적으로 생각하는
나쁜 습관이 있습니다.

천성은 타고나는 것이라지만
태도는 개선할 수 있습니다.
태도가 바뀌면 습관이 바뀌고
습관이 바뀌면 성격도 바뀝니다.

그리고 이 모든 게 바뀌면
그 사람의 운명까지 변합니다.

사마천은 말합니다.
"사람을 얻는 자는 흥하고, 사람을 잃는 자는 망한다."

사람을 얻고 잃고는
한 생각의 차이에서 비롯됩니다.

* 사마천(司馬遷) : 전한시대의 역사가이며 《사기(史記)》의 저자.

상처로 남는 독설

《법구경》에는 이런 구절이 있습니다.
'무릇 사람은 이 세상에 날 때 입안에 도끼를 가지고 나와
스스로 제 몸을 찍어내나니, 이 모든 것이 자신이 뱉은
악한 말 때문이다.'

사람들은 흔히 자신이 남에게 말로 가한 고통은
쉽게 잊어버립니다.
반면 남에게 들은 악담은 잊어버리지 못합니다.

남에게 고통을 주고 나서 "악의는 없었다"고 하면
그것으로 끝일까요? 독설을 뱉어놓고
"본의가 아니었다"고 하면 모든 게 덮어질까요?
사실이 어떻든 말로 쌓은 과업은 여간해선 사라지지 않습니다.

악의가 정말 없었다면 열 번이고 백 번이고 사과해야 합니다.
서둘러 용서를 구하지도 말아야 합니다.

사과를 받아들이고 말고는
전적으로 상대방에게 달려 있습니다.
진심을 몰라준다고 원망해서도 안 됩니다.

똑같이 약을 바르고 붕대를 감아도
상처가 아무는 시간은
사람마다 다르니까요.

멈추지 않는 것이 중요하다

공자는 말합니다.
"멈추지 않으면 얼마나 천천히 가는지는 문제가 되지 않는다."
인생의 가장 중요한 성취는 패배했을 때 끝나는 게 아니라
포기했을 때 끝나는 것입니다.

조급해하지 말고, 너무 멀리 보지 말고
꾸준히 목표를 향해 가십시오.
몸을 움직이지 않고 되는 일은 아무것도 없습니다.
끝까지 가보지도 않고 이러니저러니 토를 달아서
자신을 부끄럽게 하지 마세요.
판단은 고비를 넘긴 다음에 해도 늦지 않습니다.

된다, 안 된다 말만 앞세우는 사람은
사실 아무 일도 할 수 없는 사람입니다.

행복의 원칙

현자들은 말합니다.
"행복은 어떤 상태가 아니라, 그가 추구하는 어떤 방향에 있다."
소유와 행복은 반드시 일치하지는 않습니다.

생활이 풍족해도 만족하지 않으면
가난뱅이와 다를 바 없습니다.
현실에 불만을 가진 사람들은 자신을 학대하느라
행복을 느낄 겨를이 없습니다.
만족하지 못할수록 우리의 삶은 행복과는 멀어집니다.

칸트*가 말하는 행복의 원칙에는 다음 세 가지가 있습니다.
첫째, 어떤 일을 할 것,
둘째, 어떤 사람을 사랑할 것,
셋째, 어떤 일에 희망을 가질 것.

만일 이 세 가지를 가졌다면 당신은 충분히 행복한 사람입니다.

* 임마누엘 칸트(Immanuel Kant) : 독일의 철학자. 저서에 《순수이성비판》, 《실천이성비판》, 《판단력비판》 등이 있다.

시기심을 넘어

서양 속담에 이런 말이 있습니다.
"부자는 부자를 시기하고, 기술자는 기술자를 시기하며,
예술가는 예술가를 시기한다."
나보다 나은 상대를 용납하지 못하는 시기심은
자신의 영혼에 독을 뿜는 것과 같습니다.

경쟁의식이 시기심으로 변하는 순간
사람은 더할 나위 없이 탐욕스러운 존재가 됩니다.
자신의 실패는 견딜 수 있어도
타인의 성공은 참을 수 없는 것이 시기심입니다.
지나치게 상대방을 의식하는 사람은
결국 어떤 일에서도 성공하지 못합니다.
그는 이미 자신감을 잃어버렸기 때문입니다.
오직 이기려는 욕망에만 눈이 어두운 사람의 시기심은
열등감의 다른 표현에 불과합니다.
시기, 탐욕, 열등감은 인생을 치욕으로 몰아가는 지름길입니다.

유쾌한 자기 긍정

현자들은 말합니다.
"인생이 즐겁게 여겨지지 않는다면, 그것은 그대가
그릇된 생각에 골몰하고 있기 때문이다."

우울이란 놈은 의외로 여리고 소심한 데가 있습니다.
나를 위한 커피 한잔, 라면 한 그릇만으로도
우울을 날려버릴 수 있습니다.
때론 어린아이처럼 유치해지는 것도 필요합니다.
하찮은 일에 노심초사하지 않는 습관부터 들이는 건 어떨까요?

유쾌한 인생의 원리는 간단합니다.
자신을 긍정하는 마음가짐입니다.

오스카 와일드*는 말합니다.
"자기애는 평생의 로맨스이다."

* 오스카 와일드(Oscar Wilde) : 아일랜드 시인, 소설가 겸 극작가이자 평론가.

가장 소중한 것

두 형제가 길을 가는 중에
동생이 황금 두 덩이를 주웠습니다.
동생은 형에게 금 한 덩이를 주고
남은 한 덩이는 자신이 가졌습니다.
그런데 배를 타고 강을 건너던 중에 동생은
자기 몫의 황금을 물 속에 던져버렸습니다.
깜짝 놀란 형이 그 이유를 물었습니다.
"조금 전 금을 나눠가진 뒤로 갑자기 형이 미워졌어.
그 마음을 용납할 수 없어."
동생의 말을 듣고 형도 손에 쥐고 있던 금덩이를
강물에 던져버렸습니다.

장자는 말합니다.
"형제는 수족(手足)과 같고 부부는 의복과 같다.
의복은 새것으로 갈아입을 수 있으나
손발이 잘리면 다시 이어붙일 수 없다."

완전한 조화

현자들은 말합니다.
"사물이 아름다운 것은 그것이 진실할 때뿐이다.
그리고 진실이란 완전한 조화를 뜻한다."
타인과의 관계를 잘 유지하는 방법 중 하나는
마음이 서로 어긋나지 않는 것입니다.

서로의 가치관이 통할 때 조화로운 관계가 이루어집니다.
다툼이 없는 관계의 시작은 '상대방의 마음 바라보기'입니다.
각자 바라보는 방향이 다르더라도
이해하려고 노력하고 기다려주는 것입니다.

아프리카 어느 부족에 전해지는 말입니다.
"멀리 가려면 함께 가고, 빨리 가려면 혼자 가라."
누구라도 삶의 막막한 여정을
함께 할 수 있는 상대가 있다는 건 행복한 일입니다.

자신과의 약속 지키기

새해가 되면 많은 사람들이 새로운 결심을 합니다.
해마다 되풀이되지만 결심의 내용은 사실
크게 다르지 않습니다.
좋은 생각은 늘 사람들의 머릿속에 있습니다.
다만 계속되지 않을 뿐입니다.

혼자만의 약속은 하기도 쉽고 깨기도 쉽습니다.
증인도 필요 없고 누가 꼭 지키라고 닦달하지도 않습니다.
아무리 굳은 결심도 시간이 지나면 강도가 약해집니다.

신발끈이 풀어지거나 끊어지면 먼길을 갈 수 없습니다.
무사히 목적지에 닿기 위해선 틈틈이 신발끈을 조이듯
자신과의 약속을 점검해야 합니다.
혼자만 아는 결심이 무산됐을 때 제일 큰 피해자는
자기 자신입니다. 자신을 믿지 못하는 것만큼
인생의 큰 손실은 없습니다.

용기와 위선

서양 속담에 이런 말이 있습니다.
"진정한 용기란 목격자가 없는 곳에서 실행하는 것이다."
남을 의식해서 마지못해 하는 행동은
용기가 아니라 위선입니다.

참된 용기는 겸손한 얼굴을 갖고 있습니다.
용기 있는 사람은 힘으로 남을
찍어 누르려고 하지 않습니다.
남에게 인정받기 위해 조급해 하지 않고
능력을 몰라준다고 서운해 하지도 않습니다.

현자들은 말합니다.
"힘이 있는 사람의 겸손은 진실이지만,
약한 사람의 겸손은 허위에 불과하다."

살아 있는 모든 순간이 터닝 포인트

세계에서 손꼽히는 부자인 빌 게이츠*는 말합니다.
"장기적 비전을 위해 단기적 손해를 감수하는 것이
성공의 비결이다."

실패를 자신의 새로운 재능을 발견하는 기회로 삼는 사람이
결국 인생의 승리자가 됩니다.

한 번이라도 실수를 해본 사람은
한 번도 실수하지 않은 사람보다 더 빨리 배웁니다.
인생은 끝없는 선택입니다.
그 선택의 갈림길에서
경험만큼 소중한 자본은 없습니다.

스티브 잡스*는 그토록 신명을 바쳐 일하던 직장인
애플사에서 해고된 것이
인생의 가장 큰 전환점이라 했습니다.
그는 이런 말을 남겼습니다.
"간혹 혁신을 추구하다 실수할 때가 있다.
이럴 땐 빨리 그것을 인정하고 개선해 나가는 것이 최선이다."

인생의 터닝 포인트는
우리가 살아 있는 모든 순간에서 발견할 수 있습니다.

* 빌 게이츠(Bill Gates) : 미국의 기업가, 마이크로소프트사를 설립하였다.
* 스티브 잡스(Steve Jobs) : 미국의 기업가이며 애플 새(社)의 창업자.

웃는 얼굴

영국 속담에 이런 말이 있습니다.
"깨끗한 의복은 좋은 소개장이다."
사람들은 자기 눈에 보이는 만큼
판단하려는 경향이 있습니다.

자연스러운 것과 무질서한 것은 엄연히 다릅니다.
말투나 표정, 스타일은
타인에게 자신을 알릴 수 있는 최소한의 정보입니다.
다른 사람들도 내 생각과 같으리라는 맹목적인 믿음은
때로 위험한 결과를 초래합니다.

거울은 내가 웃고 있을 때만 웃는 모습을 보여줍니다.
웃음기가 가신 얼굴에서
밝은 마음을 찾아볼 수는 없습니다.
행동으로 표현하지 않은 것을 남이 알아주기 바라는 것은
무리한 욕심입니다.

오든[*]은 말합니다.

"내가 존경하는 사람들의 공통분모는 찾을 수 없지만
내가 사랑하는 사람들의 공통적인 특징은 찾을 수 있다.
그들은 나를 웃게 만든다."

* 위스턴 오든(Wystan Hugh Auden) : 미국 시인. 주요 저서에는 《시집》, 《연설자들》 등이 있다.

버려야 할 것만 잘 버려도

변화와 성장은 이 세상의 화두입니다.
많은 사람들의 꿈이 단지 꿈으로만 그치는 것은
분명한 이유가 있습니다.

스티브 잡스는 말합니다.
"나는 애플에서 놀라운 능력을 가진 사람들을 많이 만났다.
그들은 뛰어난 능력을 가지고도 잘못된 일을 하고 있었다.
왜냐하면 잘못된 계획을 세웠기 때문이다."

누구에게나 문득 깨달음처럼
이렇게 살면 안 된다는 생각이 찾아올 때가 있습니다.
그 생각을 실행에 옮기려면
과거로부터 완벽하게 떨어져 나와야 합니다.
'변화'의 다른 말은 '버리기'입니다.
버려야 할 것만 잘 버려도 사람은 성장할 수 있습니다.
자신의 예전 모습은 물론 타인과의 관계도 포함됩니다.

생활의 자서전

'당신의 현재 생활은 책 속의 한 장에 지나지 않는다.
이제 당신은 지나간 장들을 썼고, 뒤의 장들을
써내려갈 차례이다. 당신은 당신 자신의 저자이다.'
휘트먼*의 시집《풀잎》서문입니다.

나라는 인생의 책은 세상에 단 한 권뿐입니다.
이미 써내려간 책의 내용은 고칠 수도 없고
다시 쓸 수도 없습니다.
후회를 남기지 않으려면 지금부터라도
한 장 한 장 공들여 쓰는 수밖에 없습니다.

지나간 일들을 고치거나 지울 순 없지만
생활의 자서전은 언제나 현재 진행형입니다.
어제의 스토리가 진부하다면
이제라도 드라마틱한 내용으로 바꿀 수 있습니다.
그것이 살아 있음의 축복입니다.

* 휘트먼(Walt Whitman) : 19세기 미국의 시인.

희망은 힘이 세다

앤디 워홀은 말합니다.
"나는 내가 세상에서 가장 질투심 많은 사람 중 한 명일 거라고
생각한다. 근본적으로 나는 어떤 것을
맨 처음 선택하지 못하면 미친다."
질투는 그를 세계적인 예술가로 만들어준
영감의 원천이었습니다.

모든 도전에는 위험부담이 따릅니다.
또한 모든 위대한 성공에는
무수한 시행착오의 역사가 꼭 있습니다.
이것을 꼭 해내고 말겠다는 열망이 없다면
착오는 착오로 끝나고 맙니다.

뜨겁게, 더 뜨겁게 성공을 연모하십시오.
간절히 꿈을 그리면 자신도 어느덧
그 꿈을 닮아간다고 합니다.
희망은 힘이 셉니다.

PART06

도전, 당신의 올바른 선택을 위하여

우리가 할 수 있는 가장 큰 모험은
바로 자신이 꿈꿔오던 삶을 사는 것입니다.

– 오프라 윈프리

현재는 최고의 기회

힘든 일을 만났을 때 사람들은 대개
다음의 두 부류로 나뉩니다.
어쨌든 안 되는 이유부터 찾는 사람과,
어떻게든 해결책을 찾아내는 사람.
부정적인 사고방식으로는 아무것도 성취할 수 없습니다.

나약한 인간에게 목표는 너무 멀리 있는 것처럼 보입니다.
이상을 현실로 바꿀 수 있는 가장 효과적인 방법은
끈기와 노력입니다.
환경을 탓하기 전에
정열이 부족하진 않은지 다시 한 번 점검해 보십시오.

사람들이 자신의 목표를 달성하지 못하는 이유는
목표를 명확히 정의하지 않았거나
가능성을 믿지 않았기 때문입니다.

승자들은 자신이 어디로 가고 있는지,
그 길을 가기 위해 어떤 일을 할 계획인지,
그 모험을 누구와 함께 할 것인지
명확히 알고 있습니다.

미래가 아닌 현재를 최고의 기회로 삼는 사람만이
환경을 지배할 수 있습니다.

끝과 시작

영국의 전 총리이자 소설가인 디즈레일리*는 말합니다.
"사람이 성공하지 못하는 건 처음부터 한 길로
나가지 않았기 때문이지 성공의 길이 험난해서가 아니다."
어떤 역경도 한마음 한 뜻으로 나가는 사람의 앞길을
가로막을 수는 없습니다.

곁눈질하지 말고 한 걸음만 더 힘을 내보세요.
포기하지 않는 사람에게 너무 늦은 때란 없습니다.
세상에 믿을 건 자기 자신뿐입니다.

인생의 기로에 선 당신을 위해 응원의 메시지를 전합니다.
"시계가 둥근 이유는 끝이 곧 시작이기 때문입니다."
거듭되는 실패로 주저앉고 싶을 땐 이 말을 기억하세요.

가파른 능선의 끝에 남은 건 정상뿐입니다.

* 디즈레일리(1st Earl of Beaconsfield Benjamin Disraeli) : 영국의 정치가 · 문인

밑바닥을 치고 올라와

아인슈타인*은 말합니다.
"한 번도 실수하지 않은 사람은 한 번도 새로운 것에
도전해보지 않은 사람이다."

사람은 태어난 순간 이미 실패를 경험하지 않고는
살아갈 수 없게 만들어졌습니다.
음식물을 소화시키는 법부터 걸음마를 배우기까지
무수한 시행착오를 반복합니다.
토하고 구르고 넘어지면서 성장하는 게 인간입니다.

《위대한 개츠비》의 작가 스콧 피츠제럴드* 역시
비슷한 조언을 합니다.
"한 번 실패와 영원한 실패를 혼동하지 말라."
목표를 이룬 사람들 중 대부분은
이미 밑바닥을 치고 올라온 사람들입니다.

엄살은 금물!
당신은 남들이 생각하는 것보다 할 수 있는 게
훨씬 많은 사람입니다.
실패는 더 큰 성공을 위한 보험입니다.

* 알베르트 아인슈타인(Albert Einstein) : 독일 태생의 이론물리학자.
* 프랜시스 스콧 피츠제럴드(Francis Scott Key Fitzgerald) : 미국의 소설가.

사람의 마음을 얻는 일

현자들은 말합니다.
"마음은 돈을 받고 팔지도 못하고 돈을 주고 살 수도 없지만
그냥 줄 수는 있다."
재물을 얻는 것보다 더 어렵고 가치 있는 건
사람의 마음을 얻는 일입니다.
다른 사람의 마음을 얻기 위한 가장 빠르고 쉬운 방법은
내 마음을 먼저 주는 것입니다.
아무것도 따지지 말고 순수하게 마음을 여세요.
그 대가는 숫자로 환산할 수 없는 가치로 돌아옵니다.

진정한 협력자는 인생의 보물입니다.
상대방에 대한 관심은 보물찾기의 필수조건입니다.
누군가에게 필요한 것을 구하려면
먼저 그가 필요로 하는 것을 채워줄 수 있어야 합니다.
당신은 그 사람이 누군지 알고 있습니까?

궤도수정의 필요성

사랑은 모든 능력의 원천입니다.
당신의 목표를 사랑하고 또 사랑하세요.
일이 잘 풀리지 않는다면
사랑에 무능하기 때문입니다.

가장 무능한 사랑은 엿보기에 실패한 사랑입니다.
지금 가고 있는 길에 대해 중간 평가를 해보세요.
열심히 달리는 것만이 능사가 아닐 수도 있습니다.
목표가 엇갈렸을 땐
과감히 궤도수정을 할 필요도 있습니다.

맹목적인 사랑은 실연의 지름길입니다.

과장된 호의와 속임수 경계령

현자들은 말합니다.
"거짓은 천성의 악덕이 아니라 이성의 걸작이다.
그것은 변장된 진실에 지나지 않는다."

진실은 간단하고 소박해서
사람을 당장 끌어들이는 매력은 없지만
생명력은 무한합니다.
거짓은 자극적이고 현란해서
사람을 당장 현혹시키기 쉽지만
그 끝은 허망합니다.
안타깝게도 사람들은
진실보단 거짓에 잘 속아넘어갑니다.

인간은 진실에 대해서는 얼음처럼 차고,
거짓에 대해서는 불과 같이 쉽게 녹아버립니다.

과장된 호의를 경계하세요.
하나의 속임수를 유지하기 위한 다른 거짓말은
줄줄이사탕처럼 엮여 나옵니다.

의문을 품는 용기

현자들은 말합니다.

"회의(懷疑)는 자신에 대한 믿음을 파괴하는 것이 아니라
도리어 강하게 한다. 그것은 인간을 끊임없이
각성하게 만들기 때문이다."

모든 선택은 대가를 지불해야 합니다.
우리가 선택을 주저하는 것은
결과에 대한 두려움 때문입니다.
인간을 올바른 선택의 길로 인도하는 것도
이 두려움입니다.
독재자나 바보들만이 일말의 망설임도 없이
자신의 선택을 바로 실천에 옮깁니다.

시행착오를 줄일 수 있는 유일한 방법은
회의하고 또 회의하는 것입니다.
항상 자신의 판단에 의문을 가지십시오.
진정한 용기란 자신이 가장 잘 알고 있는 것에 대해서조차 의문을 가지는 것입니다.

세상을 바꾼 첫걸음은 언제나
하나의 의문에서 출발했습니다.

터널 비전

터널 속을 달리는 운전자에겐 저 멀리 출구만 밝게 보이고
주변은 잘 보이지 않습니다.
대형사고가 일어나는 건 운전자가
이 터널 비전(tunnel vision)에 빠졌을 때입니다.
눈앞에 펼쳐진 밝은 세상에 현혹되어
바로 코앞의 위험을 감지하지 못한 것입니다.

낙관주의는 뜻하지 않은 재난의 원인이 되기도 합니다.
상황이 밝아 보일수록 주변을 돌아보는 여유가 필요합니다.
밝은 빛이 보이는 출구는
단지 이 현상 너머에 펼쳐진 세상일 뿐입니다.

가장 큰 리스크는 정상이 멀지 않았다고 느끼는
그 순간에 발생하기 쉽습니다.
끝이 보인다고 한순간도 방심하면 안 됩니다.
고지가 높을수록 신발끈을 자주 점검해볼 필요가 있습니다.
터널을 완전히 벗어나기 전까진 누구도 안전하지 못합니다.

영혼까지 부유한 부자

현자들은 말합니다.
"부자가 재물을 어떻게 쓰는가를 알기 전에는
그를 칭찬해서는 안 된다."

부를 추구하면서도
돈 버는 일에 초연한 척하는 사람을 가끔 봅니다.
돈에 초연한 척하는 부자가
자신의 재물을 나눠주는 경우는 드뭅니다.
부자라고 해서 모두 존경의 대상이 되지 못하는 건
저마다 그릇이 다르기 때문입니다.
영국 속담에 이런 말이 있습니다.
"신사를 만드는 건 양복이 아니다."

졸부는 재물을 모으는 방법은 많이 알아도
오직 자신을 위해서밖에 돈을 쓸 줄 모릅니다.
진짜 훌륭한 부자는 자신이 가진 것만큼
영혼까지 부유해진 사람입니다.

재능은 권력

사람들은 단지 재물을 많이 가졌다고 해서
그를 권력자로 생각하지 않습니다.
재물이 사라지는 순간
권력은 자연 소멸되기 때문입니다.
가장 훌륭한 권력은 자신의 재능을 통해
대중에게 선한 영향력을 끼치는 것입니다.

물질이나 환경이 재능을 만들어주진 않습니다.
그러나 재능은 그가 원하는 모든 것들을
가능하게 해주는 힘이 있습니다.
재능은 그 자체만으로도 사람들에게 주목받을 수 있는
일종의 권력을 부여합니다.

재능을 키우기 위한 가장 수익률 높은 투자는 배움입니다.
배움은 욕심을 많이 부릴수록 더 큰 수익을 가져다줍니다.
지식의 가치가 크면 클수록 경제적 가치도 높아집니다.

배움에는 절대로 빠르거나 늦은 나이가 없으며
유통기한도 정해져 있지 않습니다.

그러므로 자신이 좋아하는 걸 치열하게 배우는 것이
가장 빠른 성공의 길입니다.

모방과 허세

모방은 어떤 사람을 따라하는 것이고
허세는 그 사람인 것처럼 행세하는 것입니다.
모방은 발전의 모태가 될 수도 있지만
허세는 비천함의 씨앗입니다.

잘난 사람을 가까이 한다고
덩달아 격이 올라가진 않습니다.
훌륭한 행동을 따라하다 보면
언젠가는 원하는 모습으로 바뀔 수 있습니다.
그러나 허세는 남의 옷을 빌려 입고 참가한 파티처럼
초라하고 공허합니다.

남과 같이 되고 싶으면 그만큼 노력해야 합니다.
다른 사람의 인생을 바꿔 살 수는 없어도
노력해서 그만큼 따라갈 수는 있습니다.
그들의 성공을 최대한 모방하세요.

보답 없는 사랑

현자들은 말합니다.
"사랑은 자신을 위해서는 약하지만
다른 사람을 위해서는 강한 힘을 발휘한다."
단, 사랑도 살자고 하는 일입니다.
맹목적인 희생은 사랑이 아닌 자학입니다.

충분히 사랑하는데 어째서 당신의 영혼은
그토록 고독한 것일까요?
베풀기만 하고 행복하지 않은 사랑은 미래가 없습니다.
그 사랑은 임자를 잘못 만난 것입니다.
어리석은 집착과 사랑을 혼동하지 마세요.

주기만 하는 사랑은 평생 그러다가 끝날 수 있습니다.
보답 따위 바라지 않는 사랑이라고
스스로를 속이지 마세요.
변명은 필요없습니다.

메아리도 없는 골짜기에서 혼자 울지 말아요.
당신은 지금 다만 잠깐
길을 잘못 찾아든 것뿐입니다.

평생의 재산

현자들은 말합니다.
"가난에 시달리지 않으려면
재산을 늘리는 것과 욕망을 줄이는 것,
두 가지 방법이 있다.
전자는 머리와 몸을 써야 하지만
후자는 언제나 마음먹기 나름이다."
선택은 온전히 당신의 몫입니다.

인생의 만족, 불만족은 지극히 개인적인 것입니다.
누구도 다른 사람의 삶에 대해
함부로 평가하거나 단정할 수 없습니다.
다 같은 환경에서도 행복을 느끼는 사람이 있고
불행을 느끼는 사람이 있습니다.
기대치가 높으면 그만큼 노력하는 수밖에
다른 도리가 없습니다.

현자들은 또 이렇게 말합니다.

"풍요로운 인생을 살기 원한다면
평생 썩지 않을 재산을 얻도록 노력하라."

도둑맞을 염려도 없고 평생 썩지 않는 재산은
재능뿐입니다.

관용의 혜택

현자들은 말합니다.
"자기의 결점을 잘 아는 사람은 남의 결점에 대해서도
신중하게 행동한다."
인간이기에 누구나 실수할 수 있는 것입니다.

우리 모두 누군가에게는
용서받아야 할 결점을 가진 사람입니다.
관용을 베풀면 그 혜택은 결국 나에게 돌아옵니다.
하나를 보고 열을 아는 것처럼 너무 몰아붙이지 마세요.
당장은 좀 불편하더라도 다음엔 더 잘할 수 있도록
기회를 주는 건 어떨까요?

몇 가지 결점이 그 사람의 모든 것을 말해주는 건 아닙니다.
누구나 자신의 결점을 알면서도 고치기란 쉽지 않습니다.
자신에게도 어려운 일을 남이 쉽게 하지 못한다고
비난하지 마십시오.

나그네의 모자를 벗기는 것은 강한 바람이 아니라
따뜻한 햇살이라는 것, 늘 기억하세요.

얼굴을 보고 직접 말할 것

현자들은 말합니다.
"옷감을 만들려거든 자로 열 번 재어 본 후 가위로 자르라.
다른 사람의 부족한 점을 말하려거든
백 번쯤 생각해본 후 말하라."
백 번을 만나도 잘 알 수 없는 것이 사람입니다.

눈에 보이는 것만으로 타인의 행동을
판단하고 비난해선 안 됩니다.
그가 가볍게 행동하는 것은
특별히 마음 편한 자리이기 때문인지도 모릅니다.
그가 불평하는 건 사람들의 배려가
부족했기 때문일 수도 있습니다.
사람마다 관점이 다른 것은 자연스러운 일입니다.

내가 싫어하는 것은 남들도 싫어할 거라 믿는 것 또한
위험한 착각입니다.

남의 선택은 존중하지 않으면서
이해받기 원한다면
인생이 점점 편협해집니다.
앤디 워홀은 말합니다.
"나를 알고 싶으면 작품의 표면만 봐주세요.
뒷면에는 아무것도 없습니다."

얼굴 보고 하는 말은 대화, 없을 때 하는 말은 모략입니다.

구체적이고 진정한 위로

키케로[*]는 말합니다.
"확실한 벗은 자신이 불확실한 처지에 있을 때
비로소 알아볼 수 있다."
돕고 싶어도 여유가 없다는 건
결국 베풀 마음도 여유도 없다는 말과 같습니다.

타인의 고통을 함께 느끼는 건
쉬운 일 같지만 결코 쉽지 않습니다.
어려운 처지에 빠진 사람을 보면
누구나 동정심을 가질 수 있습니다.
그러나 동정만으론 누구도 구원할 수 없습니다.

마더 테레사는 말합니다.
"백 명을 먹일 수 없다면 한 사람이라도 먹여라."
누군가를 돕기 위해 굳이 거창한 계획이나 목표를
세울 필요는 없습니다.

"괜찮아?"
"도움이 필요하면 언제든지 달려갈게."
때론 다정한 말 한 마디가
절망에 빠진 사람을 일으킬 수도 있습니다.

* 키케로(Marcus Tullius Cicero) : 고대로마의 문인, 철학자, 변론가, 정치가. 수사학의 대가이자 고전 라틴 산문의 창조자.

자존심과 교만은 종이 한 장 차이

현자들은 말합니다.
"자존심과 교만은 종이 한 장 차이이다.
교만은 자존심이 살짝 도를 넘치는 순간 모습을 나타낸다."
필요 이상으로 자존심을 강조하면
우월감을 과시하는 것으로 오해받을 수 있습니다.

남에게 존중받고 싶은 욕망이 강할수록
배타적인 성격을 갖기 쉽습니다.
남이 나를 알아주기 바라면
먼저 남을 인정해주는 태도가 필요합니다.
자신이 할 수 없는 일을 남에게 강요하는 태도야말로
지독한 오만입니다.
왜 자신은 귀한 대접을 받고 싶어하면서
남을 인정하는 데는 그토록 인색한 걸까요?

현자들은 또 이렇게 말합니다.

"자존심이란 촛불의 심지 같은 것이다.
촛불이 적당히 타오를 땐
주변을 아름답게 비추지만
심지가 너무 높으면 흉측한 그을음이 생겨
불은 곧 꺼지고 만다."

친구를 잃게 되는 가장 빠른 방법은
그의 자존심에 상처를 입히는 것입니다.

태어났기 때문에

현자들은 말합니다.
"'무엇 때문에 나는 이 세상에 왔는가?' 묻지 말고,
'무엇을 하면서 살아갈 것인가?' 물을 때
인생의 문제는 간단하게 풀린다."

열심히 노력해도 일이 잘 풀리지 않는다고
운명을 탓하진 마십시오.
신이 유독 당신을 괴롭히기 위해
존재하는 것은 아닐 것입니다.
현실에 닥친 일들은
우리가 살면서 겪어야 할 일들 중의 하나일 뿐입니다.

링컨*은 이렇게 말합니다.
"눈물이 없는 사람의 눈엔 인생의 무지개가 뜨지 않는다."

비가 그쳐야 무지개도 볼 수 있습니다.
운명의 수레바퀴를 끌고 가는 것은 우리들 자신입니다.
남의 뒤를 따라가지 말고 꿋꿋하게 앞장서 가십시오.
무엇 때문에가 아니라, 이미 태어났기 때문에
무엇인가를 해야 하는 게 인생입니다.

어떻게 살 것인지 안다면
인생은 지루할 틈이 없습니다.

* 에이브러햄 링컨(Abraham Lincoln) : 미국 제16대 대통령. 남북 전쟁에서 북군을 지도하여 점진적인 노예 해방을 이뤘다.

믿을 만한 친구

당신의 친구는 어떤 사람입니까?
가장 믿을 만한 친구는 하기 싫은 쓴소리도
도움이 된다면 기꺼이 해줄 수 있는 사람입니다.

좋은 충고라고 해서 결과가 반드시 다 좋은 건 아닙니다.
신뢰가 바탕이 되지 않으면 충고는

듣기 싫은 잔소리에 불과합니다.
충고가 귀에 거슬리는 건
상대방에 대한 믿음이 부족하기 때문입니다.
그러나 양심에 거리낌이 없으면
친구의 원망마저 감수하는 게 진정한 우정입니다.

우정은 때때로 용기를 필요로 합니다.
상대방이 싫어할 줄 알면서도 용기 있게 쓴소리를
할 줄 아는 친구가 참된 친구입니다.

《탈무드》에 이런 말이 있습니다.
"친구가 화내고 있을 땐 굳이 달래려고 하지 마라.
그가 슬퍼하고 있을 때도 위로하지 마라.
그러나 누가 너의 나쁜 점을 얘기해주면 고마워하라."

밑바닥에서

삶이란 끝없는 자기와의 싸움입니다.
우리 인생의 하루하루는
세상에서 가장 강력한 라이벌인
자신과의 투쟁으로 이루어집니다.
우리가 올라야 할 봉우리는 상상하는 것 이상으로
험하고 높을 수도 있습니다.

인내심은 모든 가능성의 원천입니다.
무슨 일이든 잘 참아내는 사람은
성공에 한 걸음 더 가깝습니다.
아무리 고약한 운명도 인간의 의지를 당해낼 순 없습니다.

생존경쟁에서 살아남으려면
한 걸음이라도 앞으로 더 나아가야 합니다.
바닥을 칠수록 위로 올라가려는 희망이
더 간절하고 절실한 법입니다.

시간은 모든 것을 견딜 수 있게 해줍니다.
벤저민 디즈레일리는 말합니다.
"시간을 잘 붙잡는 사람은 모든 것을 얻을 수 있다."

두려움을 헤치고

현자들은 말합니다.
"영웅은 보통 사람보다 용기가 많은 것이 아니라
조금 더 오래 용기를 지속시킬 수 있는 사람일 뿐이다."

우리가 생활 속에서 겪는 두려움은 알고보면
대부분 실체가 없는 감정입니다.
가난이나 질병, 일에 대한 스트레스 등
현실적인 문제로 인한 두려움도 마찬가지입니다.
닥치지도 않은 재앙을 현재진행형으로 대입시켜 놓고
주눅이 드는 경우가 대부분입니다.
싸움을 걸어온 사람도 없는데
혼자서 공중에 헛발질하는 것이나 다름없습니다.

절대로 망상에 무릎 꿇지 마십시오.
두려움에 정신만 잃지 않으면
문제는 의외로 쉽게 해결될 수도 있습니다.

게으른 사람일수록 부정적이고 불확실한 느낌에
의지하는 경우가 많습니다.
생각을 바꾸는 노력이 필요합니다.
'할 수 없을 것 같다'를 '할 수 있을 것 같다'로
바꾸는 것만으로도 인생이 확 달라집니다.

성공한 사람들은
두려움을 용기로 바꾸는 데 능숙한 사람들입니다.

가장 좋은 날

지난 일을 생각하며 괴로워하는 것만큼
어리석은 일은 없습니다.
언제 닥칠지도 모르는 불행을 미리 예상해서
두려움에 떠는 사람도 마찬가지입니다.
현재를 희생하고 얻는 대가는 파멸뿐입니다.

번뇌를 떨쳐버릴 수 있는 건
삶에 대한 열정뿐입니다.
인생을 행복하게 살아가는 비결은 현재에 있습니다.
주어진 매 순간을 기쁘게 맞이하십시오.
잡념으로부터 자유로울 수 있는 사람만이
스스로 행복해지는 법을 알고 있습니다.

현자들은 말합니다.
"인생의 황금기는 과거에 있지 않고 먼 미래에 있지도 않다.
살아 있는 오늘이 가장 좋은 날이다."

과거나 미래의 어떤 일들도 내 발목을 잡지 못하게
스스로를 단속하십시오.
오늘이 즐거워야
내일도 즐겁게 맞이할 수 있는 것입니다.

오직 사랑뿐

장자는 말합니다.
"마음보다 더 잔인한 무기는 없다."
마음이라는 무기는 피해자와 가해자 모두를 겨누고 있습니다.
둘 다 살아남으려면 미움을 사랑으로 채우는 수밖에 없습니다.

백 번 잘해도 한 번 잘못하면 원한을 가질 수 있는 게 사람입니다.
사람은 상대방이 나에게 베풀었던 선행보다
실수에 집착하는 경향이 강하기 때문입니다.
실수란 이미 지나간 바람과도 같습니다.
이미 지나간 바람을 탓해도 상처는 사라지지 않습니다.

다른 사람을 미워하는 마음은 독이 되어 영혼을 병들게 합니다.
미움의 독기를 빼내는 가장 좋은 해독제는 사랑입니다.

원수를 은혜로 갚을 줄 아는 사람은
평생 적을 만들지 않습니다.

자애로운 사람

현자들은 말합니다.
"진정한 자애란 물질적인 도움을 베푸는 것만이 아니다.
타인의 가치를 발견하고 격려해주는 것도
자애의 중요한 덕목이다."

자애로운 사람은 칭찬에 인색하지 않습니다.
섣불리 상대를 비방하지도 않습니다.
자애로운 사람은 아무리 결점이 많은 사람에게서도
좋은 점을 발견합니다.

자애로운 사람은 감정이 풍부하지만 노여움에 지지 않습니다.
타인에 대해 이해심이 깊지만
자비를 실천하고 있다고 떠벌리지 않습니다.
늘 베풂을 행하지만 쓰고 남은 것을
선심 쓰듯 남에게 주지 않습니다.
도움이 필요한 사람에게 그가 필요로 하는 것을
기꺼이 내줍니다.

간신히 존재하는

현자들은 말합니다.
"무엇인가 하고 싶은 사람은 방법을 찾아내고,
아무것도 하기 싫은 사람은 구실을 찾아낸다."

사람마다 살아가는 방법은 제각각입니다.
어떤 사람은 한 우물만 파고 또 어떤 사람은
하고 싶은 게 너무 많아 정신을 차릴 수 없다고 합니다.
이 일 저 일 손대느라 일생이 분주한 사람도 있습니다.
그것이 무엇이든, 방법이야 어떻든, 주변에 폐 끼치지 않고
살 수 있다면 성공한 인생입니다.

인생이 피곤한 사람은 주변 사람까지 지치게 만듭니다.
그는 온갖 그럴듯한 이유를 갖다붙여
자신의 게으름과 무능을 변명합니다.
어떤 변명도 그를 건실한 생활인의 범주에 넣을 수는 없습니다.

아무것도 하지 않으려는 사람은 간신히 존재할 뿐입니다.

사랑하는 사람의 숙명적인 정체는
기다리는 사람, 바로 그것이다.

365일 희망메시지

나를 위한 저녁 기도

초판 1쇄 인쇄 | 2014년 4월 1일
초판 1쇄 발행 | 2014년 4월 7일

지은이 | 신영란
펴낸곳 | 함께북스
펴낸이 | 조완욱
디자인 | 강희연

등록번호 | 제1-1115호
주소 | 412-230 경기도 고양시 덕양구 행주내동 735-9
전화 | 031-979-6566~7
팩스 | 031-979-6568
이메일 | harmkke@hanmail.net

ISBN 978-89-7504-612-4 03810